Beiträge zur Geschichte der Stadt Hennef

Neue Folge 18

Im Auftrag des Vorstandes des Verkehrs- und Verschönerungsvereins Hennef e.V. 1881 herausgegeben von

Jan Baucke
Markus Heiligers

Hennef 2024

Verkehrs- und Verschönerungs-Verein Hennef e.V. 1881
Heimat- und Denkmalpflege

Wir danken dem Landschaftsverband Rheinland
für die freundliche Unterstützung.

Wir danken der Stadt Hennef
für die freundliche Unterstützung.

Verkehrs- und Verschönerungsverein Hennef e.V. 1881
Am Hang 18, 53773 Hennef - www.vvv-hennef.de

Bei Ergänzungen, Hinweisen etc. zu den Beiträgen wenden Sie sich bitte an das Stadtarchiv Hennef, Telefon: 02242 / 888-540.

Redaktion: Jan Baucke
Herausgeber: Jan Baucke, Markus Heiligers
Satz und Gestaltung: markus.heiligers:kommunikation, Hennef - www.heiligers.de
Druck und Verarbeitung: RMP Rautenberg Media & Print Verlag KG, Troisdorf - www.rmp.de

Covermotiv: Postkarte aus dem Vorlass Hans Strawe, Stadtarchiv Hennef.
Kurgäste bei ihren Anwendungen, vermutlich Ende der 1920er-Jahre.

1. Auflage 2024
ISBN 978-3-00-080090-0

MIX
Papier aus verantwortungsvollen Quellen
FSC® C018756

Inhaltsverzeichnis

Ralph Hübnermann

Rausgeworfen und verbannt

Neue Erkenntnisse über Johann Strawe, Bahnhofsvorsteher und leidenschaftlicher Kneippianer

Ohne Johann Strawe gäbe es in Hennef kein Kurhaus Sebastian Kneipp und Hennef wäre nie Kneipp-Kurort geworden. Neben Beruf und Familie galt Strawes große Leidenschaft der von Pfarrer Sebastian Kneipp entwickelten Wasserkur und seiner Naturheilmethode. Strawes Überzeugung und seine charismatische Fähigkeit andere für diese Gesundheitslehre zu begeistern, führten dazu, dass er an vielen Orten im Siegkreis – die Zahlen schwanken zwischen 15 und 32 – Kneippvereine gründen konnte. Ohne Strawes unermüdliches Engagement und dem Gewinnen bedeutender Persönlichkeiten wäre im Kneippbund Deutschland nie die Entscheidung gefallen, Hennef als Standort für ein Kurhaus nach dem Vorbild Wörishofen auszuwählen. Hennef warb fortan als Kneippkurort um Kurgäste aus dem Norden und Westen Deutschlands, denen der Weg nach Wörishofen zu weit war.

Als Strawe mit der Gründung einer Kurhausgenossenschaft als Träger für den Bau des Kurhauses sein Ziel erreichte, musste er schließlich alles aufgeben, damit sein Werk – das Kurhaus Sebastian Kneipp – eröffnet werden konnte. Strawe wurde nicht nur aus dem Vorstand der Kurhausgenossenschaft geworfen, sondern von seinem Arbeitgeber auch aus Hennef verbannt. Bei Strawes Begräbnis 1938 gaben ihm viele seiner Anhänger das letzte Geleit, während Vertreter des Kurhauses und der Bürgermeisterei, allen voran Bürgermeister Heinz Naas, jede Anteilnahme und Würdigung verweigerten.

Johann Strawes Vorbild war der katholische Pfarrer Sebastian Kneipp, mit dem er nicht nur die humanistische Einstellung teilte, sondern auch das Ziel, die Gesundheits- und Naturlehre zum Wohle der Menschen zu verbreiten. Dass er damit wie Kneipp seitens der Ärzteschaft als Kurpfuscher bekämpft werde, war ihm bewusst. Wenngleich Strawe sein Beamtenstatus manche Einschränkung auferlegte, gelang es ihm bis an sein Lebensende seiner Mission – der Krankenbehandlung im Sinne von Kneipp – treu zu bleiben.

Pfarrer Sebastian Kneipp

Die Industrialisierung förderte den Siegeszug der Wissenschaften, wovon auch Medizin und Pharmazie und die ihnen zugehörigen Berufe profitierten. Es entwickelte sich ein Gesundheitsbewusstsein, dass nicht nur die Heilung von Krankheiten, sondern ebenso Bereiche wie Hygiene, Ernährung oder Prophylaxe umfasste.

Einer der bekanntesten Förderer eines neuen Gesundheitsbewusstseins in der zweiten Hälfte des 19. Jahrhunderts war der schwäbische Pfarrer Sebastian Kneipp [1], der mit seiner Wasserkur und Gesundheitslehre bis heute weltweit Beachtung findet. Kneipp wurde 1821 in Stephansried im bayerischen Oberschwaben geboren. Er wuchs in ärmlichen Verhältnissen auf, musste als Kind das Vieh hüten, dem Vater Xaver am Webstuhl zur Hand gehen und verdiente später als Tagelöhner sein Geld. Erst im jungen Erwachsenenalter fand er in seinem Onkel Pfarrer Mathias Merkle einen Förderer, der seinen Wunsch, Priester zu werden, unterstützte. Als 25jähriger lungenkranker, schwächlicher Student entdeckte Kneipp in der Bibliothek des Münchner Priesterseminars das 1738 erschienene Buch von Dr. Johann Sigmund Hahn über den *„Unterricht von der Heilkraft des frischen Wassers“* und nahm daraufhin kalte Bäder in der Donau, die ihn seiner Meinung nach gesund werden ließen. Kneipp befasste sich nun intensiver mit bereits bekannten Wasserkuren nach Oertel oder Prießnitz und entwickelte „seine“ Wasserkur, weniger kalt und weniger lang, mit der er schon während des Studiums in München erfolgreich Kommilitonen behandelte.

Nach dem Studium wurde Sebastian Kneipp in verschiedenen Pfarreien eingesetzt und widmete sich neben der Seelsorge der Behandlung Kranker. Als Kaplan in Boos wurde er erstmals von Ärzten und Apothekern als Kurpfuscher angezeigt. Weitere Anklagen kamen hinzu. In einer Klageerwiderung schilderte Kneipp dem Gericht anhand einer Auswahl von 17 Krankengeschichten, dass es sich hierbei stets um Patienten handelte, die allesamt von Ärzten aufgegeben

Pfarrer Kneipp 1821 – 1897

wurden, aber nach seinen Ratschlägen dennoch geheilt werden konnten. Kneipp betonte dabei stets, dass er kein Arzt sei und sich mit seiner Methode auch nicht als Konkurrenz zu ihnen verstehe. 1855 wurde Kneipp zum Beichtvater der Dominikanerinnen im Kloster Wörishofen ernannt und übernahm später die dortige Pfarrstelle. Tatkräftig förderte er den Ausbau der klösterlichen Landwirtschaft, der Vieh-, Kaninchen- und Bienenzucht. Im Badehäuschen (Waschküche) des Klosters behandelte Kneipp ehemalige Patienten mit Wassergüssen. Schließlich führte die Mundpropaganda vom Wasserdoktor dazu, dass der Zulauf nach und nach größer wurde. Auf Drängen der immer größer werdenden Anhängerschaft Kneipps veröffentlichte er 1886 seine Erfahrungen und Methode in seinem Buch „Meine Wasserkur". Mit dem Buch verband Kneipp die Hoffnung, dass sich weniger Ratsuchende auf den Weg nach Wörishofen begeben würden, doch das Gegenteil trat ein. Eine nicht nachlassende „Völkerwanderung" aus ärmsten, bürgerlichen und adeligen Kreisen machte sich auf den Weg nach Wörishofen um vom Wasserdoktor geheilt zu werden. Bald interessierten sich auch Ärzte für Pfarrer Kneipps Gesundheitslehre. Er bezog sie in seine Sprechstunden ein, wo er ihnen die Diagnostik überließ, während er die Behandlung verordnete. Innerhalb weniger Jahren wurde aus dem beschaulichen Wörishofen ein international bekannter Kurort, der im Jahr 1891 bereits 11094 Kurgäste zählte. 1890 wurde die erste Kuranstalt unter ärztlicher Leitung eröffnete. Großes Interesse weckte Kneipps Behandlung auch bei der Geistlichkeit, deren Behandlung ab 1891 im Sebastianeum durch die Franziskanerinnen des Klosters Mallersdorf übernommen wurde, ehe 1893 die Barmherzigen Brüder unter Leitung ihres Priors Bonifaz Reile das Haus übernahmen. Um den Zustrom der vielen Kurgäste und Pfarrer Kneipps Sprechstunden zu steuern, wurde 1892 in Wörishofen der erste Kneippverein gegründet, der nun die Organisation des Kurbetriebs übernahm. Bewunderung fand Kneipps Arbeitshaltung. Ohne die Seelsorge zu vernachlässigen, beriet und behandelte er täglich Kranke, hielt Vorträge vor den unzähligen Kurgästen und schrieb Bücher. Zahlreiche geistliche und weltliche Würdenträger aus dem In- und Ausland reisten zu Prälat Kneipp zur Wasserkur nach Wörishofen. Kneipp machte bei der Behandlung keine Unterschiede zwischen Adeligen und

1894 wurde der Verein Internationaler Kneippärzte gegründet, um die Kneippkur nicht nur Laien zu überlassen. Bildmitte rechts Pfarrer Kneipp, links neben ihm Dr. Baumgarten, ärztlicher Leiter des Kurhauses Wörishofen. Auf dem Foto Nr. 12 Dr. Möser – hierbei könnte es sich um den Arzt handeln, der nach dem 1. WK die Leitung des Hennefer Kurhauses übernahm.

Dienstboten, wohl aber bei der Bezahlung. Kranke mit bescheidenem Einkommen behandelte er kostenlos. Erst spät, ab 1892, entschloss sich der 71jährige Kneipp zu Vortragsreisen, die ihn durch Deutschland, Polen und Österreich führten. Kneipps Vortragsreisen, teilweise vor „tausendköpfigen Versammlungen", führten dazu, dass an diesen und vielen anderen Orten zahlreiche Kneippvereine entstanden. Kneipp förderte die Vereinsbildung gezielt, um so seine Gesundheitslehre zu verbreiten. Erste Kuranstalten außerhalb von Wörishofen entstanden. Kneippen wurde zu einer gesellschaftlichen Bewegung und Marke, der Name und das Verb kneippen zum Synonym und Inbegriff der Wasserkur. Neben der Wasserkur und dem Barfußlaufen über nasse Wiesen predigte Kneipp ein einfaches Leben, gesunde Ernährung im Einklang mit der Natur, Pflanzenheilkunde und natürliche Kleidung. Pfarrer Sebastian Kneipp starb 1897 in Wörishofen im Alter von 76 Jahren. Nach Kneipps Tod kam es zum Streit zwischen Bonifaz Reile, dem Prior der Barmherzigen Brüder, die als Laien Kranke behandelten und

Pfr. Kneipp benutzte für seine Vortragsreisen gerne die Eisenbahn. Auf Bahnhöfen versuchten Kranke ihn um Rat zu fragen.

dem ärztlichen Leiter des Kurhauses Dr. Alfred Baumgarten über die Nachfolge Kneipps. Dr. Baumgarten berief sich darauf, dass Kneipp ihn als Sachwalter seiner Lehre und Methode bestimmte. Den Barmherzigen Brüder gelang es durch Stimmungsmache gegen den Arzt, sich als die „wahren" Nachfolger zu etablieren. Prior Reile hielt nicht nur Sprechstunden ab, sondern unternahm wie Kneipp Vortragsreisen, unter anderem auf Einladung von Strawe auch nach Hennef, Siegburg und Neunkirchen.

Johann Strawe – Landwirt, Bergmann und Königlicher Eisenbahnbeamter

Vor 172 Jahren wurde Johann Wilhelm Strawe am 29.10.1852 in dem kleinen Ort Niederwenigern geboren, der heute ein Stadtteil von Hattingen im Ennepe-Ruhr-Kreis ist. In einem Lebenslauf[2], vermutlich für seine Bewerbung bei der Königlichen Staatseisenbahn geschrieben, schilderte Johann Strawe seinen Werdegang. Sein Vater Wilhelm und seine Mutter Maria Katharina, geborene Offermann waren Kleinbauern, Kötter genannt, die einen Kotten (Bauernhof) mit Grundbesitz bewirtschafteten. Maria brachte aus einer ersten Ehe zwei Kinder mit und bekam mit Wilhelm drei weitere. Die Landwirtschaft der Eltern war der Grund weshalb Sohn Johann nach dem Besuch der Elementarschule in Steele vom achten bis vierzehnten Lebensjahr in die Lehre zu einem Ökonomen ging, um Landwirtschaft zu lernen. Vater Wilhelm arbeitete neben der Landwirtschaft wie viele andere Männer der Region als Bergmann. 1863 verließ Wilhelm Strawe Niederwenigern, verkaufte seinen Kotten mit zweistöckigem Wohnhaus und gab als neuen Wohnort Zeche „Eintracht" bei Steele, einem Stadtteil von Essen, an. 1864 starb seine Frau Maria mit nur 42 Jahren und schon im darauffolgenden Jahr starb auch Wilhelm Strawe kurz vor seinem 46. Geburtstag. Johann war mit 12 Jahren Vollwaise. Nach dem Tod der Eltern wurde der Grundbesitz aufgeteilt, wodurch für Sohn Johann die Aussicht auf die Übernahme der Landwirtschaft hinfällig wurde und er die Lehre aufgab. Zur Erlernung des Bergbaus nahm er Privatunterricht in Zeichnen, Geografie, Mathematik, Physik, Algebra, Englisch und Französisch. Vom 18. bis 22. Lebensjahr arbeitete er bei verschiedenen Bergwerken im Kreis Bochum. Zum 1.12.1873 trat er freiwillig in den Militärdienst ein, den er zum 1.3.1876 wegen einer im *„Dienst erlittenen Beschädigung"* als Unteroffizier und Invalide beendete. Als seine „zerrüttete Gesundheit wiederhergestellt" war, begann er 1877 eine Büroausbildung bei einem Rechtsanwalt, die er später im Justizdienst fortsetzte. Wegen einer Umorganisation im Gerichtswesen wurde er im Oktober 1879 entlassen. Anschließend bewarb sich Johann Strawe bei der Königlichen Regierung in Arnsberg für das Verwaltungswesen, ohne eine Rückmeldung bekommen zu haben. Während der Wartezeit übernahm er die *„Regulierung von Vermögensverhältnissen einiger befreundeter Kaufleute und Verwandter"*, ehe er Anfang Februar 1881 bei der Königlichen Eisenbahn als Militärinvalide zur Vorstellung eingeladen wurde. Die „Königliche Eisenbahn-Direction zu Elberfeld" überwies ihn zur Vorprüfung an das Königliche Betriebsamt zu Essen, das seine Befähigung für den Bürodienst festzustellen hatte. Bereits vor der Prüfung wurde Strawe als „Diätar", Anwärter zur Probe, mit tageweiser Bezahlung in Höhe von 2,50 Mark in Steele eingestellt. Zur weiteren Ausbildung im Stationsdienst erfolgte Ende November 1881 Strawes Versetzung nach Dortmund. Wie angekündigt, musste sich Strawe im März 1882 der Eignungsprüfung für die Stelle als Stations-Assistent unterziehen. Einen Monat später, im April 1882 erfolgte Strawes Versetzung nach Mülheim an der Ruhr im dienstlichen Interesse. Nach dort schrieb ihm das Eisenbahnbetriebsamt zu Essen am 22. April 1882: *„Nachdem Sie die Prüfung zum Stations-Assistenten [mit „gut"] bestanden und Ihre Dienstleistungen bisher befriedigt haben, übernehmen wir Sie hiermit vom 1. Mai d. J. ab als Eisenbahn-Stations-Diätar. … Sie haben nunmehr der diesseitigen Kleiderkasse beizutreten und zwar tragen Sie die Uniform der Stations-Assistenten für den Expeditionsdienst."* Strawe wurde demnach erst im Güterverkehr eingesetzt. Aus einem Schreiben des Eisenbahnbetriebsamtes Essen vom 24. September 1883 wird ersichtlich, dass Strawes dienstliches Verhalten Anlass zur Ermahnung gab, er aber dennoch zum Stationsassistenten befördert wurde: *„In der Erwartung und unter der Bedingung, daß Sie sich Ihrem Versprechen gemäß von jetzt ab mit größtem Fleiß und Eifer bestreben werden, den Anforderungen des Dienstes in jeder Beziehung gerecht zu werden, werden Sie hierdurch zum Stations-Assistenten f. d. Bahnhofsdienst ernannt."* Der Anlass von Strawes Fehlverhalten wurde dabei nicht erwähnt. Dass er sich bereits 1883 intensiv mit Pfarrer Kneipps Gesundheitslehre beschäftigte und dabei den Dienst vernachlässigte scheint unwahrscheinlich, da sich die Kneippbewegung erst in den frühen 1890er Jahren über Wörishofen hinaus verbreitete. Da Strawe erst Ende 1885 heiratete, scheinen auch familiäre Gründe wenig wahrscheinlich. Aus dem oben erwähnten Schreiben ergibt sich ferner, dass Strawe zum 1. Oktober 1883 am Bahnhof Styrum, einem Stadtteil von Mülheim an der Ruhr, im Einsatz war. An diesem Bahnhof wurde Strawe zusammen mit dem Weichensteller Ernst Westerhoff für einen verhängnisvollen Unfall im November 1883 verantwortlich gemacht. Zwei Züge hatten gleichzeitig das Einfahrtssignal in den Bahnhof erhalten, wobei sich die drei letzten Waggons streiften, entgleisten und umstürzten[3]. Schon wenige Tage später kam es erneut zu einem Zusammenstoß im Bahnhof Styrum[4]. Diese Unfälle brachten Strawe eine Woche Gefängnis und Schadensersatzzahlungen in Höhe von 5.213,02 Mark ein . In Strawes Personalakte wurden für den Zeitraum von 1882 – 1896 neben der einwöchigen Gefängnisstrafe für den Unfall zu Styrum eine Verwarnung, vier Verweise und zehn Geldbußen zwischen einer und zehn Mark verhängt. Vom 1.4.1884 bis 30.9.1884 war der Stationsassistent Strawe am Bahnhof Bismarck, einem Ortsteil von Gelsenkirchen, im Einsatz. Zum 1. Oktober desselben Jahres erfolgte im dienstlichen Interesse Strawes Versetzung nach Aplerbeck, einem Ortsteil von Dortmund. Wie im Herbst 1883, so erhielt Strawe auch im April 1885 eine Gehaltserhöhung bei gleichzeitiger Rüge seines dienstlichen Verhaltens. Auf dem Benachrichtigungsformular zur Versetzung wurde handschriftlich vermerkt: *„Obgleich Ihre dienstliche Führung in letzter Zeit nicht vollständig befriedigend gewesen ist, so haben wir dennoch Ihnen die vorstehend bezeichnete Gehalts-Zulage gewährt. Wir sprechen indessen hierbei die Erwartung aus, daß diese Auszeichnung ein Sporn für sie sein werde, sich künftighin einer musterhaften Führung zu befleißigen, widrigenfalls wir uns genöthigt sehen müssten, Sie von weiteren Auszeichnungen auszuschließen.“* Zu Strawes Fehlverhalten finden sich keine Hinweise. Versetzungen bei der Bahn waren durchaus üblich und erfolgten entweder im dienstlichen Interesse der Eisenbahn, teils verbunden mit einer Beförderung, oder aus Motiven der Bediensteten, die beispielsweise dadurch ihre Karriere fördern wollten. Bei Strawes Versetzungen fällt auf, dass sie sowohl ungewöhnlich häufig als auch mehrmals überregional in unterschiedlich zuständige Eisenbahndirektionsbezirke hinweg wie Wuppertal oder Frankfurt erfolgten; das wird zu erklären sein. Im Januar 1889 wurde Strawe zur Abnahme der Prüfung zum Stations-Vorsteher überwiesen, die er mit „genügend“ bestand. Nach

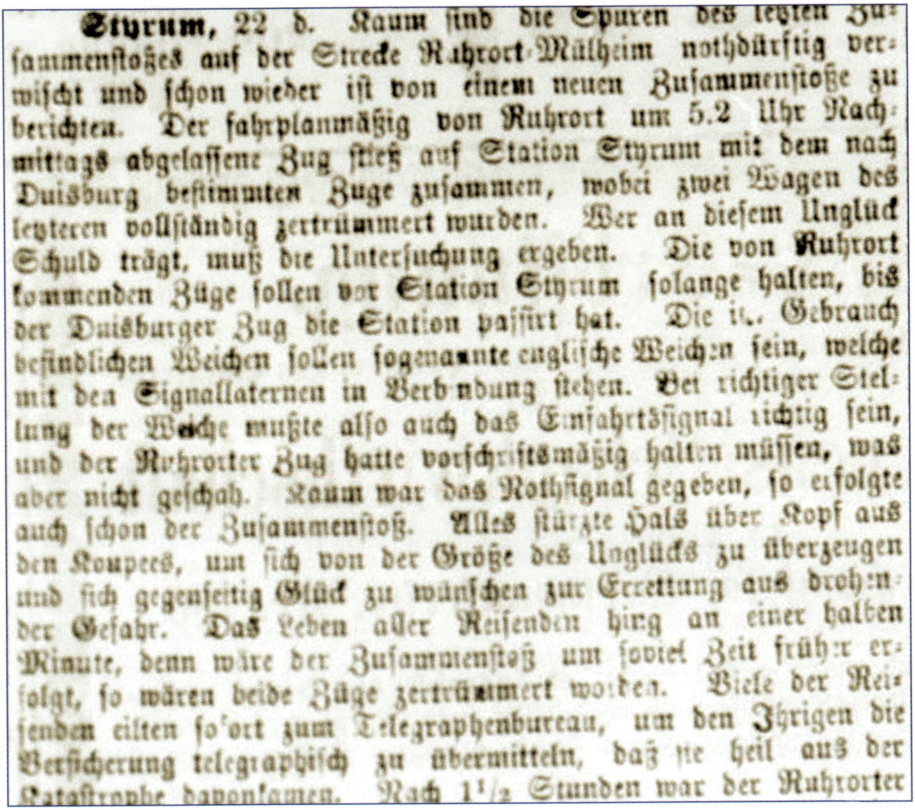

Styrum, 22 d. Kaum sind die Spuren des letzten Zusammenstoßes auf der Strecke Ruhrort-Mülheim nothdürftig verwischt und schon wieder ist von einem neuen Zusammenstoße zu berichten. Der fahrplanmäßig von Ruhrort um 5.2 Uhr Nachmittags abgelassene Zug stieß auf Station Styrum mit dem nach Duisburg bestimmten Zuge zusammen, wobei zwei Wagen des letzteren vollständig zertrümmert wurden. Wer an diesem Unglück Schuld trägt, muß die Untersuchung ergeben. Die von Ruhrort kommenden Züge sollen vor Station Styrum solange halten, bis der Duisburger Zug die Station passirt hat. Die in Gebrauch befindlichen Weichen sollen sogenannte englische Weichen sein, welche mit den Signallaternen in Verbindung stehen. Bei richtiger Stellung der Weiche mußte also auch das Einfahrtssignal richtig sein, und der Ruhrorter Zug hatte vorschriftsmäßig halten müssen, was aber nicht geschah. Kaum war das Rothsignal gegeben, so erfolgte auch schon der Zusammenstoß. Alles stürzte Hals über Kopf aus den Koupees, um sich von der Größe des Unglücks zu überzeugen und sich gegenseitig Glück zu wünschen zur Errettung aus drohender Gefahr. Das Leben aller Reisenden hing an einer halben Minute, denn wäre der Zusammenstoß um soviel Zeit früher erfolgt, so wären beide Züge zertrümmert worden. Viele der Reisenden eilten sofort zum Telegraphenbureau, um den Ihrigen die Versicherung telegraphisch zu übermitteln, daß sie heil aus der Katastrophe davonkamen. Nach 1½ Stunden war der Ruhrorter

Wegen dieses Unfalls am Bahnhof Styrum bei Mühlheim musste Strawe eine Woche ins Gefängnis.

der bestandenen Prüfung zum Bahnhofsvorsteher erfolgte Strawes Versetzung aus dienstlichen Gründen zum 1. August 1889 nach Riemke/Bochum. Die nächste Versetzung zum 1. Januar 1893 nach Dortmunderfeld/Rangier- und Güterbahnhof, sollte Strawes Lebensweg entscheidend verändern und prägen. Aus dem Eisenbahner wurde ein begeisterter Anhänger der kneippschen Gesundheitslehre.

Johann Strawe wird zum Kneippianer

Während seiner Zeit in Aplerbeck/Dortmund und Riemke/Bochum scheinen Familie und Beruf Johann

Strawes Leben geprägt zu haben. 1892 trat Strawe erstmals öffentlich in Erscheinung. Der Märkische Sprecher/ Bochumer Zeitung berichtete am 5.7.1892 über die Feier zum 25jährigen Berufsjubiläum des Stationsvorstehers Strull. In diesem Zusammenhang schreibt die Zeitung: *„Nicht enden wollender Beifall lohnte Herrn Strawe für das von ihm vorgeführte Wachsfiguren-Cabinet, durch lebende Personen in Barocker Kleidung dargestellt.“* Wenige Monate später begeisterte Strawe bei der Sedanfeier mit derselben Vorführung das Publikum [5]. Gehen wir davon aus, dass Strawe das Wachsfigurenkabinett nicht alleine zur Vorführung brachte, sondern weitere Mitarbeiter dazu animierte, so zeigte sich hier bereits seine Fähigkeit Mitmenschen für eine Sache zu gewinnen. Aus einer Verkaufsanzeige in der Wittener Volks-Zeitung vom 23.9.1892 geht hervor, dass Strawe bereits im September wusste, dass er zum 1. Januar 1893 nach Dortmund versetzt werde. Als Familienvater mit vier kleinen Kindern wird sich Strawe wohl kaum von sich aus auf die Stelle beworben haben, zumal er weiter als Assistent eingesetzt wurde. Bei dienstlichen Interessen ist nicht ersichtlich, ob es sich dabei um Bedarfe der Bahn oder um Maßregelungen bis hin zu Strafversetzungen handelte. Diese Variante wird im Folgenden genauer zu betrachten sein. Bei seiner Versetzung nach Dortmund [6] war Strawe 40 Jahre alt. Vermutlich war Strawe bisher noch nicht mit der Kneippschen Gesundheitslehre in Kontakt gekommen, da in Bochum erst nach seiner Versetzung am 10. Mai 1894 ein Kneippverein gegründet wurde. In Dortmund sollte das Leben von Johann Strawe eine entscheidende Wende nehmen, als er Kneipps Gesundheitslehre und Naturheilkunde kennenlernte und im Oktober 1893 Mitgründer „seines“ ersten Kneippvereins wurde.

Etwa im Jahr 1889 begann in Wörishofen ein regulärer Kurbetrieb unter der Leitung von Pfarrer Kneipp. Neben der Verschriftlichung seiner Gesundheitslehre und Naturheilkunde standen für ihn die Sprechstunden für Kranke in Wörishofen und die Vortragsreisen im Mittelpunkt seiner Tätigkeit. Das Bedürfnis zahlreicher Ärzte von Kneipp persönlich von seinen Lehren und Methoden zu erfahren, nutze Kneipp auf pragmatische Weise. Auf seinen Reisen, soweit möglich mit der Eisenbahn, folgten ihm zahlreiche Menschen, die ihn unbedingt sehen und hören wollten. Zu diesen Reisen lud er auch Ärzte ein, um sie während der Zugfahrt über seine Lehren fortzubilden. Hierbei überraschte er die Ärzte mit seinem umfangreichen medizinischen Wissen. So geschehen auch im Sommer 1892, als Kneipp einen Primizianten, den er bei der Entscheidung für den Priesterberuf beriet, zu seiner ersten Messe in dessen Heimatdorf Hundersingen, Landkreis Sigmaringen, begleitete, um dort die Predigt zu halten. *„Es begleiteten den Herrn Pfarrer drei Aerzte und ein Kaufmann, der eine Kneipp'sche Badeanstalt zu gründen beabsichtigt, welche der Herr Pfarrer einlud, um selben einen Einblick in seine Heilmethode zu geben, denn in Wörishofen hat er dazu absolut keine Zeit.“*[7] Einer der drei Ärzte war ein Dr. Petermann und bei dem Kaufmann, der eine Kuranstalt aufbauen wollte, handelte es sich wohl um den Gutsbesitzer Wulff, beide aus Dortmund. Offensichtlich waren die beiden Männer von der Persönlichkeit und den Lehren des Pfarrers Kneipp so begeistert, dass sie bei ihrer Rückkehr nach Dortmund den Entschluss fassten einen Kneippverein zu gründen und eine Kuranstalt zu errichten. Nun ging es daran, die Idee in die Tat umzusetzen und engagierte Mitstreiter zu finden. *„Am 18. Oktober 1893 setzten sich in Dortmund 15 gesundheitsbewusste Bürger zusammen, um einen Kneipp-Verein zu gründen mit dem Ziel, die Kneippschen Naturheilmethoden und Lebensregeln einer breiten Bevölkerungsschicht zu vermitteln.“*[8] Der Stationsassistent Johann Strawe wurde zum 1. Vorsitzenden gewählt, der sich hier als tüchtiger, erfolgreicher Vorstand erwies, der Menschen überzeugen konnte. Vermutlich war Strawe nicht an Dr. Petermanns Reise zu Pfarrer Kneipp beteiligt, da er 1892 noch in Riemke/Bochum tätig war.

Um Mitglieder für den Verein zu gewinnen und von Kneipps Lehren zu begeistern, griff Strawe auf bereits bewährte Vertreter der Kneippschen Methode zurück, die er zu Vorträgen in den jungen Verein nach Dortmund einlud. Die Presse berichtete über volle Veranstaltungssäle und so zählte der Verein bereits im ersten Jahr 300 Mitglieder und konnte 1894 die Zahl auf 400 erhöhen, womit er zum größten Kneippverein außerhalb Wörishofens aufstieg. Am 23. Januar 1894 lud Strawe den Leiter der Kneipp-Kuranstalt in Barmen, Herrn J. Ossendorf, zu einem öffentlichen Vortrag über das Kneipp-sche Heilverfahren ein[9], zu dem 300 Leute „aller Stände" erschienen. Schon im April 1894 folgte ein weiterer Vortrag. Referent war Dr. Bergmann aus Kleve, *„der längere Zeit [von 1890 – 1892] als erster Badearzt des Pfarrers Kneipp in Wörishofen und später als Leiter der von ihm [Bergmann] gegründeten Kneipp'schen Heilanstalt [in Kleve] thätig war"*[10], zu deren Eröffnung Pfarrer Kneipp 1893 angereist kam[11]. Die Presse berichtete: *„Dr. Bergmann aus Kleve hielt einen höchst interessanten und lehrreichen Vortrag über den wissenschaftlichen Wert des kneippschen Heilverfahrens. Der große Kühnsche Saal war in allen seinen Teilen vollständig mit Zuhörern besetzt und mussten Zuspätkommende sich mit einem bescheidenen Stehplätzchen begnügen. Es ist dieses wohl der beste Beweis dafür, daß hier der Sache ein äußerst lebhaftes Interesse entgegen gebracht wird."*[12] Mit den Einladungen von Dr. Bergmann[13] und Herrn Ossendorf ließ Strawe zwei Experten zu Wort kommen, die bei Pfarrer Kneipp dessen Gesundheitslehre und Wasserkur erlernten. Zu den Veranstaltungen des Kneippvereins ließ Strawe bewusst auch Damen einladen, wohl wissend, dass sie in der Familie den Ton angeben. Allerdings blieben ihnen Ämter in Vereinen verwehrt. Schließlich eröffnete am 28. Juli 1894 Gutsbesitzer Wolff in Kooperation mit dem Kneippverein seine Kuranstalt nach Sebastian Kneipp, deren Leiter Sanitätsrat Dr. Petermann wurde[14]. Vorher war er in der Kleinstadt Sendenhorst im Kreis Warendorf Leitender Arzt eines großen Krankenhauses mit Kneipp-Kuranstalt[15]. Er soll vom *„schärfsten Gegner des Kneippschen Heilverfahrens zum überzeugtesten Anhänger desselben bekehrt worden"*[16] sein.

Zu einem Schlüsselerlebnis dürfte für Strawe die persönliche Begegnung mit Pfarrer Kneipp geworden sein. Im Rahmen einer Vortragsreise hielt Prälat Kneipp im Kneippverein Dortmund am 3. Oktober 1894 einen Vortrag. Der Vortrag endete mit *„langanhaltendem, brausenden Beifall“*[17] und dürfte bei Strawe nachhaltigen Eindruck hinterlassen haben. Zum Jahresende dann die überraschende Mitteilung, dass mitten im Aufbau und den erfolgreichen Fortschritten der Dortmunder Kneippbewegung sowie der Errichtung einer weiteren Kneipp-Kur-Anstalt im Süden der Stadt, Johann Strawe nach zwei Jahren zum 29.12.1894 versetzt werde[18]. Eher unwahrscheinlich ist, dass Strawe in dieser Aufbruchphase des Vereins um seine Versetzung gebeten haben dürfte. Bleibt die Frage, ob das Eisenbahnamt Strawes Qualifikation an einem anderen Bahnhof brauchte und ihn deshalb versetzte? Oder, dritte Möglichkeit, könnte es sein, dass dem Eisenbahnamt Strawes erfolgreiche, nebenberufliche Tätigkeit im Kneippverein, die sicherlich auch zeitaufwendig war, seinen Vorgesetzten ein Dorn im Auge war? Hat Strawe seine dienstlichen Aufgaben zugunsten des Kneippvereins vernachlässigt? Schließlich wurde er bereits 1883 und 1885 ermahnt, da seine *„dienstliche Führung in letzter Zeit nicht vollständig befriedigend gewesen“*[19] sei und er unter anderem für einen Eisenbahnunfall mitverantwortlich war. Verständlich, dass Strawes Versetzung *„von den Anwesenden [des Dortmunder Kneippvereins] sehr bedauert wurde, da Herr Strawe ein Vorsitzender ist, wie der Verein so leicht nicht wieder einen finden dürfte.“*[20] Eine Strafversetzung erscheint auch deshalb wahrscheinlich, da sie aus der Großstadt Dortmund in die westerwälder Provinz an den kleinen Bahnhof Hachenburg erfolgte. Fanden die bisherigen Versetzungen innerhalb des Eisenbahndirektionsbezirks Elberfeld, mit seinen verschiedenen Ämtern statt, erfolgte sie nun über dessen Grenzen hinweg in die Eisenbahndirektion Frankfurt. Versetzungen über diese Grenzen hinweg waren möglich, aber nicht gerade die Regel. Sollte Strawe am Bahnhof Hachenburg Aufbauarbeit leisten oder möglichst weit weg vom Kneippverein und Kurhaus Dortmund versetzt werden? – Im Dortmunder Kneippverein arbeitete Strawe eng mit Friedrich

Marnach, dem Redakteur der Dortmunder Zeitung "Tremonia" zusammen.

Strawe wurde wohl zum 1. Januar 1895 nach **Hachenburg** in die Provinz versetzt. Aus dem Deckblatt seiner Personalakte geht hervor, dass Strawe am 1. und 2. Januar Urlaub für einen Umzug nahm. Es finden sich in Hachenburg keine Hinweise, dass Strawe dort als Kneippianer aktiv in der Öffentlichkeit in Erscheinung trat. In Hachenburg wurde erst 1925 ein Kneippverein gegründet, als Strawe bereits in Pension gegangen war. Im November 1895 erkrankte seine Frau und im August 1896 nahm Strawe 14 Tage Urlaub für eine Kur, vermutlich in Wörishofen. Sowohl im Familienarchiv, als auch im Buch von Dr. Alfred Baumgarten[21] gibt es ein Foto,

In Strawes Personalakte ist vermerkt, dass er 1896 zur Kur war. Vermutlich dürfte dieses Foto zu dieser Zeit entstanden sein. Zahlreiche Kurgäste und Besucher kamen zu den regelmäßigen Vorträgen von Pfarrer Kneipp.

dass Strawe mit zahlreichen Kurgästen bei Pfarrer Kneipp nach einem Vortrag in Wörishofen zeigt. Dr. Alfred Baumgarten schreibt dazu, dass sich die Kurgäste nach einem Vortrag bei Kneipp regelmäßig fotografieren ließen. Hier wird Strawe seine Kenntnisse in der Wasserkur aus 1. Hand vertieft haben.

Wie aus verschiedenen Schreiben hervorgeht, wurde Strawe mit der Versetzung nach Hachenburg vom Stationsassistenten zum Stationsverwalter befördert. Nachdem er im Winter 1888/89 bereits die Prüfung zum Stationsvorsteher erfolgreich abgelegte hatte, konnte er offenbar nun mit der Beförderung zum Vorsteher rechnen. Vorausschauend schrieb Strawe in seinem Gesuch vom 18.8.1897 an seine Vorgesetzten bei der Königlichen Eisenbahndirektion in Frankfurt, *„dürfte meine Ernennung als solcher [Bahnhofsvorsteher] meine Versetzung in nicht allzuferner Zeit in Frage kommen“*. Sorge bereitete Strawe bei dem anstehenden Ortswechsel die Beschulung seines ältesten Sohnes Josef, die ihm sehr wichtig erschien: *„Mein ältester Sohn, jetzt 10 ½ Jahre alt, besucht seit Ostern eine hier eingerichtete Privatschule, deren Lehrplan gleich dem der untern Classen an dem humanistischen Gymnasium eingerichtet ist. Der Knabe lernt mit Lust und Eifer und macht nach den einstimmigen Ansichten der Lehrer gute Fortschritte. Bei einer Versetzung würde er seine Studien jedoch nur dann fortsetzen können, wenn ich denselben in meiner Familie halten könnte, da ich infolge langjähriger Krankheit meiner Frau noch stets zu außerordentlichem Aushelfe gezwungen werde und bei der Sorge für die aus 5 Kindern bestehende Familie nicht in der Lage bin, Pensionsgelder zahlen zu können. Für den Knaben wäre es jedoch von doppeltem Nachteil, wenn er von dem eingeschlagenen Wege wieder zurücktreten müßte.“* Weiter ergibt sich aus Strawes Brief, dass die Tochter Elisabeth vor einem Monat im Alter von etwa 2 ½ Jahren verstarb. Neun Monate vorher wurde die Tochter Christine Wilhelmine, genannt Mina, geboren. Eine physisch wie psychisch belastende Situation, nicht nur für Frau Strawe. Möglicherweise stand Frau Strawes Erkrankung mit dem Tod und/oder der Geburt der jüngsten

Tochter in Verbindung. Innerhalb von zehn Jahren gebar sie trotz langjähriger Krankheit sechs Kinder. Strawe lässt erkennen, dass er sich aufgrund der Krankheit seiner Frau um sie und die Kinder kümmere. Außerdem legte er Wert auf die Bildung seiner Kinder die ihm bei einer Versetzung an einen Ort ohne Gymnasium gefährdet erschien.

Die Tätigkeit von Strawe am Bahnhof Hachenburg dürfte nach circa zwei Jahren zu Ende gewesen sein. Der Aufenthalt in Hachenburg war wohl für die gesamte Familie sehr belastend. Der „Personalienbogen" vermerkt in der Spalte Urlaub: Sept. 1895 Besuch eines Arztes, November 1895 Besuch seiner erkrankten Frau (vermutlich im Krankenhaus), November 1896 Unterbringung seines Sohnes (nicht benannt, um welchen es sich handelte), August 1897 Krankheit seines Sohnes und schließlich 6. und 7. Dezember 1897 Urlaub wegen Umzug. Seit 1892 vermerkt die Urlaubsliste regelmäßig freie Tage wegen „Vormundschaftssachen", später auch „Besuch des Pflegesohnes", wozu es keine weiteren Hinweise gibt.

Auf dem „Personalienbogen" von Strawe ist auf der Vorderseite vermerkt, dass er ab 1.12.1897 in **Wirges**, wie Hachenburg zum Unterwesterwald Kreis gehörend, stationiert wurde. Sohn Johann Anton wurde 1899 in Wirges geboren. Demnach erfolgte die Versetzung vier Monate nach Strawes Brief an die Direction, mit der Bitte, auf die schulische Situation seines Sohnes Rücksichtig zu nehmen. Zudem fragte Strawe in seinem Brief nach, wann er mit einer Beförderung rechnen könne, was wohl der finanziellen Situation der Familie geschuldet war. In Wirges gibt es bis heute kein Gymnasium; es scheint, dass man Strawes Bitte nicht berücksichtigte. Angesichts der angespannten Lage der Familie Strawe, dürfte mit der Versetzung nach Wirges auch die gymnasiale Schulbildung von Sohn Josef beendet worden sein. Die Tätigkeit am Bahnhof Wirges sollte wie in Hachenburg circa zwei Jahre betragen. Vermutlich war Strawe in dieser Zeit mehr mit dem Beruf, der Krankheit seiner Frau und der Betreuung der Kinder ausgelastet, so dass er sich in dem entlegenen Dorf wohl nicht weiter mit der Kneippschen Gesundheitslehre beschäftigte.

Zum 1. April 1900 wurde Strawe von der zuständigen Eisenbahndirektion Frankfurt aus *„dienstlichen Rücksichten"* von Wirges an den Bahnhof **Niederwalluf** versetzt, wo er die Dienstwohnung zugewiesen bekam. Zum

Johann Strawe um 1900.

selben Zeitpunkt wurde der Bahnhof in die 2. Klasse hochgestuft[22] und Strawe der Titel Stationsvorsteher 2. Klasse mit entsprechender Gehaltserhöhung verliehen. Im nächstgrößeren Ort Wiesbaden gab es ab 1884/86 bereits zwei Kneippvereine. Gründungsmitglied konnte Strawe nicht gewesen sein, da er zu dieser Zeit noch im Ruhrgebiet tätig war. Vermutlich war er in einem der Wiesbadener Kneippvereine aktiv, da man sich später seiner erinnerte und ihn im November 1917 zu einem Vortrag über Magen- und Darmerkrankungen einlud[23]. Außerdem findet sich im Familienarchiv das Festprogramm des Kneippbundes, der vom 11. – 13. August 1906 seine 10. Generalversammlung dort abhielt. Fraglich bleibt auch, ob Strawe Verbindungen nach Koblenz hatte, wo ein Dr. Meuke, Mitglied im Verein internationaler Kneippärzte war. Strawes Tätigkeit in Niederwalluf wurde durch die Eisenbahndirektion bereits nach einem Jahr beendet und es folgte Strawes Versetzung nach Hennef, die sicherlich seiner Qualifizierung mehr entsprach. Dennoch stellt sich die Frage, weshalb ein Bediensteter mit Familie und hochschwangerer Frau nach kurzem Einsatz an einen entfernten Dienstort versetzt werden musste, gab es keine andere Möglichkeit einen verdienten Mitarbeiter entsprechend zu befördern? In Niederwalluf bedauerte man sein Ausscheiden: *„Herr Strawe hat es verstanden, sich in kurzer Zeit bei*

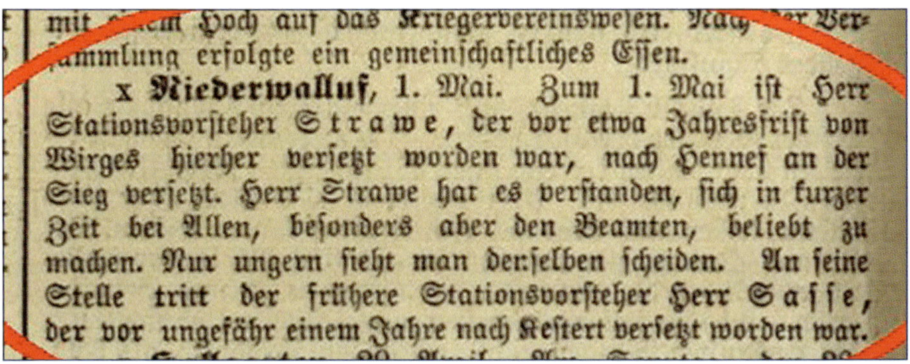
mit ... Hoch auf das Kriegervereinswesen. Nach der Versammlung erfolgte ein gemeinschaftliches Essen.

x **Niederwalluf**, 1. Mai. Zum 1. Mai ist Herr Stationsvorsteher Strawe, der vor etwa Jahresfrist von Wirges hierher versetzt worden war, nach Hennef an der Sieg versetzt. Herr Strawe hat es verstanden, sich in kurzer Zeit bei Allen, besonders aber den Beamten, beliebt zu machen. Nur ungern sieht man denselben scheiden. An seine Stelle tritt der frühere Stationsvorsteher Herr Sasse, der vor ungefähr einem Jahre nach Kestert versetzt worden war.

Schon nach einem Jahr wurde Strawe erneut versetzt, dieses Mal von Niederwalluf nach Hennef. In Niederwalluf bedauerte man das Scheiden des beliebten Beamten Strawes.

Allen, besonders aber den Beamten, beliebt zu machen. Nur ungern sieht man denselben scheiden."[24] Strawes Versetzung nach Hennef sollte seine vorletzte werden und seine Leidenschaft für die Kneippsche Gesundheitslehre ihren Höhepunkt erreichen.

Nach seiner zwölften Versetzung innerhalb von zwanzig Dienstjahren trug sich der 49-jährige Strawe als Stationsvorsteher am 18.5.1901 mit Ehefrau und sechs Kindern in das Melderegister der Bürgermeisterei **Hennef** ein. Strawe kam von Niederwalluf (Rheingau-Taunus-Kreis, Hessen), wo es einen Bahnhof an der Strecke Wiesbaden – Koblenz gab. Mit Frau und Kindern bezog er die Dienstwohnung im Hennefer Bahnhof. Seine Frau Maria war hoch schwanger und gebar zwei Monate später im Alter von 43 Jahren eine Tochter, der 1902 noch ein Sohn folgen sollte. Der Bahnhof Hennef, der sich zum Eisenbahnknoten entwickelt hatte, forderte umfangreiche Aufgaben, die für den erfahrenen Stationsvorsteher auch neue Herausforderungen mit sich bringen durfte. Ab August 1902 wurde er hier im Blockdienst und fünf Jahre später auch im Zugmeldedienst eingesetzt[25]. Im Eisenbahnetat waren 40.000 Mark für die längst fällige Erweiterung des Hennefer Bahnhofs wegen der stark zugenommenen Frequentierung im Güter- und Personenverkehr vorgesehen. Ein größerer Bahnhof sollte der zunehmenden Bedeutung Hennefs gerecht werden.

Johann Strawe und „seine" vielen Kneippvereine

Wer 1859 den Bau des Hennefer Bahnhofs auf dem platten Land zwischen den paar Häusern um die Hennefer Kirche und jenseits des Hanfbachs in Warth erlebte[26], der wird ihn 1901 bei Strawes Ankunft in Hennef nicht wiedererkannt haben. Der Eisenbahnanschluss bildete den Auftakt einer verkehrstechnischen Infrastrukturmaßnahme – Weiterführung der Schienenstränge bis Siegen, Gießen und Anschluss an Frankfurt, Bau der Sieg- und Bröltalstraße, Bau der Bröltalbahn bis Ruppichteroth, Waldbröl, Asbach und Beuel –, die innerhalb von nur fünf Jahrzehnten aus der über Jahrhunderte landwirtschaftlich geprägten Siedlung einen international agierenden Industriestandort entwickelte. Als Johann Strawe 1901 Stationsvorstand in Hennef wurde, waren hier etwa zehn größere Fabriken in Betrieb. Hinzu kamen zahlreiche Handwerksbetriebe, Gaststätten, Dienstleister und Geschäfte. Trotz wirtschaftlicher Krisen verhalf diese Ära zu einem sozialen Aufstieg für breite Bevölkerungsschichten. Industrialisierung und Romantik ließen Städter die Schönheiten der Umgebung erkunden. Hennef mit seinem Bahnanschluss wurde als Tor zum Siegtal zum Kurort mit regem Tourismus. Der Zuwachs der Bevölkerung, die die vielen auswärtigen Arbeitsplätze erreichen mussten, sorgte für einen lebhaften Eisenbahnverkehr.

Möglicherweise in Verbindung mit der 1881 erfolgten Gründung des Verkehrs- und Verschönerungsvereins (VVV), wurde schon Anfang der 1890er Jahre Hennef als Kurort beworben und lockte Kurgäste an. Am 14.9.1893 veröffentlichten begeisterte Kurgästinnen in der Hennefer Zeitung ein *„Lied zu Lob und Preis der Gemütlichkeit in Hennef“*, in dem sie ihre gute Erholung im Hotel-Restaurant Walterscheid[27] zum Ausdruck brachten: *„Wir haben hier genossen/ Ein friedlich schönes Glück – Und wenn ein Jahr verflossen/ Dann kehren wir zurück.“*[28] Hinweise , dass es sich dabei um eine Kneippkur gehandelt haben könnte, finden sich in dem Gedicht nicht. Erst etwa zwei Jahre später, am 18. und 25. Juni 1895, erschienen in der Hennefer Zeitung zwei seltsame Beiträge, die auf den offenbar missglückten Versuch der Gründung eines *„Kneippianer-Vereins Geistingen“* schließen lassen. Hierin wirft ein Herr Müller, der sich *„stellvertretender Vorläufer“* nennt, mit Wortspielereien einem *„Vorläufer des Vereins“* vor, vermutlich dem Kleinhändler Beielschmidt in Geistingen, er würde seinen Namen nicht nennen wollen, weshalb Kurgäste nicht wissen wo sie sich zum Mitlaufen anmelden könnten. Es könnte sein, dass sich das „Mitlaufen“ auf das Tautreten auf nassen Wiesen, eine der Kneippschen Methoden, bezog. Müller schreibt: *„... und sich schon eine Menge Kurbe-*

Ein Lied zu Lob und Preis der Gemütlichkeit in Hennef.

1.

Es ist ein Lied erklungen
Von Hennef aus dem Thal.
Schon Viele han's gesungen,
Wir singen's allzumal!

2.

Einst kamen sie gezogen
Die Kurgäst' klein und groß.
Die meisten han gewogen
So leicht wie dürres Moos.

3.

Sie hatten bleiche Wangen,
Die Nasen waren spitz:
Sie hatten was gefangen —
Doch was? — Das war der Witz!

4.

Der alte gute Doktor
Hatt' sie hierher gesandt:
„Ja, ja, mein bester Doktor,
Wir müssen auf das Land!“

5.

So hatten sie geschrieen
Zu Hause beim Gemahl:
Sie lagen auf den Knieen
Und machten ihm viel Qual.

6.

So sind denn h i e r der Frauen
So minnig und so lieb,
So v i e l e anzuschauen,
Die all' nach H e n n e f trieb:

7.

Nicht Krankheit oder Sorgen,
Nein, U e b e r m u t und L u s t!
An jedem schönen Morgen
Singt man aus voller Brust:

8.

„Wie schön ist doch dies Hennef,
Wie billig und wie fein!
Es kostet keinen Pfennig
Mehr als zu Haus zu sein!“

9.

Wie schmeckt der leck're Braten
Bei Walterscheid am Tisch,
Mit Kompot und Salaten,
Nach einem Entre-Fisch.

10.

Wie munden hier die Weine!
So drängt sich's auf die Zung!
Die ältesten Gebeine
Hier werden wieder jung.

11.

Und in der Tischgemeinde
Da löset sich das Wort,
Der Fremde wird zum Freunde,
In T r e u e zieht man fort.

12.

Die spitzen Nasen röten
Sich dann im Abendschein —
Ich bin kein Schwerenöter —
Es kommt ja nicht vom Wein!

13.

Die schmalen Wangen runden
Sich bei der guten Kost,
Die Arznei ist gefunden —
Und das ist doch ein Trost.

14.

Ein Trost für so viel Marken,
Die sandte der Gemahl;
Er mußte immer schicken
Geldbriefe ohne Zahl.

15.

Doch sollen uns die nicht reuen
Der Wirtin gönn' ich's schon.
Wir dürfen uns auch freuen,
Wenn wir dann ziehn davon:

16.

Wir haben hier genossen
Ein friedlich schönes Glück —
Und wenn ein Jahr verflossen,
Dann kehren wir zurück.

17.

Wir kommen alle wieder
Mit schlotterndem Gebein
Und stärken unsere Glieder
In Hennef's Flur und Hain.

18.

Wir trinken dann aufs Neue
Vom Heurigen fürwahr!
Stoßt an, es lebe die Treue,
Auf Wiedersehn, nächst Jahr!

H e n n e f, den 10. September 1893.

Die Kurgäste.

Schon im Herbst 1893 dichteten weibliche Kurgäste ein Loblied auf ihren Kuraufenthalt in Hennef, bei dem es sich wohl noch nicht um eine klassische Kneippkur handelte.

dürftiger zum Mitlaufen melden wollen, aber nicht wissen, bei wem, hält es der unterzeichnete stellvertretende Vorläufer für angebracht, zur öffentlichen Kenntnis zu bringen, daß auch bei ihm Anträge behufs Aufnahme in den Verein gestellt werden können." Aus den seltsamen Wortspielereien und der Polemik ist ersichtlich, dass Peter Beielschmidt *„auf dem Gebiet der Naturheilmethode sich so verdient"* machte. In späteren Ausgaben der Hennefer Zeitung finden sich keine weiteren Hinweise auf den Verein, der vermutlich nicht lange bestand. – Man muss den Bericht des Kreisphysikus' Dr. Anton Lohmann aus den 1820er Jahren über die (un-) hygienischen und ungesunden Lebensbedingungen der Menschen im Siegkreis gelesen haben, um die Bedeutung der Gesundheitslehre des Prälaten Kneipp, die in den 1850er Jahren begann, zu begreifen. *„Weder Wohnung, noch Kleidungsstücke, noch irgendein Glied des Körpers bemüht man sich von Dreck und Ungeziefer zu reinigen. Überhaupt ist die Reinigung des Körpers nicht sehr allgemein. Was in dieser Hinsicht geschieht, besteht darin, daß Hände und Gesicht zuweilen mit Wasser gewaschen werden.*"[29] Ein Zeitgenosse Pfarrer Kneipps brachte einen Nebeneffekt der Wasserkur auf den Punkt: *„Seit Pfarrer Kneipp sein Wesen treibt, kommt der Patient gewaschen zum Arzt.*"[30] – Drei Jahre nach seinem Eintreffen in Hennef hatte sich Strawe wohl soweit eingearbeitet, dass er seine Leidenschaft für die Kneippsche Gesundheitslehre wieder aufnahm. Wie 1894 in Dortmund setzte Strawe auch 1904 in Hennef auf seine bewährte Methode, sich selbst zurückzunehmen und stattdessen renommierte Kneippianer als Zugpferd für die Gewinnung von Mitgliedern einzusetzen. Sowohl die Hennefer Zeitung als auch der Sieg-Bote verwiesen am 24. und 25. März 1904 im Text und als Anzeige auf die Einladung zum Vortrag über das Kneippsche System und zur Gründungsversammlung eines Kneippvereins. Ausdrücklich eingeladen wurden auch Frauen und Jungfrauen: *„Da in dieser Pflege in Haus und Familie die Frauenwelt so recht die Seele des Ganzen ist, so dürfte einleuchten, daß auch sie recht zahlreich zu erscheinen Veranlassung hat.*" Es war sicher kein Zufall, dass zur

Deutscher Kneippbund.

Am 25. d. Mts. (Maria Verk.),
nachmittags 5 1/2 Uhr,
im Saale des Wirts Wingen-Hennef

Vortrag

über Kneipp und Kneippvereine.

Hieran anschließend Gründung eines Kneippvereins. Die geehrten Bewohner von Hennef und Umgegend, auch Frauen und Jungfrauen, werden hierzu ergebenst eingeladen.

Einladung zum Vortrag über das Kneippsche System und zur Gründungsversammlung eines Kneippvereins.

Gründungsversammlung ein alter Bekannter Strawes aus Dortmunder und Essener Zeiten, der Redakteur der Zeitung Tremonia Friedrich Marnach aus Dortmund, als Redner für den Kneippbund Deutschland den Vortrag hielt. Am Ende seines Vortrags, der die Vorzüge eines Kneippvereins lobte, animierte er zu dessen Gründung. Die Gründungsversammlung übertraf die Erwartungen, auch wenn weniger Frauen als erhofft erschienen, wie Sieg-Bote und Hennefer Zeitung am 31.3.1904 übereinstimmend berichteten: *„Der Erfolg war überraschend, da 41 Mitglieder, welche allen Berufsständen angehörten, sich zum Beitritt anmeldeten. … Es wurde ein provisorischer Vorstand unter Leitung von Herrn Strawe gewählt. Dieser soll die Statuten entwerfen und baldigst eine Versammlung zu deren Feststellung und zur endgültigen Wahl eines Vorstandes einberufen."* Am 24. April 1904 fand die Gründungsversammlung im Gasthof Wingen statt, bei der Johann Strawe offiziell als 1. Vorstand bestätigt wurde. Unmittelbar darauf setzte der

In der 1. Reihe sitzend ist Johann Strawe erkennbar. Vermutlich entstand die Aufnahme bei einer der Wanderungen des Kneippvereins, bei der Kräuter bestimmt und gesammelt wurden. Da Veranstaltungen an Sonn- oder Feiertagen stattfanden, dem einzigen freien Tag der Woche, erschien man im Sonntagsstaat.

junge Verein seine Ziele um. Regelmäßig wurden bei Versammlungen im Winter Fachvorträge über die Kneippsche Heil- und Gesundheitslehre gehalten und Anleitungen für die Wasserkur zu Hause vermittelt. Im Sommer hingegen begab man sich auf Wanderungen mit Kräuterbestimmung und -sammlung, warb damit weitere Mitglieder und pflegte Kontakte zum Bonner Kneippverein . Vermutlich Strawe selbst übernahm die Öffentlichkeitsarbeit und vertrat den ersten Kneippverein des Siegkreises auf dem Bundestag des Kneippbundes in Essen, auf dem Marnach zum 2. Präsidenten gewählt wurde. Der Sieg-Bote berichtete am 13.8.1904 ausführlich über diese Fachtagung. Es ist keineswegs abwegig zu vermuten, dass Strawe bei seiner Begeisterung für die Kneippsche Lehre missionarischen Eifer entwickelte. Er verstand es, gezielt und methodisch Mitglieder zu werben. Wenn Strawe von etwas überzeugt war, konnte er auch andere überzeugen. So dürfte vorläufiger Höhepunkt des jungen Vereins, respektive Strawes Mission, die Einladung von Pfarrer Reile 1905 nach Hennef gewesen sein. Reile war Prior der barmherzigen Brüder in Wörishofen und ernannte sich selbst zum Nachfolger von Pfarrer Kneipp, obwohl Dr. Baumgarten von Kneipp zum ärztlichen Leiter der Wörishofener Kuranstalt bestimmt wurde[31]. Doch vorerst bleibt zu berichten, dass der Vortrag Pfarrer Reiles am 26. Januar 1905 bei den 300 Zuhörenden große Begeisterung für die Kneippsche Lehre hervorrief und noch am selben Abend *„dem Verein 23 neue Mitglieder bei[traten] und zählt er deren nunmehr 102“*[32]. Ermutigt von der großen Resonanz gab Strawe zum Ende der Festversammlung ein weiteres Ziel des Vereins vor: *„Des Ferneren sprach er die Hoffnung aus, daß sich mit Hülfe des Vereins bald die Erlangung von Gießer- bezw. Pflegepersonen und die Einrichtung einer Badeanstalt ermöglichen lassen werde.“* Strawe war wohl bewusst, dass er dieses Ziel in der ländlich strukturierten Gegend, anders als in der Großstadt Dortmund, nicht alleine mit dem Kneippverein Hennef erreichen konnte. Strategisch klug setzte er von nun alles daran, im Siegkreis und Umland möglichst viele Kneippvereine ins Leben zu rufen, um auf diesem Weg die Basis für Interessenten an einer Kuranstalt kontinuierlich zu vergrößern. Zur Gründung des Kneippvereins Siegburg 1905 lud Strawe Friedrich Marnach, mittlerweile 2. Präsident des Kneippbundes und Vorstand des Verbandes III (Rheinland-Westfalen), ein. Strawe wurde für einige Jahre Vorsitzender des Kneippvereins Siegburg. 1907 kam Prior Reile zu einem Vortrag nach Siegburg sowie 1908 nach Neunkirchen und noch einmal nach Hennef. Mit Reile als renommierten Vertreter der Kneippschen Wasserkur gewann Strawe Aufmerksamkeit und neue Mitglieder. Das sollte sich noch im selben Jahr günstig auf die Zukunft einer Kuranstalt in Hennef auswirken. Neben der Gründung der Kneippvereine Hennef und Siegburg gingen 15 weitere Vereine im Bezirk Sieg des Kneippbundes auf Strawes Initiative zurück. Strawe reiste unermüdlich von Verein zu Verein, teils über die

Grenzen des Siegkreises hinweg, hielt dort Vorträge über die Kneippsche Methode sowie Krankheiten, vertrat bei Delegiertentreffen den Siegkreis und heilte Kranke. Schon im zweiten Jahr des jungen Hennefer Kneippvereins konnte Strawe 1906 die 4. Verbandstagung des mittelrheinischen Kneippverbandes nach Hennef holen. An der Tagung nahm auch der Düsseldorfer Bankier Wilhelm Auffermann, der 1. Vorsitzende des Kneippbundes teil, der später bei der Kurhausfrage noch eine zentrale Rolle übernehmen sollte. Die Delegierten des Verbandes waren sowohl von Hennef als auch der Organisation der Tagung aufs Höchste angetan, wie die Hennefer Volks-Zeitung am 26.6.1906 berichtete: *„Der Rechtskonsulent Frings lobte die Selbstlosigkeit und die Mühen, mit welcher der Vorsitzende des hiesigen Kneipp-Vereins, Herr Strawe, die Kneippsache fördere. Letztere habe er hier auf eine seltene Höhe gebracht, und bekundete Redner ihm hierfür öffentlichen Dank, der mit einem dreifachen Hoch bekräftigt wurde. Die auswärtigen Redner gaben auch ihrer Verwunderung Ausdruck über die Schönheit von Hennef und Umgegend. Wie geschaffen sei es hier für die Anlage einer Kneipp-Anstalt, die notwendig sei. Die 200 Mitglieder, welche der hiesige Kneipp-Verein schon zähle, könnten sich ganz gut die Aufgabe stellen, eine Kneipp-Anstalt hier oder in der Nähe zu errichten.“* Strawes Strategie zeigte Erfolg. Bei den Delegierten und den Vorsitzenden konnte er eindrucksvoll die Weichen für die Zukunft stellen. Anlässlich des Familienfestes des Kneippvereins Neunkirchen schrieb der Sieg-Bote am 20.2.1909: *„Dieser Herr [Strawe] hat sich um die Kneipp-Bewegung im Siegkreise solche Verdienste erworben und schon so viele Kranke geheilt, daß alle ihn wie einen Vater lieben und ehren.“* Im Bericht des Sieg-Boten vom 18.3.1909 über die Versammlung des Kneippvereins in Seelscheid heißt es: *„Herr Strawe wird wohl als der beste und eifrigste Kenner der Naturheilmethode insbesondere des Kneippsystems, sowie auch als vorzüglicher Redner in hiesiger Gegend bekannt sein.“* Ein Brief vom 3.12.1908 von Frau Strawe an ihre Tochter Maria im Mädchenpensionat der Klosterschule Unserer Lieben Frau gibt Einblick in das Leben der Familie: *„Vergangenen*

Sonntag hatten wir [vom Kneippverein] im Wingenschen Saale einen Lichtbildervortrag ‚Der Mensch in gesunden u. kranken Zuständen'. [Der Saal] war so voll, daß viele umkehren mussten. Am Sonntag haben die Eitorfer einen Vortrag, dem der neue H. Pastor beiwohnen will. ... In Troisdorf will der Arbeiterverein einen Vortrag vom Vater gehalten haben über das Kneippsche Heilsystem u. dann will man dort auch einen Verein gründen. ... Sonntag war ein durch u. durch fieberkulöses Kind aus Buisdorf beim Vater. Vorgestern ein Mann mit Blutvergiftung u allen werde durch die Kneippkur geholfen. ... In der Warth hofft Vater wieder einen 40jährigen Mann durchzubringen, der in Bonn u. hier von den Ärzten aufgegeben ist ." Zwischendurch beklagt Frau Strawe

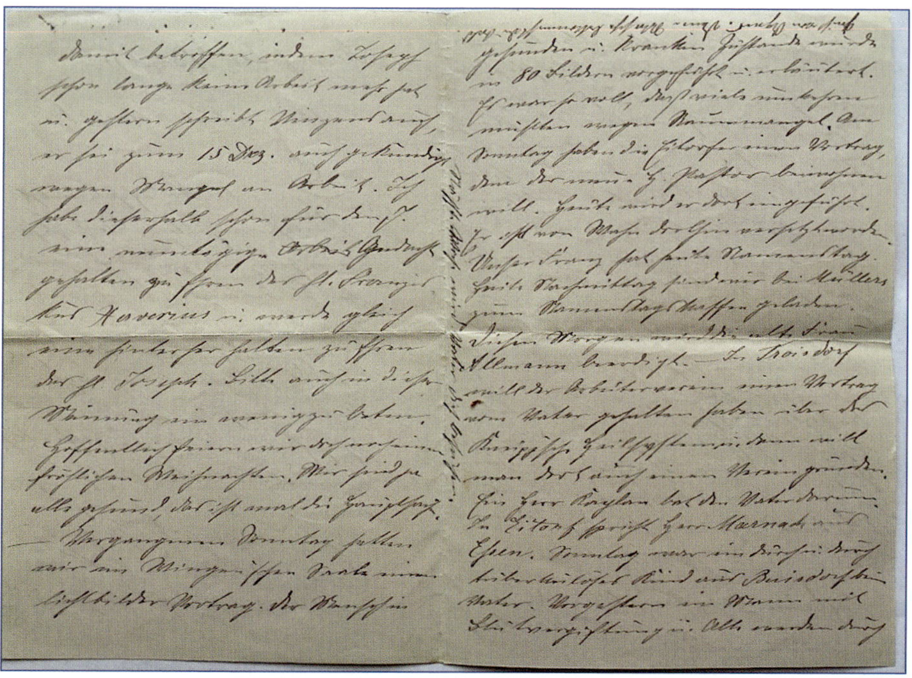

In einem Brief vom 3.12.1908 schildert Mutter Maria Strawe ihrer Tochter Maria mehrere Krankenbehandlungen die ihr Mann neben den Vorträgen durchführte und wie sehr dadurch das Familienleben verändert wurde. Ihr Fazit: „Ohne [Haushalts-]Hülfe wird's wohl nicht mehr gehen Wir quälen uns und unsere Nachwelt zieht den Nutzen daraus."

die Auswirkungen auf das Familienleben: *„Aber bei uns im Hause macht sich die Geschichte fühlbar. Ich komme gar nicht mehr zum Nähen. Ohne Hülfe wird es wohl nicht mehr gehen. Wir quälen uns und unsere Nachwelt zieht den Nutzen daraus."* In einem Brief vom 24.2.1909 berichtet die Mutter der Tochter von einem 15jährigen Mädchen, *„die im vorigen Jahr an der Lungenschwindsucht erkrankt war. Ein Lungenflügel hätte fast vollständig lahm gelegen u ist nun ganz wieder hergestellt dank der Kneippkur u. ihrer Energie u. Ausdauer wie sie mittelst derselben gearbeitet haben. Vater jammert nur nach einer Kneippanstalt u. einem tüchtigen Kneipparzt."* Strawes Notizen zu seinen Vorträgen lassen auf ein fundiertes medizinisches Wissen schließen. Zu seinem Repertoire gehörten Vorträge über Kinderlähmung, Kinderkrankheiten, Scharlach und Diphterie, Magen-Darmerkrankungen, Verstopfungen, Blinddarmentzündungen, Erkältungskrankheiten, Influenza, Waschungen und ihre Wirkung, naturgemäße Lebens- und Heilweise und andere. Häufig kamen Besucher, vor allem um Strawe reden zu hören, da er als vorzüglicher Redner und überzeugender Verfechter der Kneippschen Sache weit und breit bekannt war. Eine der Folgen war, dass immer mehr Kranke auf Strawe vertrauten und ihn um Rat und Heilung baten.

Seit 1871 galt im neu entstandenen Kaiserreich die Kurierfreiheit, die es jedem erlaubte die Heilkunde auszuüben. Die Regierung schätzte die Selbstbestimmung der Kranken und ihre freie Entscheidung, wem sie das Vertrauen für ihre Behandlung schenken höher ein, als ein ärztliches Monopol. Die am Beginn des 20. Jahrhunderts zunehmenden Kneipp- und Naturheilvereine sowie Laien, die mit Magnetismus, Licht und anderen obskuren Verfahren arbeiteten, veranlassten die organisierte Ärzteschaft 1909 im Reichstag die sogenannte Kurpfuschervorlage einzubringen, die dem Treiben der Laien ein Ende bereiten sollte. Die Kneippvereine befürchteten ihr Ende, *„sollte diese Vorlage Gesetz werden, das Wirken und die Bestrebungen der Kneippvereine unterbunden würden, ja das Weiter-*

bestehen dieser Vereine aufhören würde"[33]. Strawe sah sein Lebenswerk in Gefahr. Er verfasste eine Resolution, die die Kneippvereine des Siegkreises, die ca. 900 Mitglieder repräsentierten, an ihren Reichstagsabgeordneten Dr. Carl Becker senden sollten, um die drohende Gefahr abzuwenden und sich für die Kurierfreiheit einzusetzen: *„Die Kneipp-Vereine haben vornehmlich den Zweck, die naturgemässe Heilweise des seeligen Prälaten Kneipp zu verbreiten und insbesondere auch die hohen Tugenden der Menschen – und Nächstenliebe. Beides ist aber im höchsten Grade gefährdet, wenn die sog. Kurpfuscher-Vorlage zum Gesetz erhoben wird. … Die Versammlung protestiert deshalb mit allem Nachdruck gegen den Gesetzentwurf und hofft dringend, dass der hohe Reichstag demselben seine Zustimmung versagen wird, bittet aber die Heilkunde in dem Sinne ausbauen zu wollen, wie dies in der Denkschrift des Deutschen Vereins der Naturheilkundigen zum Ausdruck gebracht worden ist."*[34]. Im Vorfeld eines persönlichen Treffens antwortete Dr. Becker an Strawe am 2.11.1910, dass er bezüglich der Kneippvereine ganz beruhigt sein könne, da *„die Kneipp-Vereine nur Anfangs auch unter die Kurpfuscher-Vorlage"* fielen und er ließ Strawe ganz solidarisch wissen: *„Ich bin selbst Kneipp-Anhänger"*[35], womit er signalisierte, dass Strawe mit seiner Unterstützung rechnen könne. Die Ärzteschaft und ihre Organe konnten sich mit ihrer Forderung nach klaren gesetzlichen Regelungen, die nur wissenschaftliche Standards der Schulmedizin gelten lassen wollten, nicht durchsetzen. Es blieb schließlich bei der Kurierfreiheit.[36] Auch Frau Strawe nahm an der Diskussion zur Kurpfuscherfrage regen Anteil. In einem Brief an ihre beiden Töchter im Internat berichtete sie am 3.12.1910 über den Reichstagsabgeordneten Faßbender der Centrumspartei, der eine Commission wählen lassen will, die über die Gesetzesvorlage beraten soll und schrieb: *„Ich empfehle diese wichtige Angelegenheit Euch [Töchtern]und den l.[ieben] ehrw.[würdigen] Schwestern im Gebet. Das Gesetz darf nicht durch. Es muß jedem Menschen der freie Wille bleiben, dort seine Heilung in der Krankheit zu suchen, wo er am ersten u. sichersten Hülfe und Heilung findet* *u. wo er das meiste Vertrauen zu hat."* In der Kritik stand dabei auch die Gesundheitslehre Pfarrer Kneipps. Selbst Ärzte, die die Möglichkeiten dieser Methode anerkannten und einsetzten, wurden von den Kollegen, die sie ablehnten, als Kurpfuscher gebrandmarkt. Schon Pfarrer Kneipp, selbst mehrmals Verfahren als Kurpfuscher ausgesetzt, setzte daher auf die Kooperation mit Ärzten, die er von seinem System überzeugte und in der Kuranstalt Wörishofen beschäftigte. Auf dem Bundestag der Kneippvereine wurde 1904 beklagt, dass die 63 Kneippvereine des Bundes über 6000 Mitglieder zählten, aber *„es fehle jedoch an Kneippärzten ... Nach lebhafter Debatte wurde einem Abkommen mit einer Vereinigung von Naturärzten zugestimmt."*[37] 1906 beschloss der Vorstand des Verbandes III die Gründung einer Kasse zur Gewinnung und Ausbildung junger Ärzte für die Kneipp-Methode[38]. Über die Wirkung und Erfolge dieser Kasse wird später nicht mehr berichtet. Verfolgt man Straws zahlreiche Aktivitäten, so könnte man denken, dass er seine Leidenschaft hauptberuflich betrieb. Doch im Hauptberuf war Strawe nach wie vor Bahnhofsvorsteher und versah in Uniform mit Säbel seinen Dienst am Bahnhof Hennef, wo er mit Familie im 1. Stock wohnte. Familie , Beruf und Leidenschaft, die zudem bedroht schien, forderten ihren Tribut und so war es nicht überraschend, dass Strawe im Sommer 1909 schwer erkrankte, gerade zu einer Zeit, in der die Entscheidung über den Standort einer Kuranstalt in Nordwestdeutschland in die finale Phase überging. Die Erkrankung machte darüber hinaus deutlich, dass auch Pfarrer Kneipps Gesundheitslehre kein Allheilmittel gegen vom Kranken selbst verursachten ungesunden Stress und Überforderung war.

Strawe am Ziel: Die Kuranstalt kommt nach Hennef-Geistingen[39]

Rückblende: Bereits bei der Festversammlung des noch nicht ein Jahr alten Kneippvereins Hennef am 26. Januar 1905 gab Strawe das Ziel aus, mit Hilfe des Vereins bald eine Badeanstalt zu errichten. Aus einem Briefentwurf von

Bahnhofsvorsteher Strawe im Stellwerk des Bahnhofs Hennef.

1908, ohne genaues Datum, geht hervor, dass Strawe offensichtlich schon vor der offiziellen Vergabe des Standorts einer Kuranstalt für Nordwestdeutschland in Hennef eine Badeanstalt errichten wollte. Er schrieb an den Bürgermeistereirat *„Bitte des Kneipp-Vereins Hennef, um Überlassung eines Bauplatzes für eine Gieß-Anstalt."* Darin verweist Strawe darauf, dass Hennef als Mittelpunkt mehrerer Kneippvereine und seiner hohen Mitgliederzahl günstig liegt, um hier eine schon seit längerem geplante, *„wenn auch einstweilen kleinen Gieß-Anstalt"* zu errichten. Er bedauerte dann, dass dem Verein sowohl ein Bauplatz als auch das nötige Geld fehle. *„Als den für diesen Zweck geeignetsten Platz erachtet der Verein das Gelände in der Nähe des Steimelsberges am sogenannten ‚Grengel'"*[40]. Strawe verwies auf die *„hohe Mitgliederzahl unseres Vereins"* und die *„zum Teil ganz erstaunlichen Erfolge"* des Kneippschen Heilverfahrens, weshalb sich eine Gießanstalt auch für die Gemeinde lohnen würde.

Auf dem Kneipp-Bundestag 1908 in Dresden hatte der Kneippverein Elberfeld den Vorschlag eingereicht, eine Kommission zur Findung eines Standortes für eine Kneippkuranstalt in Nordwestdeutschland zu bilden, in die sich Strawe wählen ließ. Auf die Ausschreibung der Kuranstalt bewarben sich 50 Orte, wovon der Bundesverband auf seiner Tagung im Sommer 1909 in Dortmund zehn, darunter Hennef-Geistingen, in die engere Auswahl nahm[41]. Auf dieses Ziel richtete sich Strawes jahrelanger, engagierter Einsatz. Und nun? War es dieses freudige Ereignis, so nahe am Ziel seines Strebens zu sein, dass Strawe gerade in diesem Moment körperlich, vielleicht auch psychisch krank werden ließ? Heutzutage würde man möglicherweise von einem „Burn-Out" sprechen, denn resigniert sah er das Scheitern seiner Mission, zog sogar seinen Tod in Erwägung: *„Wie ich in diesem Sommer recht schwer krank daniederlag, da habe ich mir gesagt: Nun hast du bis zum Uebermaß gearbeitet, um dieser Gegend die vollen Wohltaten der Kneippkur zu sichern, weil du es für recht hieltst und weil dein Gewissen dir dieses als eine Pflicht hinstellte. – Und nun, wenn du sterben müßtest, wäre die ganze Sache* *doch noch nicht so weit gediehen, daß sie nicht wieder zurückgehen könnte.*" Strawe schien verzweifelt gewesen zu sein, weil ihm so kurz vor dem Ziel die Kräfte versagten und seiner Meinung nach das Ziel nicht ohne ihn gesichert werden könne; er habe seine Mission, seine ihm selbst auferlegte Pflicht noch nicht erfüllt. Man könnte meinen, er handelte nach einem göttlichen Befehl, folglich wäre seine Erkrankung ein persönliches Versagen. Gleichzeitig spricht aus seinen Worten auch die Überzeugung, dass nur er allein es schaffen könne, die Kuranstalt nach Geistingen zu bringen. Im Angesicht des Todes gibt er sich das Versprechen, sozusagen als Minimalkompromiss seine Mitmenschen wenigstens von den Wohltaten der Lehre von Pfarrer Kneipp zu überzeugen: *„Solltest du wieder Vorträge halten können, dann wirst du doch Allen sagen: Sorget mit Eifer dafür, daß Ihr wenigstens so viel aus den Kneippschen Schriften und aus den Vorträgen heraus arbeitet, daß Ihr wenigstens in Euren Familien nach den Kneippschen Gesundheitsregeln lebt, in diesem Kreise Eure Kranken behandelt.*"[42]

Aus Strawes Personalakte geht hervor, dass er 1909 erstmals sein volles Kontingent von 20 Urlaubstagen vom 20. September bis 9. Oktober ausschöpfte. Dass der Stratege und Manager Strawe diese Zeit nicht nur zur Erholung nutzte, zeigte sich in den folgenden Tagen. Die Kommission des Kneippbundes zur Errichtung einer Kneippschen Kuranstalt wählte auf ihrer Versammlung am 3. Oktober 1909 in Düsseldorf Hennef-Geistingen *„mit großer Stimmenmehrheit*"[43] als Standort einer Kuranstalt in Nordwestdeutschland. Strawe hatte sich von seiner Krankheit erholt und berichtete auf einer außerordentlichen Generalversammlung des Hennefer Kneippvereins am 31. Oktober 1909 mit spürbarer Zufriedenheit vor „etwa 950 Männern und einigen Frauen" von der Entscheidung der Findungskommission. Die Hennefer Volks-Zeitung war sich der Tragweite dieses Beschlusses bewusst und veröffentlichte Strawes ausführliche Rede im Wortlaut verteilt auf zwei Ausgaben am 11. und 16. November 1909: *„Von diesen [Orten] ist aus Gründen, die ich nicht alle nennen kann, schließlich*

Hennef-Geistingen als diejenige Gemeinde gewählt worden, in welcher die Anstalt gebaut werden soll. Nächst Hennef-Geistingen hatte Heimbach in der Eifel, dank seiner herrlichen ruhigen Lage und sonstiger wichtigen Vorteile, die besten Aussichten. Der eine Hauptpunkt, welcher für Hennef sprach, war der, daß gerade hier die Kneippidee im Volke so fruchtbaren Grund gefunden hatte. Die Kommission gewann nach recht gewissenhafter Prüfung die Ueberzeugung, daß a l l e Stände der hiesigen Bevölkerung viele überzeugte Verteidiger der Kneippschen Gesundheitslehre und systematischen Kneippschen Heilweise auswiesen. Dann auch, daß die Gemeindeverwaltung, zum größten Teil aus Mitgliedern des Kneippvereins bestehend, insgesamt der Errichtung einer Anstalt, fast ausnamslos aus Ueberzeugung lebhaftes Interesse entgegenbrächten. Dann liegt Hennef-Geistingen im Mittelpunkt von 12 Kneippvereinen. Ebenso bestehen in den Nachbarkreisen nicht weit von hier viele größere Vereine. Dieses alles gibt der Anstalt einen sicheren Gehalt, wie manche anderen Sachen."[44] Die Saat, die Strawe in knapp fünf Jahren zielgerichtet gesät hatte, ging auf: Die Gründung zahlreicher Kneippvereine mit einer hohen Mitgliederzahl, die Einbindung und gewonnene Überzeugung der Fabrikbesitzer und Kaufleute, die Beteiligung der Gemeindevertreter waren Teil seiner Strategie, um die Kommission vom Standort Hennef-Geistingen zu überzeugen. Mit der Vergabe der Kneippkuranstalt nach Hennef begann für Strawe ein neuer Abschnitt seiner Mission. Nun war die große Herausforderung ein Finanzierungskonzept zu entwickeln und zu realisieren. Strawe wäre nicht Strawe gewesen, wenn er nicht auch hierfür mit seinem weitreichenden Netzwerk bereits vorgearbeitet hätte. Er überzeugte Bürgermeister Ungermann, der bereits am 6. Juli 1909 schriftlich die Zusage gab, dass der Gemeinderat von Geistingen ein Grundstück von fünf Morgen schenken und sich mit 10.000 Mark an der Genossenschaft als Träger des Kurhauses beteiligen werde – später wurde diese Schenkung in eine Hypothek umgewandelt – und schilderte die Vorzüge von Hennef mit der abschließenden Bemerkung: *„So dürfte denn unser Ort sich eignen wie weni-*

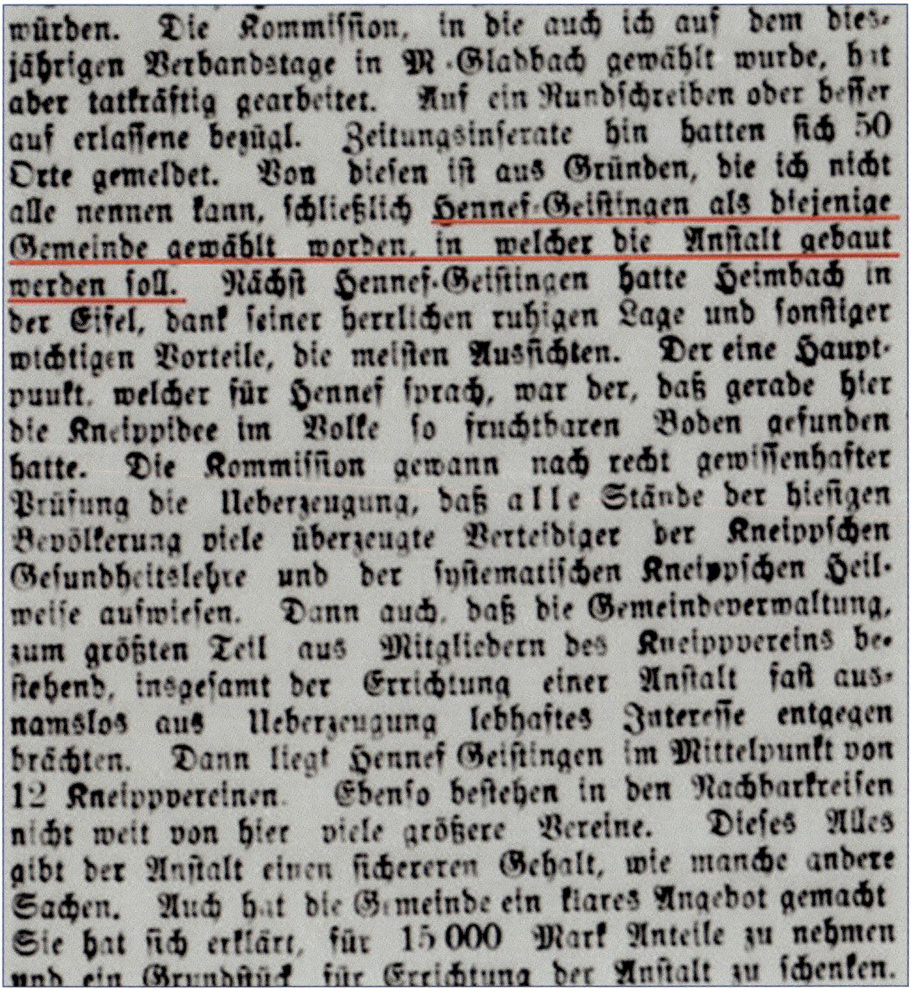

würden. Die Kommission, in die auch ich auf dem diesjährigen Verbandstage in M.-Gladbach gewählt wurde, hat aber tatkräftig gearbeitet. Auf ein Rundschreiben oder besser auf erlassene bezügl. Zeitungsinserate hin hatten sich 50 Orte gemeldet. Von diesen ist aus Gründen, die ich nicht alle nennen kann, schließlich Hennef-Geistingen als diejenige Gemeinde gewählt worden, in welcher die Anstalt gebaut werden soll. Nächst Hennef-Geistingen hatte Heimbach in der Eifel, dank seiner herrlichen ruhigen Lage und sonstiger wichtigen Vorteile, die meisten Aussichten. Der eine Hauptpunkt, welcher für Hennef sprach, war der, daß gerade hier die Kneippidee im Volke so fruchtbaren Boden gefunden hatte. Die Kommission gewann nach recht gewissenhafter Prüfung die Ueberzeugung, daß alle Stände der hiesigen Bevölkerung viele überzeugte Verteidiger der Kneippschen Gesundheitslehre und der systematischen Kneippschen Heilweise aufwiesen. Dann auch, daß die Gemeindeverwaltung, zum größten Teil aus Mitgliedern des Kneippvereins bestehend, insgesamt der Errichtung einer Anstalt fast ausnamslos aus Ueberzeugung lebhaftes Interesse entgegen brächten. Dann liegt Hennef-Geistingen im Mittelpunkt von 12 Kneippvereinen. Ebenso bestehen in den Nachbarkreisen nicht weit von hier viele größere Vereine. Dieses Alles gibt der Anstalt einen sichereren Gehalt, wie manche andere Sachen. Auch hat die Gemeinde ein klares Angebot gemacht Sie hat sich erklärt, für 15000 Mark Anteile zu nehmen und ein Grundstück für Errichtung der Anstalt zu schenken.

Johann Strawe verkündet in seiner Rede vor dem Kneippverein die Entscheidung zum Bau des Kurhauses in Geistingen

ge“[45]. Die Bürgermeisterei stand ohne Einschränkung hinter Strawes Mission Kurhaus. Welche Genugtuung muss es für ihn gewesen sein: Sein zunächst zum beruflichen, dann zur Heimat gewordener Standort wurde erwählt. Die 950 Besucher und Besucherinnen überzeugte Strawe in seinem Vortrag mit den Vorzügen, die eine Kneippkuranstalt für den wirtschaftlichen und kulturellen Aufstieg Geistingens und Umgebung bringen würde. Strawe verstand sich nicht nur als Wohltäter für Kranke, sondern auch für die Gemeinde Geistingen, die Bürgermeisterei Hennef und das Umland. Er entwarf den Zuhörenden seine Vision von einem aufblühenden, vornehmen Kurort, in dessen Mittelpunkt das Kneippkurhaus sowohl den Kurgästen als auch den Mitgliedern der Kneippvereine, den Bewohnern, den Gaststätten, den Privatpensionen, den Kaufleuten, den Handwerkern, Landwirten und schließlich der Gemeinde mit zunehmenden Steuereinnahmen zum Gewinn werden würde sowie das Ansehen der Gemeinde über die Grenzen Hennefs hinaus beträchtlich steigen werde. Überzeugt von den Ideen Kneipps, dessen Lebensphilosophie und zugewandten Einstellung gegenüber Kranken, schilderte Strawe: *„Vor 5 ½ Jahren wurde der hiesige Kneippverein gegründet. Elf weitere Vereine folgten dieser Gründung bis jetzt in unserer Nachbarschaft. Mehr wie hundert Kranke haben in unserer engeren Gemeinde die Wohltaten der Kneippkur in kranken Tagen verkostet. Mehr wie 2000 zählen solche in der Umgegend, die die Kneippschen Kuren in kranken Tagen ausprobiert haben. … Ich habe Leute gesehen, die Tränen der Freude geweint, weil sie von ihren Leiden befreit waren. Das sind Tatsachen.“* Hier wird nicht von Ärzten, die Patienten heilen berichtet, Strawe selbst und seine Vereinsmitglieder, allesamt Laien, treten hier als Heiler auf. Strawe ist sich jedoch bewusst, vermutlich durch die ständigen Klagen der Ärzte über Kurpfuscher sensibilisiert, dass spätestens bei Eröffnung der Kneippkuranstalt unbedingt ein Arzt angestellt werden muss. Offenbar sind in der Vergangenheit Kuranstalten gescheitert, weil sie keinen kompetenten Kurarzt finden konnten. Doch Strawe lässt bei der Versammlung keinen Zweifel aufkommen, dass es ihm gelingen werde, einen mit der kneippschen Methode vertrauten Arzt zu finden. Es folgte ein Loblied auf die Fähigkeit von Ärzten, die die Kneippmethode anwenden: *„Wenn schon Laien es fertig brachten, solche [Heil-]Erfolge mit der Kneippkur zu erzielen, wie ich sie vor-*

hin geschildert habe, wie wird da erst der Arzt, der diese übernimmt, wie wird der die Kur handhaben können. Jemand, dessen Lebensaufgabe es ist, Kranke zu behandeln, wird mit seinem geübten Blick und seinen Erfahrungen noch viel mehr zu leisten imstande sein mit einer so bewährten Methode, welche auch wissenschaftlich geprüft und für gut befunden ist." Der Respekt, den der selbsternannte heilkundige Laie Strawe dem Berufstand der Ärzte erweist, ist durchaus zweckgebunden, da sowohl Kompetenz und Ansehen zumindest formal ausgebildeten und approbierten Ärzten zugeschrieben und von der Ärzteschaft verteidigt würde. Breiten Raum nahm auf der Versammlung die Finanzierung der Kuranstalt ein, wofür Strawe bereits ein Konzept entwickelt hatte. Träger der Anstalt sollte eine Genossenschaft werden, deren Mitglieder Anteile zeichnen. *„Soll die Anstalt eine rechte Anstalt für`s Volk werden, so muß auch das Volk daran teilnehmen. Es muß zeigen, daß ihm diese Angelegenheit viel wert ist, und dies zeigt es am besten dadurch, daß es Opfer bringt. Nur dadurch können wir den Behörden zeigen, daß wir alle dahinter stehen, daß es ein lebensfähiges, wichtiges Unternehmen ist. Um dies zu verwirklichen, muß eine Genossenschaft m. b. H. gegründet werden, damit sie größere Beweglichkeit gestattet und kein zu großes Risiko der Teilnehmer herbeiführt. Dieser Genossenschaft werden erstens der [Kneipp-] Bund, die Verbände und Vereine als solche beitreten. Dann die einzelnen Vereins-Mitglieder und auch andere Körperschaften.*" Ab sofort konnten Genossenschaftsanteile erworben werden und wurden Sammlungen durchgeführt . Für den Bau und die Einrichtung der Kuranstalt wurden vorerst 30.000 Mark veranschlagt. Die Gemeinde Geistingen stellte das Baugrundstück zur Verfügung. Strawe machte sich auf den Weg, hielt Monat für Monat in einem anderen Kneippverein einen Vortrag, auch über die Grenzen des Siegkreises hinaus, initiierte die Gründung weiterer Kneippvereine und warb für den Kauf von Genossenschaftsanteilen. Selten traten in der Geschichte Frauen als Handelnde in Erscheinung. Nur einmal, aber gerade bei der wichtigen Finanzierung des Kurhauses, erfahren wir

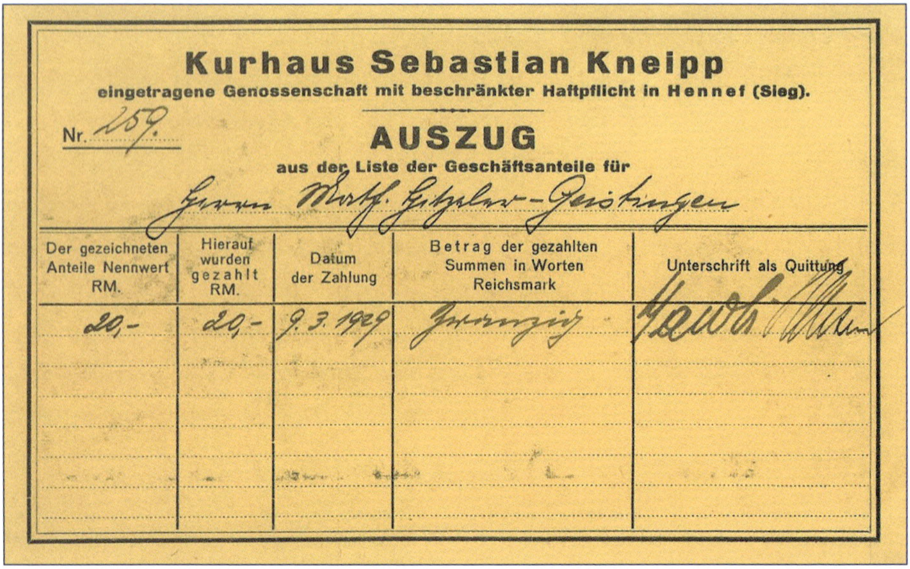

Kurhaus Sebastian Kneipp

eingetragene Genossenschaft mit beschränkter Haftpflicht in Hennef (Sieg).

Nr. 259.

AUSZUG

aus der Liste der Geschäftsanteile für

Herrn Math. Hitzeler-Geistingen

Der gezeichneten Anteile Nennwert RM.	Hierauf wurden gezahlt RM.	Datum der Zahlung	Betrag der gezahlten Summen in Worten Reichsmark	Unterschrift als Quittung
20,-	20,-	9.3.1929	Zwanzig	[illegible]

Anteilsschein an der Kurhaus Sebastian Kneipp Genossenschaft über 20 Mark auf Mathias Hitzeler lautend.

etwas von Frau Strawe. Sie hatte sich, vermutlich schriftlich, an Herrn Dr. Richard Fleischer in Wiesbaden mit der Bitte um einen Beitrag zur Kurhausgenossenschaft gewandt. Dr. Fleischer war verheiratet mit Lucy Cockerill, die Schloss Allner von ihren Eltern erbte. Möglicherweise hatte Familie Strawe während der Tätigkeit von Johann Strawe als Bahnhofvorsteher in Niederwalluf bereits Kontakt zur Familie Fleischer. Über den Verwalter des Rittergutes Allner, Förster Schmitt, ließ Dr. Fleischer antworten: *„… auf das Gesuch Ihrer Gattin an Herrn Dr. Fleischer in Wiesbaden gerichtete Gesuch vom 19. Juli erwidere ich im Auftrage desselben ergebenst, daß Herr Dr. Fleischer vielseitig in Anspruch genommen wird und deshalb nur einen kleinen Beitrag von 100 Mark für den Bau der Kneippkuranstalt daselbst bewilligen kann.“*[46] In einem Brief an ihre Tochter Maria schrieb Frau Strawe am 2.3.1910: *„Unsere Kuranstalt macht große Schwierigkeit. Kostet 3x soviel, als Papa glaubte. Sie soll 90 000 kosten. Wir müssen auswärtige Hülfe haben.“* Frau Strawe nahm nun unmittelbar an den Sorgen ihres Mannes teil und hielt ihm den Rücken frei. *„Papa arbeitet, man kann fast sagen, Tag u. Nacht. Die Siegburger helfen ihm fleißig. Auch Herr Baldus ist sehr tätig.“* Im November 1910 wurde die *„Kurhaus Sebastian Kneipp Genossenschaft mit beschränkter Haftpflicht“* in das Register eingetragen. Bankier Wilhelm Auffermann aus Düsseldorf, Vorstand des Verbandes IIIa Mittelrhein, wurde zum 1. Vorsitzenden, Bahnhofsvorsteher Johann Strawe zum 2. und der Hennefer Bürgermeister Oskar Ungermann zum 3. Vorsitzenden gewählt. Hinzu kam ein Aufsichtsrat, dem Fabrikant Karl Steimel, Gutsbesitzer Josef Heckelsberg und Notar Lützeler seitens der Gemeindevertretung, drei Herren seitens der Genossen sowie die Hennefer Fabrikanten Meys, Reisert und Reuther, die mit Genossenschaftsanteilen von je 1.000 Mark und mehr beteiligt waren, angehörten[47]. Genossenschaftsanteile konnten bereits ab 20 Mark gezeichnet werden. Schon im Dezember lagen die Pläne des Herrn H. Zeitschner aus Mönchen-Gladbach, der mittels patentierter Oberlichtbauweise die Sonne in den Badebereich lenken

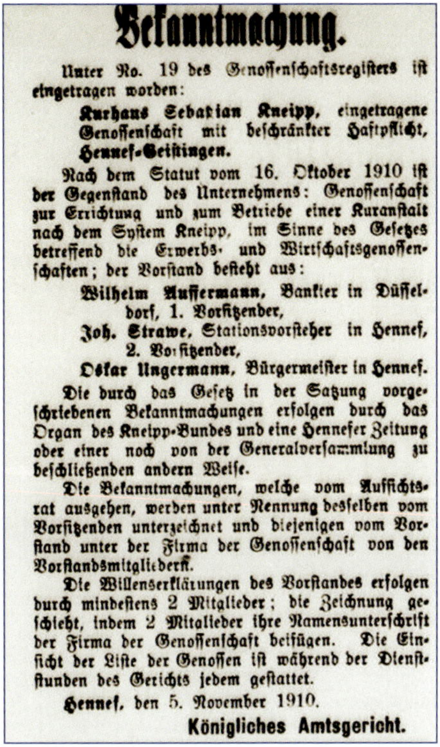

Bekanntmachung.

Unter No. 19 des Genossenschaftsregisters ist eingetragen worden:

Kurhaus Sebastian Kneipp, eingetragene Genossenschaft mit beschränkter Haftpflicht, **Hennef-Geistingen.**

Nach dem Statut vom 16. Oktober 1910 ist der Gegenstand des Unternehmens: Genossenschaft zur Errichtung und zum Betriebe einer Kuranstalt nach dem System Kneipp, im Sinne des Gesetzes betreffend die Erwerbs- und Wirtschaftsgenossenschaften; der Vorstand besteht aus:

Wilhelm Auffermann, Bankier in Düsseldorf, 1. Vorsitzender,

Joh. Strawe, Stationsvorsteher in Hennef, 2. Vorsitzender,

Oskar Ungermann, Bürgermeister in Hennef.

Die durch das Gesetz in der Satzung vorgeschriebenen Bekanntmachungen erfolgen durch das Organ des Kneipp-Bundes und eine Hennefer Zeitung oder einer noch von der Generalversammlung zu beschließenden andern Weise.

Die Bekanntmachungen, welche vom Aufsichtsrat ausgehen, werden unter Nennung desselben vom Vorsitzenden unterzeichnet und diejenigen vom Vorstand unter der Firma der Genossenschaft von den Vorstandsmitgliedern.

Die Willenserklärungen des Vorstandes erfolgen durch mindestens 2 Mitglieder; die Zeichnung geschieht, indem 2 Mitglieder ihre Namensunterschrift der Firma der Genossenschaft beifügen. Die Einsicht der Liste der Genossen ist während der Dienststunden des Gerichts jedem gestattet.

Hennef, den 5. November 1910.

Königliches Amtsgericht.

Im November 1910 wurde die „Kurhaus Sebastian Kneipp Genossenschaft mit beschränkter Haftpflicht“ in das Register eingetragen

wollte, vor. Architekt Otto Karl Hollweg aus Rheydt sollte die Ausarbeitung der Pläne und Bauleitung übernehmen[48]. Belief sich der Kostenvoranschlag zunächst auf 77.500[49] Mark, so stieg er rasch auf 102.000 Mark. Das Vermögen der Genossenschaft bestand neben dem von der Gemeindevertretung Geistingen

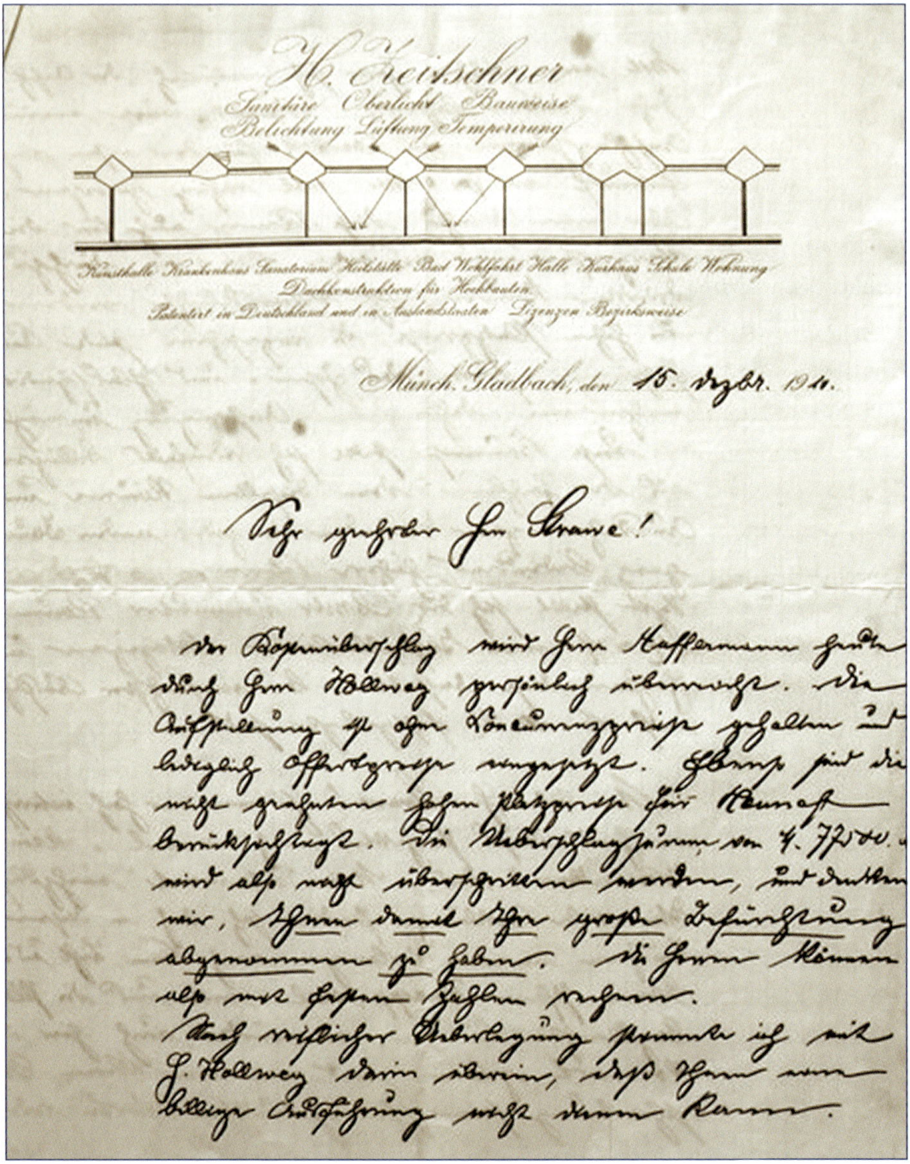

H. Zeitschner
Sanitäre Oberlicht Bauweise
Belichtung Lüftung Temperirung

Kunsthalle Krankenhaus Sanatorium Heilstätte Bad Wohlfahrt Halle Kurhaus Schule Wohnung
Dachkonstruktion für Hochbauten
Patentirt in Deutschland und in Auslandstaaten Lizenzen Bezirksweise

München Gladbach, den 15. Dezbr. 1910.

Sehr geehrter Herr Strawe!

Der Kostenüberschlag wird Herrn Haffermann heute durch Herrn Hellweg persönlich überreicht. Die Aufstellung ist ohne Lieferungspreise gehalten und lediglich Offertpreise eingesetzt. Ebenso sind die nicht erhaltenen hohen Platzpreise für [illegible] berücksichtigt. Die Ueberschlagssumme von 4.775,00 wird also nicht überschritten werden, und danken wir, Ihnen damit Ihre große Befürchtung abgenommen zu haben. Die Herren können also mit diesen Zahlen rechnen.
Nach reiflicher Ueberlegung stimme ich mit H. Hellweg darin überein, daß Ihnen eine billigere Ausführung nicht dienen kann.

Zur Ausführung kam der Entwurf von H. Zeitschner, dessen Besonderheit die Oberlichtbauweise war, hier ein Brief an Strawe vom 15.12.1910.

zur Verfügung gestellten Grundstück sowie 15.000 Mark in bar aus einer Anleihe bei der Bürgermeisterei-Sparkasse Hennef[50] und aus 23.000 Mark in Form von Genossenschaftsanteilen; die Firma Kathreiners Malzkaffee beteiligte sich später mit einer Schenkung von 6.000 Mark und begann mit einer Werbekampagne in Form von Verköstigungen bei den Versammlungen der Kneippvereine. Ungeahnte Schwierigkeiten waren zu bewältigen. Dem Kneippverein Elberfeld, der die Kuranstalt in Nordwestdeutschland 1908 anregte, ging alles zu schnell. Er protestierte, da die Gemeinde die Überlassung des Grundstückes und die zugesagte finanzielle Unterstützung plötzlich in eine Hypothek umwandelte, mit Vorzügen gegenüber den anderen Genossenschaftsmitgliedern. Diese Bevorzugung wollte man in Elberfeld nicht hinnehmen: *„Solange der Rechtszustand zwischen der Gemeinde Hennef-Geistingen und den anderen Genossenschaftern nicht wieder hergestellt ist, bin ich ausser Stande, die Genossenschaftsangelegenheiten irgendwie zu fördern.“*[51] Mit dem Grundstück der Gemeinde waren private Grundstücke zusammenzulegen bzw. zu erwerben und die bisherigen Pächter zu entschädigen. Daneben musste das Projekt und die einzelnen Gewerke konkret kalkuliert werden. Aus unzähligen Aufzeichnungen mit Zahlenkolonnen und Berechnungen auf Zetteln im Familienarchiv geht hervor, dass Strawe wohl selbst die Ausschreibungen vornahm und die Kostenvoranschläge berechnete. Weder er noch die anderen Genossen waren erfahrene Bauleute. Für die Finanzen erschien Wilhelm Auffermann, der erste Vorsitzende und zugleich Düsseldorfer Kaufmann, der richtige Mann. Ein Jahr später, im September 1911, war es soweit und die Ausschreibung und Vergabe der Arbeiten für den Bau des Kurhauses erfolgten, im Oktober begannen die ersten Arbeiten. In der Sitzung der Gemeindevertretung Geistingen am 28. Dezember 1911 zeigten sich die Fabrikanten von Hennef großzügig und spendeten für die Errichtung eines Volksbades in Verbindung mit dem Kneippkurhaus mit sechs Wannen- und 14 Brausebädern fast 20.000 Mark *„vorwiegend für die arbeitenden*

Klassen" zu Vorzugspreisen, *„im Übrigen [sollten] alle Bürger zur Benutzung der Bäder berechtigt sein."*[52] Auf der Frühjahrsversammlung im März 1912 wurden weitere Schritte auf dem Weg zum Kurhaus vorbereitet. Es begann die Suche nach Einwohnern, die bereit wären Kurgäste zu beherbergen. Mühsam gestaltete sich die Suche nach einem Arzt, der Erfahrungen in der Kneippmethode hatte und bereit war, die Vertragsbedingungen der Genossenschaft zu akzeptieren. Interesse zeigte der Kneippkurarzt, Seminar- und Stadtschularzt, Stabsarzt der Reserve Dr. med. und phil. Baur aus Schwäbisch Gmünd, der die Kur bei Kneipp in Wörishofen erlernte und als

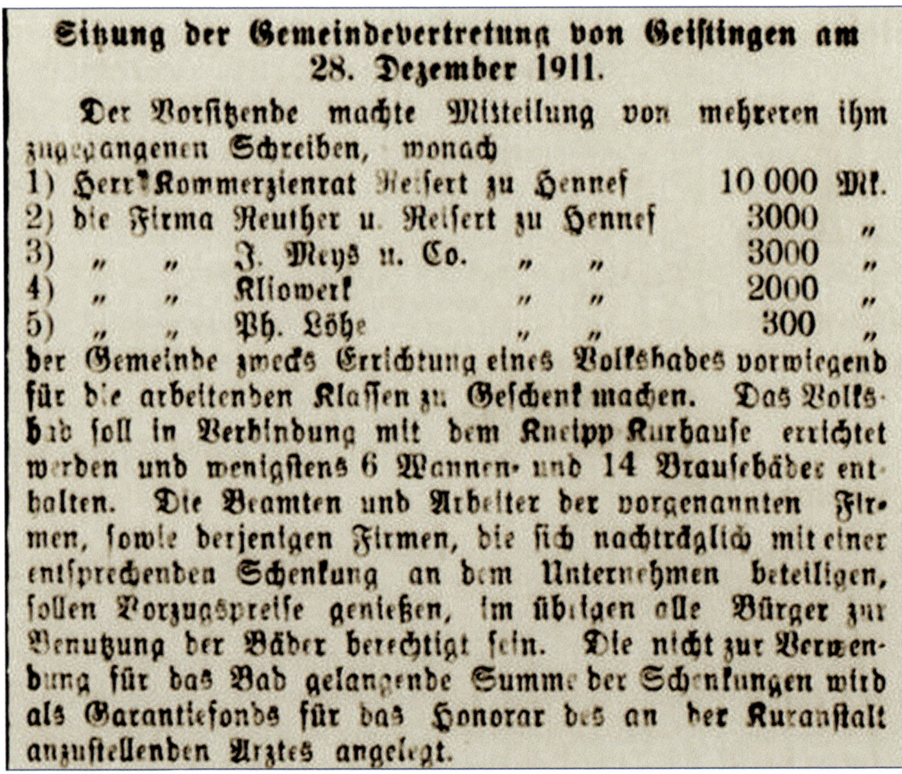

Sitzung der Gemeindevertretung von Geistingen am 28. Dezember 1911.

Der Vorsitzende machte Mitteilung von mehreren ihm zugegangenen Schreiben, wonach

1)	Herr Kommerzienrat Reisert zu Hennef		10 000	Mk.
2)	die Firma Reuther u. Reisert zu Hennef		3000	„
3)	„ „ J. Meys u. Co.	„ „	3000	„
4)	„ „ Kliowerk	„ „	2000	„
5)	„ „ Ph. Löhe	„ „	300	„

der Gemeinde zwecks Errichtung eines Volksbades vorwiegend für die arbeitenden Klassen zu Geschenk machen. Das Volksbad soll in Verbindung mit dem Kneipp-Kurhause errichtet werden und wenigstens 6 Wannen- und 14 Brausebäder enthalten. Die Beamten und Arbeiter der vorgenannten Firmen, sowie derjenigen Firmen, die sich nachträglich mit einer entsprechenden Schenkung an dem Unternehmen beteiligen, sollen Vorzugspreise genießen, im übrigen alle Bürger zur Benutzung der Bäder berechtigt sein. Die nicht zur Verwendung für das Bad gelangende Summe der Schenkungen wird als Garantiefonds für das Honorar des an der Kuranstalt anzustellenden Arztes angelegt.

Spendabel zeigten sich die Hennefer Fabrikanten zum Jahreswechsel gegenüber den Bürgerinnen und Bürgern der Gemeinde.

einer von 19 Ärzten an dessen Beerdigung 1897 teilnahm. Die Vertragsgestaltung schien nicht ganz einfach. Noch bevor sie besiegelt war, sollte Dr. Baur das System Kneipp vorstellen und *„Wie er aus einem Saulus ein Paulus geworden und als Arzt und Menschenfreund gleich vielen anderen Gelehrten das Gut da nahm, wo er es fand, und die Ehre dem, der sie beanspruchen durfte – Sebastian Kneipp – voll und ganz zuerkannte.“*[53] Zum 1. Juli sollte das Kurhaus eröffnet werden und Dr. Baur als ärztlicher Leiter des Kurhauses auf der nächsten Versammlung der Öffentlichkeit vorgestellt werden. Plötzlich bahnten sich im Hintergrund, verborgen vor der Öffentlichkeit, massive Konflikte an, die die Eröffnung des Kurhauses, ja sogar den gesamten Kurbetrieb gefährdeten. Zur Abwendung der Katastrophe wandte sich Bankier Auffermann, 1. Vorsitzender der Kurhausgenossenschaft, *„an den Königlichen Ober-Präsidenten der Rheinprovinz, Königlichen Staatsminister Herrn Freiherrn von Rheinbaden“*[54] in Koblenz, der seinerzeit die Oberaufsicht über die Rheinprovinz hatte und bat *„euer Excellenz … unserem Unternehmen den Schutz der Königlichen Staatsregierung angedeihen lassen zu wollen“*. Vorangegangen war: *„Herr Regierungspräsident in Köln hat den Anstaltsbau unter der Bedingung genehmigt, dass die Anstalt der Aufsicht des Kreisarztes in Siegburg unterstellt wird*, und der stellte Bedingungen. Das Problem konnten aber weder die Qualifikation von Dr. Baur, noch die Beurteilung seiner Vorgesetzten, Oberbürgermeister und Oberamtsarzt, in Schwäbisch Gmünd gewesen sein, *„die alle tadellos lauteten.“* Die Vertreter der Kurhausgenossenschaft hatten wohl mit Schwierigkeiten seitens der ansässigen Ärzte gerechnet, die durch das Kurhaus Konkurrenz befürchteten. Trotz *„schärfstem Widerstand“* der Ärzte verfolgte die Genossenschaft unbeirrt und bedacht alle Vorschriften einzuhalten ihre Ziele weiter. Gemäß der Standesordnung der Ärzte musste mit Dr. Baur ein Vertrag geschlossen werden, der der (ärztlichen) Vertragskommission des Siegkreises vorzulegen war. Und dieser wurde von der Kommission abgelehnt, obwohl er von Juristen und auswärtigen Ärzten geprüft war. Auf

Nachfragen reagierte die Kommission nicht und die Genossenschaft geriet unter enormen Zeitdruck. Daher schrieb Auffermann: *„Gewiss wird unser Arzt Dr. Baur sofort die Berufungsinstanz angehen, bis zu deren eventl. Entscheidung des Ärztekammervorstandes können aber Wochen vergehen."* Dem Schreiben beigefügt wurde der Vertrag mit Dr. Baur, in dem ein wesentlicher Punkt aus ärztlicher Sicht, der nachträglich aufgenommen werden musste, war: *„Die Anstalt ist vorzugsweise zur Behandlung nach der physikalisch-diätischen Heilmethode eingerichtet, doch ist die Behandlung dem Ermessen des Arztes anheimgestellt, um auch die übrigen erprobten Heilverfahren nicht auszuschließen, damit durch individualisierende Behandlung möglichst gute Erfolge erzielt werden."* Das bedeutete, nicht der Titel der Kureinrichtung KNEIPP ist ausschließlich für die Wahl der Therapie maßgebend, sondern die wissenschaftlich begründete Sichtweise des Arztes. Dr. Baur war also, wie von ihm und der Kommission gefordert, in seiner Entscheidung bei der Wahl der Behandlung unabhängig und stand zudem mit seiner Praxis im Kurhaus der Bevölkerung zur Versorgung zur Verfügung. Hinter den Kulissen brodelte es. Ließen sich die Probleme bis zum Eröffnungstermin des Kurhauses am 1. Juli 1912 und der kurzen Zeit später folgenden Tagung des Bundestags der Kneippvereine in Hennef klären?

Strawes Rauswurf aus der Kurhausgenossenschaft

Der Oberpräsident schickte Auffermanns Gesuch noch am selben Tag an den Regierungspräsidenten in Köln zur Stellungnahme, der diese wiederum an Bürgermeister Ungermann auf dem Dienstweg weiterreichte. Wie Auffermann schilderte Ungermann die Entstehungsgeschichte und hob die breite Basis, von der die Kurhausbewegung getragen wurde, das kontinuierliche Anwachsen der Genossenschaft durch alle Bevölkerungsschichten und weit über Hennef hinaus sowie die gelungene Finanzierung des Kurhauses hervor. Auch für Ungermann war klar, dass die Leitung des Kurhauses nur durch einen Arzt erfolgen könnte. Detailliert berichtete Ungermann von seinen vertraulichen Gesprächen mit den drei Hennefer Ärzten von denen sich Sanitätsrat Dr. Hersing und Dr. Eschweiler gemeinsam zur Übernahme der Leitung des Kurhauses bereit erklärten[55]. Der Leipziger Ärzteverband, mit dem sich die Ärzte in Verbindung setzten, lehnte jedoch die Übernahme der Leitung durch seine Mitglieder ab. Ungermann beklagte: *„Einige Zeit darauf erschien dann in dem Organ des Ärzteverbandes der beiliegende Artikel, … der die vertraulich vereinbarten grundlegenden Punkte ohne den Änderungsvorschlag [freie Behandlungswahl seitens des Kurarztes] des Dr. Eschweiler mit ganz unzutreffendem Kommentar und in gehässig erscheinender Weise zum Abdruck brachte."* Der Artikel, in den „Ärztliche Mitteilungen", offizielles Organ des „Verbandes der Ärzte Deutschlands zur Wahrung ihrer wirtschaftlichen Interessen" XII. Jahrg. Nr. 34 vom 1. Sept. 1911 veröffentlicht, rückte schon im ersten Satz den Fokus auf das wahre Problem des Ärzteverbandes: *„In Hennef a/d. Sieg ist ein im Dienste der Kgl. Preussischen Eisenbahnverwaltung stehender Bahnhofsvorstand eifrig bemüht, der leidenden Menschheit im weiten Umkreise seines Wohnortes die Segnungen der Kneipp'schen Heilmethode zu vermitteln, indem er Kranke behandelt, Kneippvereine gründet und Vorträge hält. Als Krönung dieses verdienstvollen Unternehmens soll mit Unterstützung des Westdeutschen Kneippbundes ein Kurhaus ‚Sebastian Kneipp' gebaut werden durch eine von ihm gegründete Genossenschaft gleichen Namens …"* Das Problem bekommt einen Namen: Strawe, Laie und Kurpfuscher! Zudem wird fälschlicherweise behauptet, der leitende Arzt müsse sich verpflichten, nur nach den Grundsätzen Kneipps Kranke zu behandeln. Folglich lehnte der Ärzteverband die Anstellung eines Arztes unter diesen Bedingungen ab. Bürgermeister Ungermann fuhr in seiner Stellungnahme fort: *„Nur in Rücksicht auf die beiden in Rede stehenden Ärzte und im Interesse des Friedens habe ich von einer Berichtigung auf Grund des Pressegesetzes abgesehen."* Sachlich hätte die Ärztekommission den Vertrag nicht infrage stellen können, da Dr. Baur Behandlungsfreiheit schriftlich zugesichert wurde. Wie zu erwarten war, ging Dr. Baur gegen die

Entscheidung der Ärztekammer vom Mai 1912 in Berufung, die allerdings zurückgewiesen wurde. Auch hier der Grund: Bahnhofsvorsteher Strawe! Die Kammer schloss nicht aus, dass prinzipiell Ärzte an Anstalten, die Laien gehören tätig werden, aber: *„Die Tatsache, daß laut § 1 der Satzung der Genossenschaft in der Kuranstalt das System Kneipp betrieben werden soll, daß ferner der Bahnhofsvorsteher Strawe notorisch Krankenbehandlung betreibt und zwar im Sinne von Kneipp und Felke*[56]*, macht es der Berufungskommission unmöglich den vorgelegten Vertrag zu genehmigen.“* Das Problem war und blieb der praktizierende Laie Johann Strawe, der der Ärzteschaft ein Dorn im Auge war und wegmusste. Bürgermeister Ungermann bezeichnete die Entscheidung der Berufungskommission als *„unsachlich“* und bedauerte: *„Immer wird mit den Haaren der Bahnhofsvorsteher Strawe herangezogen.“* Ungermann betonte, dass *„ein Zusammenbehandeln mit Nichtärzten ganz ausser Frage stehe. Aus dem Umstande, dass der p. Strawe zurzeit dem Vorstande angehört, kann der Standpunkt der Berufungskommission nicht begründet werden.“* Dann folgt der entscheidende Satz: *„Beiden Herren [Mitarbeiter der königlichen Regierung in Köln] habe ich damals die Erklärung abgegeben, die ich hiermit im Einverständnis mit dem Vorstandsmitglied Strawe wiederhole, wenn an der Zugehörigkeit des Strawe zum Vorstande Anstoß genommen und deshalb die Genehmigung des Vertrages mit Dr. Baur verweigert wird, tritt dieser sofort aus dem Vorstande aus.“* Strawe war also bereit, zum Erhalt seines Lebenswerkes, für das er jahrelang gekämpft hatte, aus dem Vorstand auszuscheiden und nach seiner zweijährigen Wahlperiode zurückzutreten. Das kam einem Rauswurf gleich. Ihm war eine Konfliktlösung zum Erhalt des Kurhauses wichtiger als seine verletzten Gefühle oder Eitelkeiten. Aber nur auf diese Weise, Strawe opfert seine Vorstandsposition, konnte am 30. Juni die feierliche Eröffnung des Kurhauses Sebastian Kneipp mit 500 Gästen, darunter vielen auswärtigen, gerettet werden. Der Ober-Präsident teilte mit Schreiben vom 30. Juli 1912 (nach der Eröffnung!) Herrn Bankier Auffermann mit, *„daß ich nicht in der Lage bin, die Entscheidung des Ärzte-*

kammervorstandes in der von Ihnen vorgetragenen Angelegenheit einzuwirken." Dr. Baur stellte sich vor der offiziellen Eröffnung des Kurhauses bei einem Vortrag der Bevölkerung als leitender Kurarzt vor. Keine der Zeitungen berichtete über die Konflikte im Hintergrund. Schließlich erfolgte die feierliche Eröffnung des Kurhauses Sebastian Kneipp, das Rheinische Wörishofen, am 30. Juni 1912. Strawe machte gute Miene zum bösen Spiel. Im ersten Teil der Feier hatte er den üblichen Offiziellen das Rednerpult zu überlassen. Beim Festessen im Saal der Gaststätte Wingen begrüßte er die Honoratioren und dankte in seiner Rede allen, die am Entstehen des Kurhauses mitgewirkt hatten. Nach der Eröffnung zog Strawe weiter durch den Siegkreis und darüber hinaus, behandelte Kranke, besuchte die Kneippvereine, hielt Vorträge, leitete Kräutersammlungen und vertrat die Kneippvereine auf überregionalen Versammlungen. Unter anderem führte ihn eine „Vortragtour" durch die Schweiz, wo er bei mehreren Naturheil- und Kneippvereinen sprach. Stets betonte Strawe die Bedeutung des neuen Kurhauses in Hennef-Geistingen und lobte loyal die Kompetenz seines Leiters Dr. Baur. Strawe wird sich wohl nicht gegen seinen guten Ruf gewehrt haben und weiter Kranke, die ihm vertrauten, behandelt haben, natürlich außerhalb des Kurhauses. Wenige Wochen nach der Eröffnung des Kurhauses fand die geplante 16. Bundestagversammlung der internationalen Kneippvereine vom 24. – 26. August 1912 in Hennef statt. Selbstverständlich stand dabei das neuerrichtete Kurhaus und dessen Besichtigung im Mittelpunkt und ebenso selbstverständlich nahm Strawe als 1. Vorsitzender des örtlichen Kneippvereins und „Noch-2. Vorsitzender" der Kurhausgenossenschaft seine tragende Rolle wahr. Im Juli 1912 wurden die Immobilien des aus Köln zugewanderten Investors der Hennefer Fabriken, Peter Schmitz de Prée, von den Erben verkauft, unter anderem das Haus Bonner Straße 33. Strawe wusste bereits, dass er nach Ablauf der Wahlperiode aus dem Vorstand der Kurhausgesellschaft ausscheiden musste, ahnte aber nicht, dass noch schlimmere Konsequenzen

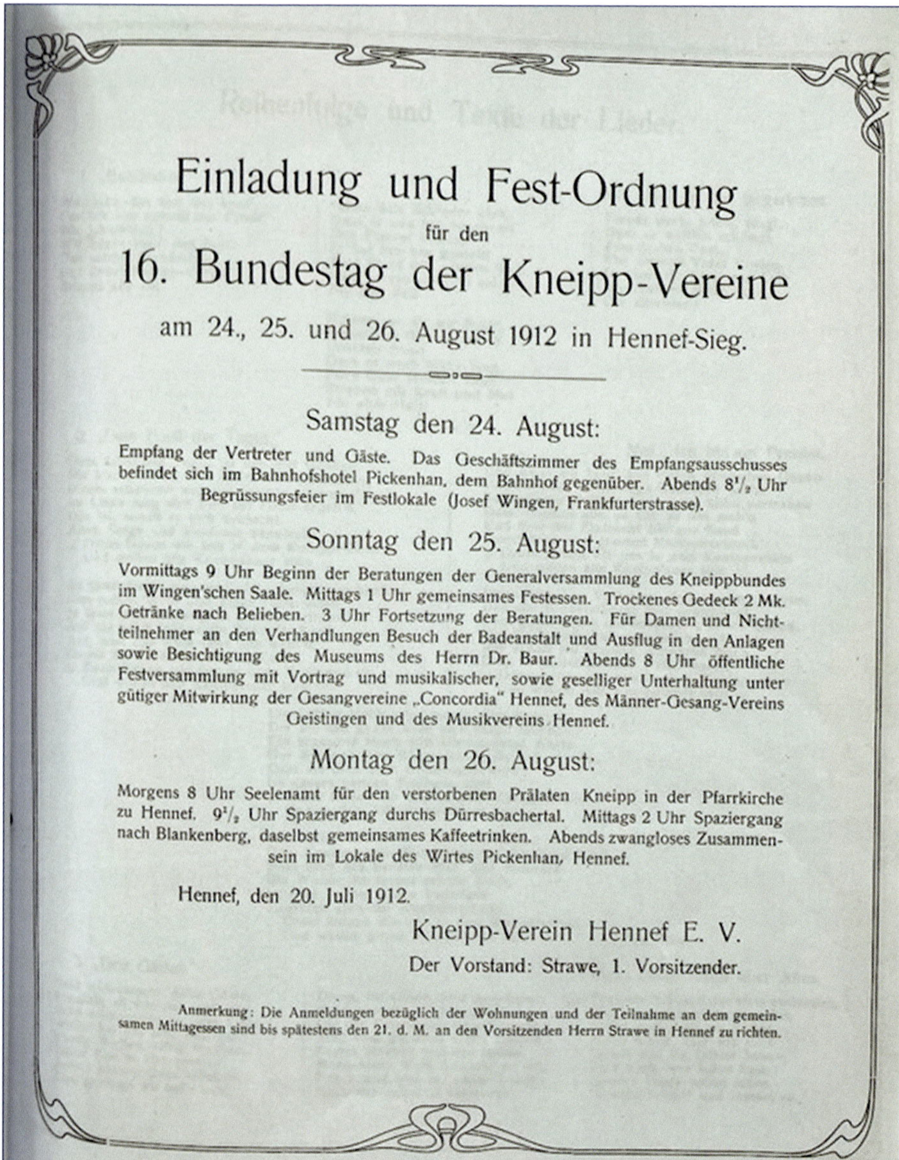

Einladung und Fest-Ordnung

für den

16. Bundestag der Kneipp-Vereine

am 24., 25. und 26. August 1912 in Hennef-Sieg.

Samstag den 24. August:

Empfang der Vertreter und Gäste. Das Geschäftszimmer des Empfangsausschusses befindet sich im Bahnhofshotel Pickenhan, dem Bahnhof gegenüber. Abends 8½ Uhr Begrüssungsfeier im Festlokale (Josef Wingen, Frankfurterstrasse).

Sonntag den 25. August:

Vormittags 9 Uhr Beginn der Beratungen der Generalversammlung des Kneippbundes im Wingen'schen Saale. Mittags 1 Uhr gemeinsames Festessen. Trockenes Gedeck 2 Mk. Getränke nach Belieben. 3 Uhr Fortsetzung der Beratungen. Für Damen und Nichtteilnehmer an den Verhandlungen Besuch der Badeanstalt und Ausflug in den Anlagen sowie Besichtigung des Museums des Herrn Dr. Baur. Abends 8 Uhr öffentliche Festversammlung mit Vortrag und musikalischer, sowie geselliger Unterhaltung unter gütiger Mitwirkung der Gesangvereine „Concordia" Hennef, des Männer-Gesang-Vereins Geistingen und des Musikvereins Hennef.

Montag den 26. August:

Morgens 8 Uhr Seelenamt für den verstorbenen Prälaten Kneipp in der Pfarrkirche zu Hennef. 9½ Uhr Spaziergang durchs Dürresbachertal. Mittags 2 Uhr Spaziergang nach Blankenberg, daselbst gemeinsames Kaffeetrinken. Abends zwangloses Zusammensein im Lokale des Wirtes Pickenhan, Hennef.

Hennef, den 20. Juli 1912.

Kneipp-Verein Hennef E. V.

Der Vorstand: Strawe, 1. Vorsitzender.

Anmerkung: Die Anmeldungen bezüglich der Wohnungen und der Teilnahme an dem gemeinsamen Mittagessen sind bis spätestens den 21. d. M. an den Vorsitzenden Herrn Strawe in Hennef zu richten.

Das Festprogramm der 16. Bundestagung der Kneipp-Vereine, die anlässlich der Eröffnung des Hennefer Kurhauses Sebastian Kneipp in Hennef stattfand.

folgen sollten. Das Haus an der Bonner Straße lag günstig zwischen Bahnhof und Kurhaus, so dass es Strawe erwarb und mit seiner Familie aus der Dienstwohnung im Bahnhof auszog. Noch im selben Jahr eröffnete Sohn Vinzenz, Gärtner, im neuen Anwesen „Strawes-Gesundheitshaus“ mit Verkauf Kneippscher Bedarfsartikel sowie Samen und Gartenbedarf.

Am 24. Mai 1913 erschien in der Hennefer Volks-Zeitung die obligatorische Mitteilung des Königlichen Amtsgerichts Hennef über Veränderungen bei der Genossenschaft, wonach der Bahnhofsvorsteher Johann Strawe aus dem Vorstand der Kurhausgenossenschaft ausgeschieden war. Sowohl Bürgermeister Ungermann, Bankier Auffermann als auch Dr. Baur und der Ärzteverband ließen die Öffentlichkeit im Unklaren über die Hintergründe von Strawes Ausscheiden. Vermutlich waren alle Beteiligten froh, dass diese Demütigung

In der Bildmitte Strawe in der Uniform des Bahnhofvorstehers, links Betonformer Johann Dörner, daneben vermutlich Frau Strawe. Der große Herr in der Mitte ist der Bruder des Siegburger Musikdirektors Cleuver und rechts daneben steht der Siegburger „Schervelesöker“ Fritz Schulte.

des bei der Bevölkerung beliebten Strawes, der erzwungene „freiwillige“ Austritt, kein Aufsehen verursachte. Der Kurbetrieb war angelaufen und entwickelte sich erfreulich gut und jede Störung sollte vermieden werden. Selbst die Presse, sonst an jeder Mitteilung über Bagatellunfälle interessiert, schien über die Hintergründe nicht informiert und hinterfragte Strawes Ausscheiden nicht.

Strawes Verbannung aus Hennef

Strawe blieb weiter für „seine Kneippvereine“ tätig, gründete neue und behandelte nun auch Kranke in seinem erworbenen Haus, wenn er nicht auf seinen *„Charitaswegen“*, wie seine Frau seine Krankenbesuche nannte, unterwegs war. Der Hauskauf und die Geschäftseröffnung – nichts deutete darauf hin, dass Strawe Hennef verlassen könnte; es schien, als hätten sich alle Beteiligten mit der misslichen Situation arrangiert. Doch so war es nicht: Reichte der lange Arm des Ärzteverbandes bis in die Spitze der Eisenbahndirektion oder hatte Strawes Arbeitgeber in dessen Tätigkeit für die Kneippsche Gesundheitslehre und seinem Einsatz für das Kurhaus eine Vernachlässigung seiner beruflichen Pflichten gesehen? War diese Frage bislang nur eine Vermutung, so gibt ein Brief von Frau Strawe an ihre Tochter Maria, der bereits am 13. August 1911 (!) geschrieben wurde, Aufschluss über die Machenschaften der Ärzte: *„Heute morgen haben Mina u. ich unsere hl.[heilige] Kommunion für die Interessen Papas geopfert in den Kneippangelegenheiten. Es ist uns in den letzten Tagen so vieles zu Ohren gekommen. Die Ärzte haben hier in Hennef eine Vorversammlung abgehalten u. dann in Siegburg eine Hauptversammlung gehabt. Sie hätten sich unter Ehrenwort verpflichtet, die Anstalt zu bekämpfen u. dann seien sie gemeinsam gegen Papa vorgegangen, um bei seiner vorgesetzten Behörde seine Versetzung zu beantragen. Nun müssen wir mal in Geduld abwarten, was darauf kommt.“* Erst durch diesen Brief wird deutlich, wie sehr sich die Ärzte durch Strawe bedroht fühlten. Nicht nur Strawe wollten sie verhindern, sogar das Kurhaus. Nur durch

Strawes Verbannung aus Hennef sahen sie ihre Alleinstellung als Heiler gewährleistet. Und Strawes Arbeitgeber, die königliche Eisenbahndirektion, gab dem Ansinnen der Ärzte mit reichlich Verzögerung nach. Frau Strawe beschrieb, wie ihr Mann mit dieser Demütigung, die nicht nur sein Lebenswerk, sondern auch seine Person zerstören sollte, umging. Strawe war mit dem Kneippverein Siegburg zu einem Vortrag in Menden, wo am selben Abend ein Kneippverein gegründet wurde. *„Als Papa hörte, wie man ihm von Seiten der Ärzte auf der Kappe sitzt, da sagte er mit seinem unverwüstlichen Humor, also meine Damen u. Herren, vielleicht sehen Sie mich heute hier zum allerletzten Mal. Ich werde wahrscheinlich erst aufgehangen, dann tot geschoßen u. dann ins Wasser geworfen. Wenn man mich nun vielleicht nach Polen versetzt, dann werde ich von dort aus ein bischen weiter arbeiten. Ich vertraue auf Ihre Hülfe u. die Polen kriege ich eklig ans kneippen.“* Ein halbes Jahr nach seinem Ausscheiden aus dem Vorstand der Genossenschaft und 12 ½ Jahre als Bahnhofsvorstand in Hennef, erfolgte die Versetzung des 61jährigen Strawe in das 200 km entfernte kleine Dorf Langenselbold in Hessen zum Oktober 1913. Gemessen an Strawes Kompetenz dürfte es sich um einen beruflichen Abstieg gehandelt haben. Es kann kein Zweifel daran bestehen, dass es sich hier um eine Strafversetzung handelte. Auch jetzt wahrte Strawe nach außen Contenance. Er besuchte weiter die Kneippvereine, hielt an Stelle des verhinderten Arztes Dr. Baur einen Vortrag und ließ sich von verschiedenen Vereinen verabschieden. Wie sehr sich Strawe ohne Eitelkeiten zugunsten seiner Mission Kneippsche Gesundheitslehre zurückhielt, zeigt der Bericht über die Verabschiedung beim Kneippverein Siegburg, dessen Ehrenvorsitzender er war: *„Herr Strawe dankte für die Überreichung [eines Bildes von Pfarrer Kneipp] und bat die Mitglieder, besonders die Vorstandsmitglieder, treu zusammen zu halten und zu arbeiten für das Kneippwesen und das Kurhaus, welches durch die Kneippvereine entstanden, zum Wohle der Mitglieder und zum Wohle der Mitmenschen.“*[57] Am 24. September 1913 war Strawe

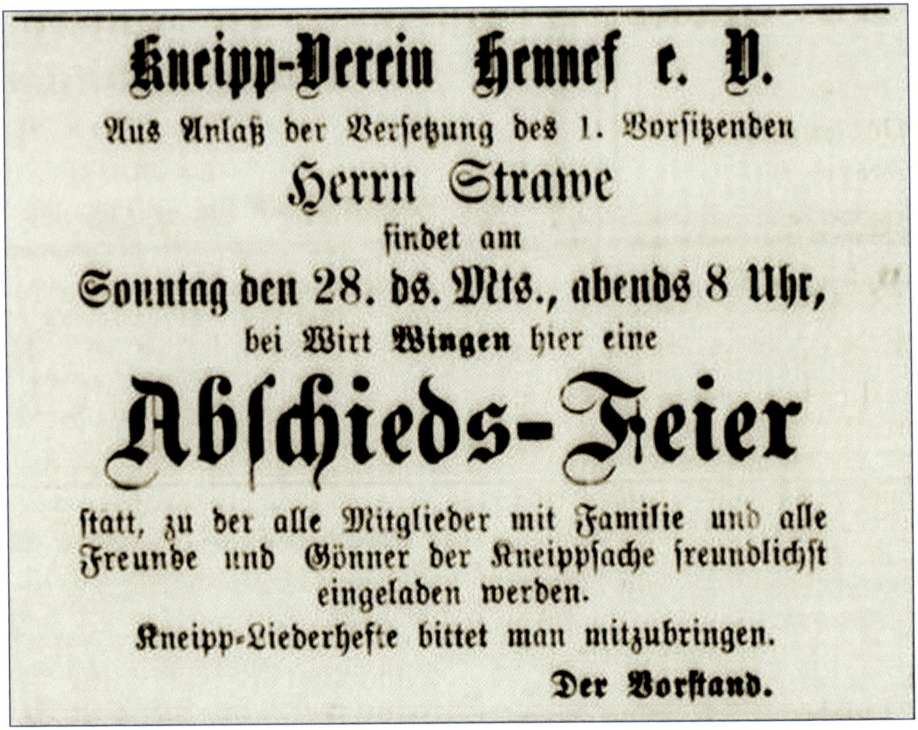

Kneipp-Verein Hennef e. V.

Aus Anlaß der Versetzung des 1. Vorsitzenden

Herrn Strawe

findet am

Sonntag den 28. ds. Mts., abends 8 Uhr,

bei Wirt **Wingen** hier eine

Abschieds-Feier

statt, zu der alle Mitglieder mit Familie und alle Freunde und Gönner der Kneippsache freundlichst eingeladen werden.

Kneipp-Liederhefte bittet man mitzubringen.

Der Vorstand.

Strawes Abschied von Hennef infolge seiner Versetzung wird in der Hennefer Volkszeitung angekündigt.

Gast bei der Monatsversammlung des Kneippvereins Troisdorf. Dort zeichnete sich ab, wie heftig Strawe die Zwangsversetzung gesundheitlich zusetzte. Strawe beantwortete Fragen der Mitglieder, aber *„einen längeren Vortrag konnte derselbe infolge Unpässlichkeit leider nicht halten.“*[58] Am 28. September 1913 folgte schließlich die Abschiedsfeier im Hennefer Kneippverein, zu der auch zahlreich Mitglieder anderer Vereine erschienen. Der Schriftführer des Vereins hielt die Festrede und betonte, *„daß er [Strawe] es verstanden habe, sich die vollen Sympathien der Bevölkerung von Hennef und Umgegend zu erwerben, daß die Gründung des Kneippvereins Hennef und der übrigen 15 Vereine des Bezirks Sieg von Herrn Strawe ausgegan-*

gen, daß es Herr Strawe hauptsächlich sei, dem wir die Errichtung der Kuranstalt in Geistingen zu danken haben, daß er sich hierdurch ein unauslöschliches Denkmal gesetzt habe und man ihm für seine Bemühungen um die Kneippsache nur dankbar sein könne. … Der zweite Redner, Herr Lehrer a. D. Stumm [vermutlich Adam Stumm], pries Herrn Strawe als den Schöpfer des Kurhauses Geistingen und gleichzeitig hob er hervor, wie wenig Dank er für seine Schöpfung bis jetzt geerntet habe. … Der dritte Redner, Herr Felder Happerschoß, gab seinem Bedauern über den Abgang des Herrn Strawe in recht treffenden Worten Ausdruck, er bedauerte nicht allein den Fortgang von Hennef, sondern auch den Austritt des Herrn Strawe aus dem Vorstande der Kurhausgenossenschaft.“[59] Wusste hier jemand mehr über die nicht öffentlich kommunizierten Hintergründe und Zusammenhänge? Großes Lob, aber kein Aufschrei. Strawe konnte sich nicht wie die Persönlichkeit eines Pfarrer Kneipp, gegen die Dominanz der Ärzteschaft zur Wehr setzen.

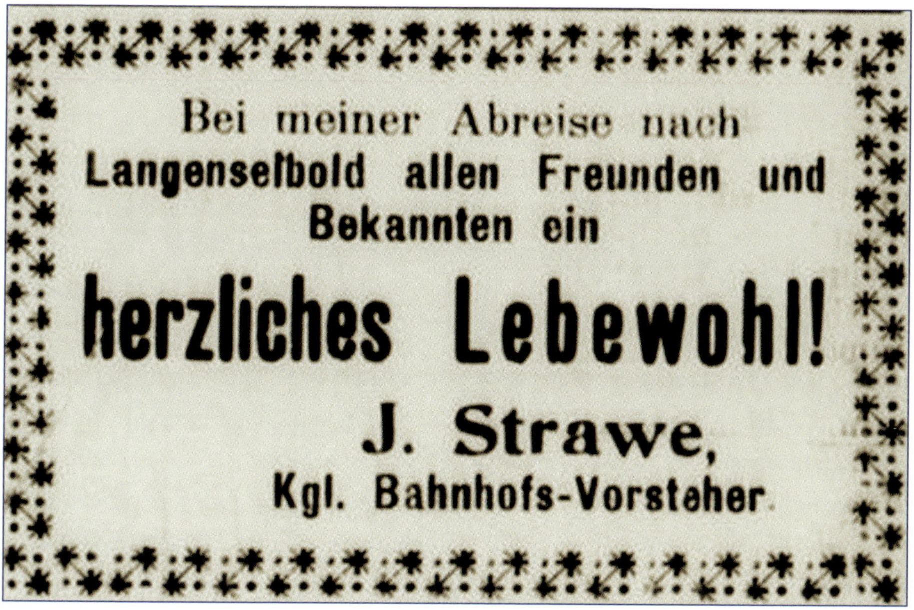

Strawe verabschiedet sich in der Hennefer Volkszeitung

Wie sehr Strawe und seine Familie unter der Strafversetzung gelitten hatten, wird aus seinen im Familienarchiv verwahrten Schriftwechsel mit seinem Arbeitgeber deutlich: *„Die im vorgerückten Alter unerwartet ausgesprochene Versetzung und die Aufregung und Beschwerden des Umzuges rüttelten stark an unseren Nerven und Kräften, so daß wir nicht mehr imstande waren, unsere Pflichten zu erfüllen.“*[60] Im Dezember 1913 schrieb Strawe an die zuständige Königliche Eisenbahn-Direktion in Frankfurt, nachdem er sich bereits im November an das Betriebsamt in Hanau wandte: *„Die naßkalten Tage des Monats November beeinflußten meinen Gesundheitszustand schon ungünstig. Ebenso wirkt die fortwährende naßkalte Waldluft hier beim Bahnhof derart auf meinen Körper, daß eine Besserung in diesem Klima wohl nicht möglich sein dürfte“*. Strawe beantragte, während seiner Krankheit und der *„naßkalten Zeit der ersten Wintermonate“* seinen Aufenthalt zu seinem Schwager nach Dortmund verlegen zu dürfen, da ihm die Mittel für einen Aufenthalt im Süden fehlten und er seine Familie zu versorgen habe. Ab 1. Januar 1914 wird Strawe der Aufenthalt in Hennef gewährt. Bei seinem Arbeitgeber beklagt er die Mehrkosten für die doppelte Haushaltsführung, da von den acht Kindern noch fünf unversorgt seien und er zunächst nur mit Frau und der sechzehnjährigen Tochter Wilhelmina nach Langenselbold zog. Seine Frau, *„selbst leidend“*, musste aber nach Hennef zurück, um *„einen mit dem Fahrrad verunglückten Sohn zu pflegen.“* Schon bald spürte Strawe, dass er seinen Dienstpflichten nicht mehr nachkommen konnte und es blieb die Frage einer Frühpensionierung zu klären. *„Meine zerrütteten Körperkräfte ließen es mir s. Z. sehr zweifelhaft erscheinen, ob ich am neuen Dienstorte die Verwaltung des Bahnhofs noch übernehmen könnte. Daß diese Zweifel berechtigt waren, dürften die letzten Zeugnisse der Bahnärzte Dr. Hersing, Kaes und des Bahnarztes in Langenselbold dartun.“* Nach ärztlicher Begutachtung kam die Eisenbahndirektion zu dem Schluss: *„Nach Gutachten des Bahnarztes und unserem pflichtmäßigen Ermessen sind Sie wegen Schwäche Ihrer körperlichen Kräfte dauernd unfähig, Ihre Amtspflichten sowie die Pflich-*

ten eines anderen Amtes von nicht geringerem Range und Diensteinkommen zu erfüllen." Die vorzeitige Versetzung des 62jährigen Strawe in den Ruhestand erfolgte zum 1.7.1914. Wohl mit dem obligatorischen Orden, aber einer geringeren Pension wurde Strawe verabschiedet: *„Des Kaisers und Königs Majestät haben Allergnädigst geruht, Ihnen aus Anlaß des Übertritts in den Ruhestand den Königlichen Kronenordnen 4. Klasse zu verleihen."*[61]

Strawes Rückkehr nach Hennef und Niederlassung als Heilpraktiker

Offensichtlich war Strawe bis zur Pensionierung freigestellt und hielt sich ab 1.1.1914 wieder in Hennef auf, wohl sehr zum Leidwesen der Ärzteschaft. Er übernahm wieder die Führung des Kneippvereins Hennef und stand in Kontakt mit den umliegenden, bei denen er wieder Vorträge hielt, wie z. B. am 18.2.1914 im Kneippverein Siegburg über Rheumatismus[62]. Am 21. Februar 1914 erschien im Sieg-Boten ein kurzer, etwas konfuser Artikel, der das Thema Laie versus Arzt in Zusammenhang mit dem Kurhaus und der Spaltung der Kneipp-Anhänger in die Öffentlichkeit brachte. Aktueller Anlass war wohl Strawes Rückkehr nach Hennef. Der nicht genannte Autor hob *„das fortdauernde Gedeihen der Kuranstalt Sebastian Kneipp hervor"*, um dann zu befürchten: *„Deshalb kann es dieser [Öffentlichkeit] nicht gleichgültig sein, daß die Spaltung der Kneipp-Anhänger mit der Losung „Hic Laie hic Arzt" dem Wohle obiger Anstalt schadet. Die kneippärztliche Tätigkeit eines Nichtarztes im hiesigen Bezirk musste mit der Anstellung eines approbierten Arztes ein Ende nehmen."* Aus Sicht des Schreibers des Artikels kann der Ruf des Kurhauses und das Ansehen des Kurarztes Dr. Baur nur durch die Eliminierung des Nichtarztes gewahrt werden. Der nichtgenannte Laie, der *„die kneippärztliche Tätigkeit eines Nichtarztes"* ausüben würde, wurde in einem am 28. Februar im Sieg-Boten erschienenem Leserbrief – in der Hennefer Volks-Zeitung am 19.2.1914 – als Richtigstellung *„im Interesse des guten Gedeihens unseres Kurhauses"* beim Namen genannt: *„Der Nichtarzt, gemeint ist wohl nur der frühere Bahn-*

hofsvorsteher Hr. Strawe, geht, das steht wohl einwandfrei fest, ohne Anstalt und Anstaltsarzt zu berühren, seine eigenen Wege. Wohl agitierte er bisher in seinen öffentlich gehaltenen Vorträgen noch stets f ü r die Anstalt. Es ist unklar, weshalb er nach Anstellung eines Arztes im Kurhause die praktische Ausübung der Kneippkur einstellen soll und ist es unverständlich, auf Grund welcher Rechte das Kuratorium [gemeint soll wohl der Genossenschaftsvorstand sein], diese seine Tätigkeit oder auch den bisher nicht gehörten hemmen könne. … Es sieht fast wie eine Beleidigung des Herrn Dr. Baur aus, wenn er als tüchtiger Arzt und ausgerüstet mit einer so herrlich eingerichteten Anstalt, wie es unser Kurhaus ist, auch nur annähernd durch einen ‚Laien' mißkredidiert werden könnte."
Hatte der Rauswurf Strawes aus dem Vorstand der Kurhausgenossenschaft 1912/13 keine Reaktionen in der Presse zur Folge, schien seine Rückkehr aus der Verbannung und seine wiederaufgenommene Krankenbehandlung Beunruhigung bei Anhängern und Gegnern der Kneipplehre und Ärzteschaft ausgelöst zu haben. Strawe schien sich trotz des Rauswurfs aus der Genossenschaft nicht gegen das Kurhaus gestellt zu haben, im Gegenteil, er hob es in seinen Vorträgen als heilsame Einrichtung hervor, sie war schließlich das Ziel seines Strebens. Während der zweite Leserbriefschreiber davon ausging, dass in der Anwendung der Kneippkur Platz für Zwei sei, Arzt und Laie, befürchtete der Autor des ersten Artikels eher ein unheilvolles Nebeneinander. Jedenfalls erfuhr nun die Öffentlichkeit durch die Zeitung, dass Strawe wieder nach Hennef zurückgekehrt war und Kranke behandelte. Die Frühpensionierung ermöglichte es ihm endlich, seiner Leidenschaft, der Krankenbehandlung im Sinne Pfarrer Kneipps, uneingeschränkt nachzugehen. Der Kneippschen Gesundheits- und Naturheillehre verbunden, riet Strawe von Impfungen und manchen Medikamenten ab. So schreibt er z. B. am 7.7.1910 bezüglich des Wiederausbruchs der *„fest eingewurzelten Blutkrophulose"* der 13jährigen Tochter Wilhelmine an seine Kinder: *„Ärztliche medikamentöse Behandlung ist da ganz zwecklos u kann ich mich nicht damit einverstanden erklären. Diese würden, weil chemisch*

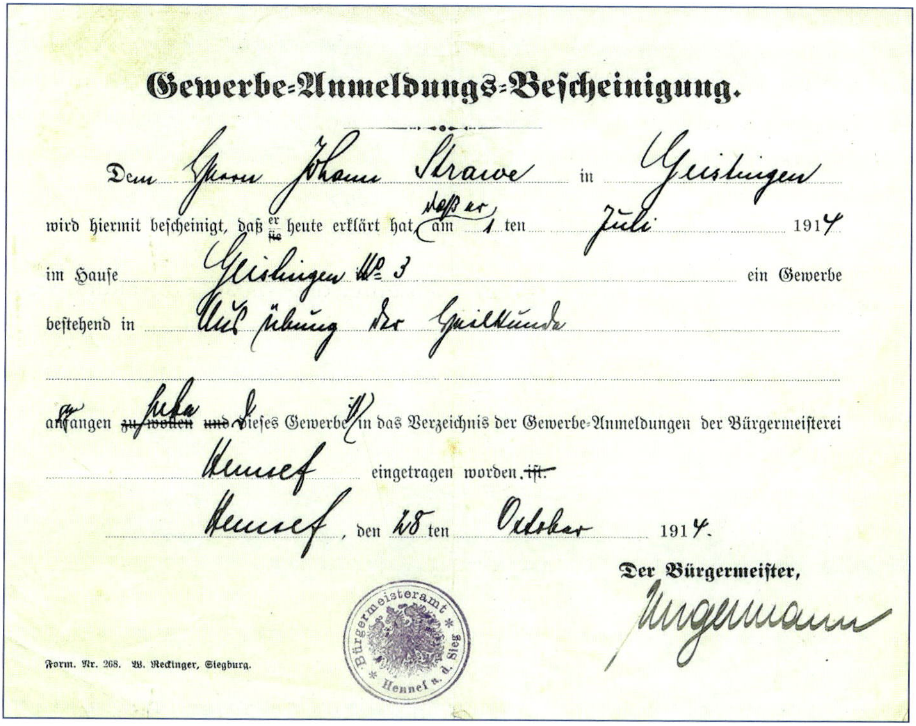

Gewerbe-Anmeldungs-Bescheinigung.

Dem Herrn Johann Strawe in Geistingen

wird hiermit bescheinigt, daß er heute erklärt hat, daß er am 1 ten Juli 1914

im Hause Geistingen No 3 ein Gewerbe

bestehend in Ausübung der Heilkunde

angefangen ~~zu wollen~~ habe ~~und~~ dieses Gewerbe ist in das Verzeichnis der Gewerbe-Anmeldungen der Bürgermeisterei

Hennef eingetragen worden. ~~ist.~~

Hennef, den 28 ten Oktober 1914.

Der Bürgermeister,

Ungermann

Bürgermeisteramt Hennef a. d. Sieg

Form. Nr. 268. W. Reckinger, Siegburg.

Nach seiner Rückkehr aus der Verbannung nach Langenselbold arbeitete der Pensionär Strawe als Heilpraktiker, hier die „Gewerbe-Anmeldungs-Bescheinigung“ vom 28.10.1914

hergestellt – von giftigen Sachen mal gar nicht zu reden –, als Fremdstoffe im Körper wirken, ihn vielleicht anfangs in seinen Lebensvorgängen etwas anregen, aber mit unfehlbarer Sicherheit das Blut immer weiter verunreinigen." Ideologie und seine Identität versperrten Strawe den Zugang zu wissenschaftlichen Erkenntnissen. Stattdessen setzte er auf die Anwendung von Heilkräutern in verschiedenen Formen. Die Reichsgewerbeordnung gewährte ihm Kurierfreiheit, so dass er auch vom Gesetz her weiter Kranke behandeln konnte. Allerdings begann Strawes Ruhestand erst zum 1. Juli 1914. Wie genau es kam, dass Strawe erst im Oktober 1914 rückwirkend zum 1. Juli sein Gewerbe „Ausübung der Heilkunde“ anmeldete, lässt sich nicht mehr ergründen.

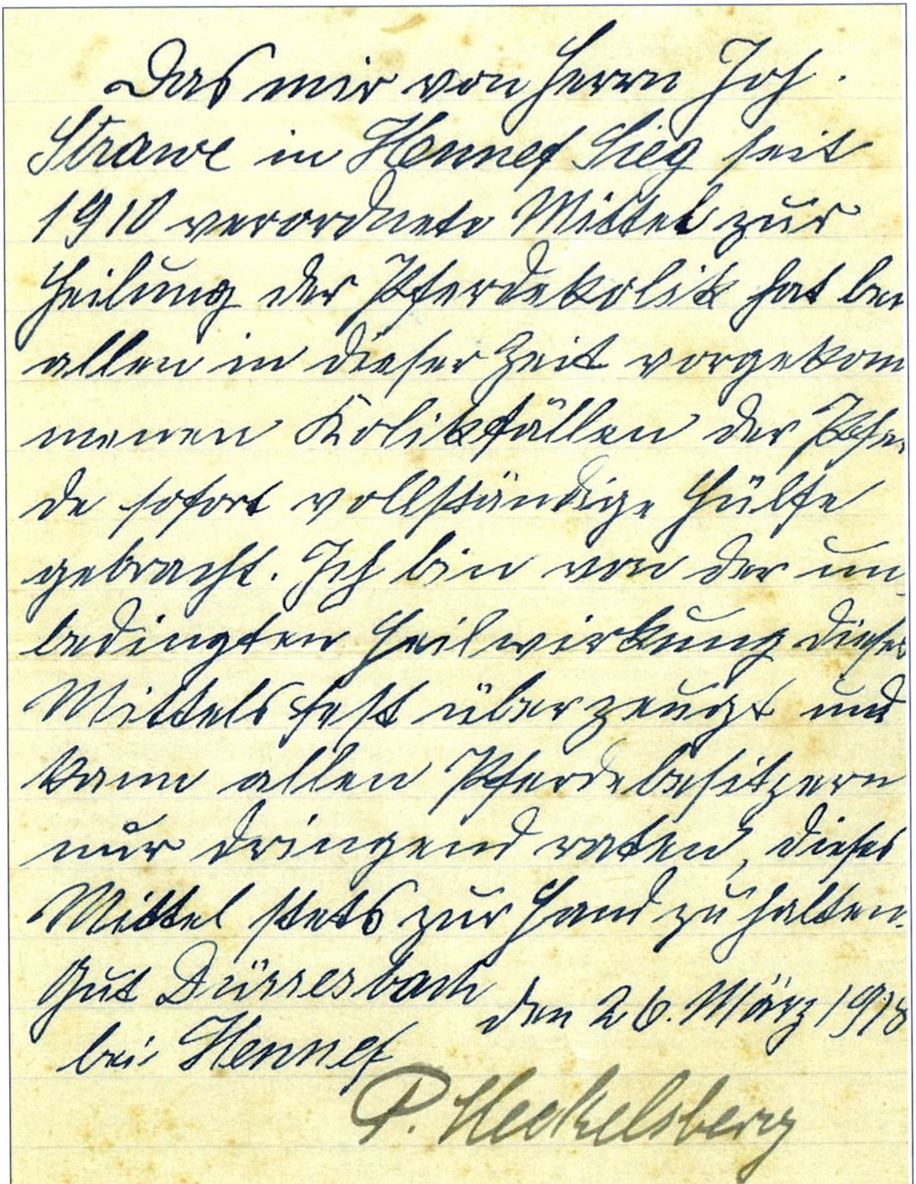

Das mir von Herrn Jos. Strawe in Hennef Sieg seit 1910 verordnete Mittel zur Heilung der Pferdekolik hat bei allen in dieser Zeit vorgekommenen Kolikfällen der Pferde sofort vollständige Hülfe gebracht. Ich bin von der unbedingten Heilwirkung dieses Mittels fest überzeugt und kann allen Pferdebesitzern nur dringend raten, dieses Mittel stets zur Hand zu halten.

Gut Dürresbach bei Hennef den 26. März 1918

P. Heckelsberg

Wie sein Vorbild Pfarrer Kneipp heilte Strawe auch Tiere. Hier ein Dankschreiben des Gutsbesitzers Heckelsberg, Haus Dürresbach, dessen Pferd Strawe von Koliken befreite.

Wie sehr Strawe beschäftigt war, geht aus einem Brief seiner Frau an ihre beiden Söhne Joseph und Vincenz vom 27.8.1914 hervor: *„So ist er heute wieder nach Söven u gestern nach Bonn, vorgestern nach Birk. Gestern Nacht wurde er nach einer 18jährigen Frl. Barbara Tomas gerufen. Ist aber gleich gestorben.“* In überregionalen Zeitungen, z. B. Rheinische Volksstimme/Bergischer Landbote vom 31.1.1915 schaltete Strawe von nun an regelmäßig Anzeigen, in denen er „Naturheilkundlichen Rat – insbesondere in Kneippscher Heilmethode“ anbot und sich nicht scheute darauf hinzuweisen, dass er diese Tätigkeit seit 25 Jahren bereits betrieb, demnach seit seiner Zeit als Stationsassistent in Bochum-Riemke. Aus einem Briefentwurf im Familienarchiv Strawe geht hervor, dass Strawe im März 1914 die Kooperation mit dem Kreisarzt Dr. Wolf in Elberfeld suchte und dort *„im Hause Berliner Straße 18/2 D vorläufig am Mittwoch und Donnerstag jeder Woche vormittags von 9 – 1 und nachmittags von 2 – 5 Sprechstunde zwecks Behandlung Kranker“* abhalte. Vermutlich, um Unruhe in Hennef zu vermeiden, verzichtete Strawe auf Anzeigen in der Hennefer Volks-Zeitung oder im Sieg-Boten. Seine Vortragsreisen führten ihn durch den Siegkreis, bis Bonn und Köln, sogar bis Essen, Wiesbaden und Frankfurt. Die Vorträge dienten neben den Anzeigen der Patientenakquise. Daneben engagierte sich Strawe weiter im Kneippbund.

Familie Strawe

Strawe heiratete mit 33 Jahren am 10. November 1885 in Aplerbeck/Dortmund die 27jährige Maria Karoline Humpert aus Rheine, deren Vater Josef Humpert Konditor und Wirt in Holzwickede war, die Mutter hieß Josefine Bisping. Ihr Vater war Schullehrer in Fröndenberg. Vor der Ehe war Maria im Haushalt eines Onkels und einer Tante beschäftigt. Strawes bekamen neun Kinder, deren Geburtsorte sich in den Einsatzorten widerspiegeln.

Im Familienarchiv gibt es zahlreiche Briefe zwischen Eltern und Kindern sowie zwischen den Geschwistern, die ein liebevolles, oft humorvolles, teils derbes Miteinander vermitteln. Bei Vater Strawes Frühpensionierung waren noch drei minderjährige Kinder zu versorgen, so dass die finanzielle Situation angespannt war. Die schwierigen politischen und wirtschaftlichen Verhältnisse nach dem ersten Weltkrieg spiegeln sich in den Briefen wider. Hinzu kam der Hauskauf 1912 und die doppelte Haushaltsführung durch die Versetzung nach Langenselbold. Der älteste Sohn **Joseph**, 1886 in Aplerbeck geboren, absolvierte eine Ausbildung als Maler, ging anschließend auf Wanderschaft und war infolge der schwierigen wirtschaftlichen Situation mehrmals arbeitslos. Er heiratete im Alter von 33 Jahren die Tochter Martha des Lokomotivführers Karl van der Berg. Joseph meldete sich freiwillig als Soldat im 1. Weltkrieg. Er hielt wohl am wenigsten Kontakt zur Familie. Das Testament der Eltern lässt erahnen, dass die Beziehung zu Joseph belastet gewesen sein muss. Joseph starb bereits 1921 und die Eltern legten testamentarisch fest, dass bei ihrem Tod nicht Josephs Witwe, sondern die einzige Tochter Martha Josefs Erbteil seitens seiner Eltern erhalten sollte[63]. **Vincenz**', 1888 in Aplerbeck geboren, persönliche und berufliche Entwicklung schien nicht ganz unproblematisch verlaufen zu sein, so dass er häufig auf die Unterstützung durch Eltern und Bruder Heinrich angewiesen war. Eine Ausbildung zum Gärtner hat Vincenz vermutlich nie abgeschlossen. Es gelang ihm wohl kaum, für längere Zeit beruflich Fuß zu fassen. Im elterlichen Haus wurde 1913 auf seinen Namen das Gesundheitshaus Strawe eröffnet, in dem laut Eintrag ins Gewerberegister Kneippsche Bedarfsartikel, Samen und Gartenartikel verkauft wurden. Im Laufe der Jahre wurde das Geschäft mehrfach innerhalb der Brüder übertragen. Auch er meldete sich freiwillig zum Militärdienst im 1. Weltkrieg. Im Alter von 57 Jahren heiratete er 1947 Anna Faßbender, die 1965 starb; er wohnte in Birken und starb in Neunkirchen. Vincenz schrieb in einem Brief an seine Schwester Wilhelmina über sich selbst: *„Ich bin ein alter verkorkster Sünder. Wie oft nahm ich mir vor besser zu werden, wenn ich bloß nicht die schwarze Seele hätte, die nicht will.“*[64]

– Maria, 1890 in Riemke geboren, besuchte nach der Volksschule die Höhere Mädchenschule des Fräulein Kratz in Geistingen und wechselte 1906 in das Mädchenpensionat mit Höherer Mädchenschule des Klosters der Schwestern Unserer Lieben Frau in Mülhausen bei Grefrath. 1911 bestand sie die Lehrerinnenprüfung. Der erste Einsatzort für die heimat- und familienverbundene Tochter als Lehrerin war unmittelbar nach der Prüfung in Wilhelmshaven an den dort 1903 gegründeten Schulen der Schwestern Unserer Lieben Frau. Schon 1912 wechselte sie, wohl aus Heimweh, an die Höhere Mädchenschule in Geistingen, wo sie sechs Monate unterrichtete, ehe sie schließlich Ostern 1913 Lehrerin in Stieldorf/Königswinter wurde. 1931 eskalierte wegen Marias Dienstwohnung, die sie zu Gunsten einer anderen Familie mit Kindern ganz oder teilweise abgeben sollte, ein Streit, in dem der Bürgermeister ihr ein Verfahren wegen Widerstand gegen die Staatsgewalt androhte, da sie den Schlüssel nicht herausgeben wollte. Maria weigerte sich der Versetzung nach Scheiderhöhe nachzukommen, *„da es mir dort zu einsam sei.“*[65] Der Schulrat beharrte auf einer Versetzung: *„Es wäre notwendig, daß in St. [ieldorf] jedes Andenken an … [abgekürzter Name nicht zu entziffern] ausgelöscht werde. Dazu sei auch meine Entfernung notwendig, weil ich so eng befreundet gewesen sei.“*[66] Maria versuchte den Schulrat umzustimmen: *„… es liege kein Grund zu einer Versetzung vor. Übrigens sei in St.[ieldorf] das Gerede über die böse Sache fast ganz verstummt. Über mich redeten nur noch wenige, die zu einer bestimmten, mir bekannten Richtung gehörten.“*[67] Die Versetzung, weit weg von Königswinter nach Olpe, fand schließlich erst 1933 aus anderen Gründen statt. Mündlich überliefert wurde in der Familie, dass Maria Kritik an der Rassenideologie der Nazis übte, *„speziell an dem Werk des NS-Ideologen Alfred Rosenberg“*[68]. Verschiedentlich gibt es in ihren Briefen Andeutungen, z. B. über einen Aufzug der Bauern in ihren Trachten in Gengenbach, wozu sie neben der Bewunderung ihrem Bruder schrieb: *„Du [Heinrich] kannst dir denken, welch herrliches, farbenfrohes Bild der Festzug* *war. … Man sah, wie überall viel guten Willen und manches, was uns nicht gefallen kann.*"[69] Mit ihrer Pensionierung kehrte sie nach Hennef zurück, wo sie 1978 starb. Maria war zusammen mit **Heinrich** für die Geschwister der Mittelpunkt der Familie. Heinrich besuchte nach der 8jährigen Volksschule ab 1906 das Gymnasium in Siegburg und nach dem 1. Weltkrieg die Maschinenbauschule in Aachen, womit er die Voraussetzung für seinen späteren Beruf als Gewerbelehrer in Bonn schuf. Besonders zwischen Heinrich und Maria bestand eine enge Verbindung, wie sich aus den vielen Briefen der Geschwister ergibt. Von Heinrich, der sich als schreibfaul bezeichnete sind kaum Briefe erhalten. Wie seine Brüder meldete er sich regelmäßig von seinen Einsätzen im 1. Weltkrieg bei der Marine, um die El-

Das Foto dürfte 1904 nach Ankunft der Familie Strawe in Hennef entstanden sein. Hintere Reihe von rechts: Joseph, Vincenz, Maria, Heinrich; vordere Reihe von links: Wilhelmina, Mutter, Antonia, Franz vor Vater und Hans. Beim Umzug nach Hennef war Tochter Barbara bereits verstorben.

tern zu beruhigen. Wie sehr Heinrichs Beitrag zur Versorgung seiner Geschwister und Eltern hilfreich war, wird aus einem *„Antrag auf Gewährung einer Notstandsbeihilfe"* vom 11.11.1929 deutlich, den er anlässlich des frühen Todes seines jüngsten Bruders Franz und den damit entstandenen Beerdigungskosten in Höhe von 541,25 Mark stellte: *„Für die genannten Kosten muss ich alleine aufkommen, da die Pension meines Vaters ... kaum ausreichte, den sehr einfach geführten Haushalt [Mutter Strawe war 1922 verstorben] für ihn, 1 Schwester und 2 Brüder zu bestreiten. Die Schwester [Antonia] führt den Haushalt, 1 Bruder [Vincenz]ist Gärtner und stellenlos. Wir haben vergebens versucht, durch Gartenarbeit auf eigene Rechnung ihm eine Existenz zu schaffen. Ein zweiter Bruder [Hans] war nach einer schweren Krankheit stellenlos und hat vom November v. J. bis zum Sterbetage meines jüngsten Bruders bei mir gewohnt und wurde von mir unterhalten. Dann übernahm er das Drogengeschäft, welches ich meinem verstorbenen jüngsten Bruder, der ebenfalls stellenlos war, eingerichtet habe. Dieses Geschäft konnte bis jetzt noch nicht mit Gewinn arbeiten. ... Meine älteste Schwester [Maria] ist Volksschullehrerin. Sie bezahlt noch an ihren Schulden aus den beigefügten Krankheitsrechnungen. Seit 1920 sind drei erwachsene Geschwister und die Mutter gestorben. Meine Schulden, die ich für meine Geschwister gemacht habe, betragen trotz allereinfachster Lebensführung aller beteiligten Familienmitglieder über M 3000,-. Keiner aus der Familie hat je Unterstützung bezogen."* Heinrich heiratete mit 48 Jahren 1940 die Lehrerin Elisabeth Theiler und zog nach Bonn. Er starb 1953 im Alter von 61 Jahren. Nur zweieinhalb Jahr alt wurde die 1895 in Hachenburg geborene Tochter **Elisabeth Barbara**. Einen Wunsch der Eltern erfüllte die 1896 in Hachenburg geborene Tochter **Wilhelmina**, genannt Mina. Sie trat in das Kloster des Ordens der „Schwestern Unserer Lieben Frau" in Mülhausen/Grefath bei Kempen ein. Ihre Schwester Maria besuchte dort bis 1911 die Höhere Mädchenschule; 1910 folgte ihr Mina, lernte dort das Klosterleben kennen und entschied sich für den Eintritt in den Orden.[70] Vincenz schrieb am 8.8.1916 an die 20jährige Mina, vermutlich zu ihrer Profess: *„Liebe teure Schwester! Dein so heiß ersehnter Tag, an welchem Dein Herzenswunsch in Erfüllung geht, der Tag, an dem du ein so großes Opfer bringen willst … ist nun da.“* Wenige Zeilen später fährt er fort: *„Unserer Eltern Wunsch, Lieblingswunsch, ist es immer gewesen, einen ihrer Sprößlinge im höchsten Dienst ihres Schöpfers zu haben. Diesen Wunsch machst du zur Wahrheit. Wie erhaben muß diese Stunde für unsere lieben guten Eltern sein, die so vieles für uns taten, deren größte Sorge die Sorgen um ihre Kinder waren.“* Mina starb bereits mit 25 Jahren. 1899 wurde **Johann**, Rufname **Hans**, in Wirges geboren. Im Mai 1914 trat Hans eine Lehre in der Hennefer Drogerie Hammerschmidt an, die er 1917 beendete. 1922 bestand er die Gehilfenprüfung. Nach Krankheit und Arbeitslosigkeit baute er 1925 das Gesundheitshaus Strawe zur Drogerie aus und gab sie 1928 an seinen Bruder Franz, der sie mit finanzieller Unterstützung des Bruders Heinrich einrichtete. Nach dessen frühem Tod 1929 führte Hans die Drogerie weiter. Er heiratete 1931 Agnes Hitzeler, die 1929 im Kurhaus als Zimmermädchen begann und bald darauf als Bademeisterin beschäftigt war. Trotz Kurbetriebs lief das Geschäft nur schlecht. 1934 versuchte Vincenz wieder einen Gärtnereibetrieb daraus zu machen, ehe es Hans im Juni 1936 als Edeka-Geschäft neu eröffnete. 1939 wurde Hans zur Wehrmacht eingezogen. Er starb am 21.4.1979 in Hennef. Sein Sohn Hans führte das Geschäft weiter und gab es 1974 auf, als langwierige Baumaßnahmen auf der Bonner Straße den Zugang für Kunden erschwerten. Wenige Spuren finden sich zu **Antonia**, 1901 in Hennef geboren, im Familienarchiv. Durch ihre häufigen Erkrankungen schaffte sie keine Ausbildung und verschiedene Bemühungen der Geschwister Maria und Heinrich sie in Betrieben unterzubringen scheiterten. Der Versuch sie in Folge einer Erwerbsunfähigkeit in Frührente zu bringen wurde wieder aufgegeben. Vorübergehend stellte Maria sie bei sich als Haushälterin ein. Mit 42 Jahren heiratete sie 1943 und starb 1978 wenige Monate vor ihrer Schwester Maria in Hennef. **Franz**, neuntes und letztes Kind, 1902 in Hennef ge-

Das „Gesundheitshaus Strawe“, Bonner Straße 33. Das Geschäft wurde von verschiedenen Familienmitgliedern geführt. Später wandelte es Sohn Johann in eine Drogerie und Edeka-Lebensmittelgeschäft um, das bis in die 1970er Jahre von dessen Sohn Hans Strawe geführt wurde.

boren, starb nach „kurzer heimtückischer Krankheit“[71] mit 27 Jahren. Er trat am 1.7.1917 seine dreijährige Verwaltungslehre bei der Bürgermeisterei Hennef an und war danach als Gehilfe weiter beschäftigt. Da er innerhalb der Verwaltung nicht weiterkommen konnte, wechselte er im Dezember 1921 in das Bürgermeisteramt Oberkassel, das er zum 31. Oktober 1924 wegen der „Personalabbau-Verordnung“ verlassen musste. Im Zeugnis wurde ihm bescheinigt, dass *„er in der schweren Zeit des Ruhrkampfes und der Inflation eine unschätzbare Kraft“*[72] war. In der *„schweren Zeit“* gelang es Franz nicht mehr, in einer Verwaltung eine Anstellung zu finden. 1928 baute er mit finanzieller Unterstützung seines Bruders Heinrich das „Strawes Gesundheitshaus“ zur Drogerie um, das nach seinen frühen Tod Bruder Hans übernahm. – Am 10.8.1922, an ihrem 64. Geburtstag, starb *„nach langem, mit größter Geduld ertragenem Leiden“.* **Maria Strawe**, geborene Humpert aus Rheine. Maria war eine strenggläubige Katholikin, die bei den nicht wenigen Problemen mit den kranken Kindern und deren schulischem sowie beruflichem Fortkommen regelmäßig auf Gott vertraute und ihm ihre Sorgen und Nöte anvertraute. Sie war das emotionale, hauswirtschaftliche und finanzielle Zentrum der Familie. Um den Kindern eine Ausbildung zu ermöglichen, nahmen sie und ihr Mann große Opfer in Kauf. Ihre Tochter Maria war ihr dabei eine wichtige Stütze, mit der sie auch über weite Distanzen einen regen Briefkontakt hielt. Ihrem Mann, der neben seiner Arbeit viel in Sachen Kneippvereine, Kurhaus und Krankenbehandlung unterwegs war, war sie eine wichtige Hilfe, die ihm nicht nur den Rücken freihielt, sondern ihn auch bei seinen Tätigkeiten unterstütze, besonders als es um die Kurhausgenossenschaft und deren Verwaltung ging. Johann Strawe, der wie sein Vorbild Kneipp mehr an der Genesung der Kranken als seinem finanziellen Aufstieg verbunden war, begnügte sich häufig mit der Bezahlung in Form von Naturalien oder verzichtete auf ein Honorar, wenn er die Not der Kranken erkannte. Zusammen mit ihrem Mann litt Mutter Maria Strawe sehr unter der Strafversetzung nach

Langenselbold. Marias früher Tod am 10.8.1922 dürfte für die Familie ein großer Verlust gewesen sein, den die Geschwister Maria und Heinrich nur teilweise ersetzen konnten.

Strawe und die Wiederbelebung der Kneippbewegung nach dem 1. Weltkrieg

Durch das Attentat auf den österreichischen Thronfolger Franz Ferdinand in Sarajewo begann zeitgleich mit Strawes Pensionierung im Juli 1914 der Erste Weltkrieg. Der zwei Jahre vorher angelaufene Kurbetrieb, der in kurzer Zeit sehr viel Zuspruch erhielt, fand im März 1915 ein vorläufiges Ende, als der leitende Arzt Dr. Baur drei Tage nach Kriegsbeginn sich *„zur Verfügung im Felde“*[73] stellte. Sein Nachfolger, Dr. Moeser konnte den Kurbetrieb aufrechterhalten, ehe er Mitte Mai 1918 wegen ausbleibender Kurgäste geschlossen werden musste. Die Genossenschaft als Träger des Kurhauses löste sich auf und es begann die wechselvolle Geschichte des Kurhauses als es von Privatleuten betrieben wurde. 1918 erwarb der Hennefer Bahnhofswirt Josef Dohle das Kurhaus, 1920 ging es an Jakob Bachem aus Bonn, vermutlich Autohändler und schließlich an Peter Marx, Eisenwerke Marx & Co. in Hennef. Auf der Gautagung des Kneippbundes am 17.10.1926 in Köln ging es um die Wiederbelebung der Kneippbewegung, die in den Jahren nach dem 1. Weltkrieg stark zum Erliegen kam. Unter anderem ging es auch um die Wiedererrichtung eines Kurortes mit Kneippkurhaus in Westdeutschland nach dem Vorbild Wörishofen. Strawe vertrat auf dieser Tagung erneut den Kneippverein Hennef, der in der Kurhausfrage mit Münstereifel konkurrieren musste. Er prieß wieder einmal die Vorzüge von Hennef als Kneippkurort. Und wieder kooperierte Strawe eng mit Bankier Auffermann in Düsseldorf, mit dem er in der Findungskommission saß. Bezüglich der Verhandlung über den Erwerb des Kurhauses schrieb Auffermann: *„Ich war auch immer der Hoffnung, dass man Marx auf 40 Mille herab drücken könnte, womit das Anwesen auch reichlich bezahlt ist. Wenn Marx das Kurhaus nicht zu M*

40000,- lassen will, mag er sich die Kiste einsalzen oder sonst verkaufen, wenn er kann."[74] Die Wiederaufnahme des Kurbetriebs scheiterte bisher an der überhöhten Kaufpreisforderung des Kurhausbesitzers und Fabrikanten Peter Marx (Firma Eisenwerke Marx & Co.). Bürgermeister Ungermann stattete Strawe im Vorfeld der Tagung wieder mit der schriftlichen Ankündigung einer finanziellen Beteiligung aus. Wie in den Gründungsjahren 1909 sollte eine Genossenschaft Träger des Kurhauses sein, die Gemeinde das Grundstück und ein Darlehen zur Verfügung stellen, auch die Sparkasse beteiligte sich wieder mit 150 Genossenschaftsanteilen á 20 Mark. Die Finanzierung war gesichert, die Anlagen bereits vorhanden und erweitert. Zum 1. Mai 1927 schließlich konnte das Kurhaus, das „Rheinische Wörishofen" unter Leitung von Dr. Douglas, der vorher in Wörishofen und Wiesbaden arbeitete, eröffnet werden. Hennef war wieder Kneippkurort. In der Wandelhalle fanden regelmäßig Kurkonzerte mit heimischen und national bekannten Künstlern statt, die teilweise im Rundfunk übertragen wurden. Der Kurbetrieb übertraf die Erwartungen und die Anlagen wurden erweitert. Auch jetzt vermied Strawe jede Konfrontation mit dem Kurhaus. Bereits 1926 kündigte der 74-Jährige im Kneippverein an, dass er den Vorsitz niederlegen wolle. Auf der Versammlung im April 1927 schließlich wurde Peter Baldus, Mitinhaber der Firma Jacobi, zum 1. Vorsitzenden gewählt. Strawe blieb weiter im Kneippverein aktiv und ging seiner Wege als Heilpraktiker. Mit der drastischen Verschlechterung der Wirtschaftslage Anfang der 1930er Jahre, ging auch der Kurbetrieb wieder zurück. Wieder erfolgte ein Auf und Ab des Kurhauses, wieder wurde es an eine Privatperson verkauft, von der Gemeinde schließlich zurückgekauft, im Zweiten Weltkrieg als Lazarett benutzt, nach dem Krieg wieder in Schwung gebracht, ehe Hennef 1984 nicht nur die Bundesversicherungsanstalt als regelmäßige Nutzerin des Kurhauses für ihre Versicherten verlor, sondern auch seinen Titel als Kurort. Das Kurhaus wurde von Familie Bäumer gekauft und zur Seniorenresidenz umgebaut.

Kneippverein und Kurhaus im Nationalsozialismus

Mit der Machtübernahme durch Adolf Hitler und seiner Nationalsozialistischen Deutschen Arbeiterpartei (NSDAP) am 31. Januar 1933 standen nicht nur politische Parteien und ihre Organisationen vor ihrer Auflösung. Schon wenige Monate später begannen die Nazis die in der Weimarer Republik eingeführten demokratischen Strukturen mit ihrer Vielfalt zu zerstören und durch ihren diktatorischen Totalitätsanspruch – ein Reich, ein Volk, ein Führer – zu ersetzen. Das Gleichschaltungsgesetz befahl, dass alle Organisationen, egal ob Landtage, Parteien, Verbände, Wirtschaftsvertretungen, Presse, Genossenschaften, Gewerkschaften, Wohltätigkeitsorganisationen, Beamte, Vereine usw. sich dem Führerprinzip und den nationalsozialistischen Zielen zu unterwerfen hatten. *Der Grundsatz muss gleich lauten. Lautet er nicht gleich, müssen die Männer des Staates oder des Volkes diese Gleichschaltung vollziehen, auch wenn dabei die eine oder andere Individualität zu Schaden kommen könnte.“*[75]

In der Praxis bedeutete das für die Vereine, dass sie sich zugunsten des Einheitsstaates zu größeren Einheitsorganisationen zusammenschließen mussten, die effektiver auf ihre Gesinnung zu kontrollieren waren. Die Leitung durfte nicht mehr durch gewählte Vorstände übernommen werden, sondern an der Spitze hatte ein Führer zu stehen, der sich zu den nationalsozialistischen Idealen bekannte und Mitglied der Partei sein musste. Vereine, die sich dem nicht beugten wurden aufgelöst, Vorsitzende, die sich nicht anpassten mussten zurücktreten oder wurden entfernt. Als Beispiel sei auf den Hennefer Turnverein von 1895 verwiesen: Es wurde in einer eigens einberufenen Generalversammlung am 16.5.1933 der 1. Vorsitzende, Berufsschuldirektor Peter Kügelchen zum Führer des Vereins[76] gewählt. Später wurden die verschiedenen Turnvereine in Hennef und seinen Ortsteilen in der Tura 1895, dem Turn- und Rasensport unter Führung des Parteigenossen und Berufsschuldirektors Kügelchen zusammengeführt. Der Kneippverein reagierte auf die Gleichstellung mit der Neuwahl seines

Vorsitzenden. In seiner Jahreshauptversammlung im September 1933 wurde *„mit Bedauern festgestellt, daß in den letzten Jahren die Mitgliederzahl auf 50 zurückgegangen ist. Wegen starker beruflicher Inanspruchnahme legte der bisherige Vorsitzende, Herr Peter Baldus, sein Amt nieder und wurde an seine Stelle Herr Vortmann aus Geistingen gewählt.“*[77] Lehrer Adolf Vortmann wurde als Mitglied der NSDAP 1933 zum Vereinsführer des Männer-Gesangsverein Geistingen gewählt, ebenso zum Bezirksobmann des Sängerkreises sowie zum Vorstandsvorsitzenden der Spar- und Darlehenskasse Geistingen und Schatzmeister des Verkehrs- und Verschönerungsvereins. Er war Ortsgruppenführer der Neuhausbesitzer und Obmann des Beherbergungswesens. Den Kneippverein hingegen hielt Vortmann aus der Öffentlichkeit heraus und ließ ihn schließlich eingehen[78]. Eine plausible Erklärung findet sich nicht. Es bleibt die Vermutung, dass die Mitglieder die Interessen Kneipps nicht mit der Ideologie der Nazis vereinbaren konnten oder wollten. In anderen Kneippvereinen mag das anders gewesen sein. So erklärte der 1. Vorsitzende des Bonner Kneippvereins, Herr Antoni *„Deutschlands Führer Adolf Hitler [als] seinen wertvollsten Freund und Förderer“*[79]. 1935 wurden der Kneippbund, die Dachorganisation der Kneippvereine, in die „Reichsarbeitsgemeinschaft der Verbände für naturgemäße Lebens- und Heilweise“[80] eingegliedert. Die 1927 neu gegründete Kurhausgenossenschaft wurde zur Gleichschaltung genötigt, wie Bürger-

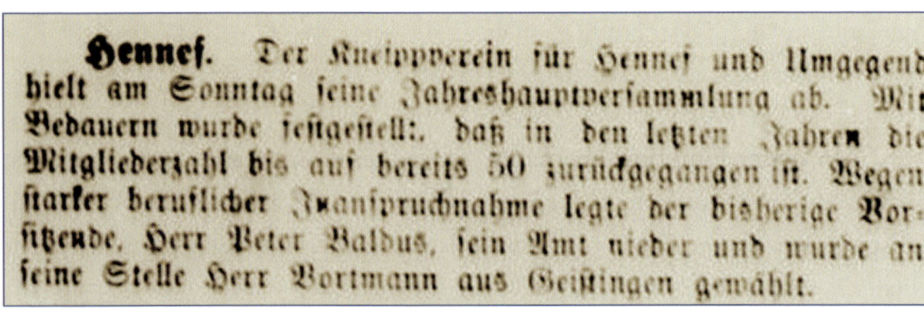

Hennef. Der Kneippverein für Hennef und Umgegend hielt am Sonntag seine Jahreshauptversammlung ab. Mit Bedauern wurde festgestellt, daß in den letzten Jahren die Mitgliederzahl bis auf bereits 50 zurückgegangen ist. Wegen starker beruflicher Inanspruchnahme legte der bisherige Vorsitzende, Herr Peter Baldus, sein Amt nieder und wurde an seine Stelle Herr Vortmann aus Geistingen gewählt.

Lehrer Vortmann wird neuer Vorsitzender des Kneipp-Vereins.

meister Massion als Vorsitzender auf der Hauptversammlung der Genossenschaft im Juni 1933 darstellte. Die früheren Pächter des Kurhauses, Dr. Dengler und Herr Trexel, hatten noch 6.000 Mark zurückzuzahlen, die sie jedoch von der Gleichschaltung der Genossenschaft abhängig machten. *„Dr. Massion erwähnte, daß sich hier wohl eine Gleichschaltung erübrigte, da im Vorstande wie im Aufsichtsrate nur streng nationale Männer vertreten seien. Der Vorsitzende des Vorstandes Fabrikant Jacobi und der Geschäftsführer Sparkassendirektor Henseler hatten ihre Aemter bereits niedergelegt. Aus der Versammlung heraus wurde mehrfach der Wunsch geäußert, daß diese beiden Herren, die sich um den Kurbetrieb große Verdienste erworben hatten, ihre Aemter weiter bekleiden möchten."*[81] Parteigenosse und Ortsgruppenleiter Heinz Naas drängte bald darauf Dr. Rudolf Massion aus dem Bürgermeisteramt, um es anschließend selbst zu übernehmen[82]. In dieser Funktion übernahm er qua Amt auch den Vorsitz der Kurhausgenossenschaft. Unklar ist, ob die Niederlegung der Ämter von Jacobi und Henseler als Opposition zu den Nazis zu verstehen war. Jedenfalls traten beide später gemeinsam mit Naas auf. Jacobi übernahm 1939 von Bürgermeister Naas, der einsehen musste, dass er sich zu viele Aufgaben aufbürdete, den Vorsitz des Verkehrs- und Verschönerungsvereins und Sparkassendirektor Henseler trat an der Seite von Naas 1938 bei der Eröffnung des Neubaus der Kurhauslichtspiele auf. Bei der Wiederbelebung des Kurhauses und der Entwicklung Hennefs zum Kurort spielte der Kneippverein keine Rolle mehr. Bürgermeister Naas benutzte hierfür die Kurhausgenossenschaft und den Verkehrs- und Verschönerungsverein. In beiden Organisationen war er Vorsitzender.

Johann Strawe hielt sich vermutlich nicht nur aus Altersgründen zurück. Sein Enkel Hans Strawe erinnert sich, dass in der Familie über Spannungen mit den Vertretern des NS-Regimes gesprochen wurde. Die Versetzung der Lehrerin Maria Strawe sei erst unter den Nazis vollzogen worden, nachdem es zu Differenzen mit Nazis gekommen sein soll. In einem Brief vom 17.11.1936 fragt Maria Strawe bei ihrem Bruder Heinrich an, was mit den Gauleitern später geschehen werde. Der Hintergrund dieser Frage erschließt sich nicht.

Pfarrer Kneipps Gesundheits- und Naturlehre basierte auf sinnlichen, sensorischen Erfahrungen durch kalte Wassergüsse, Barfußlaufen auf nassen Gras, Wickel, Verwendung nicht immer wohlschmeckender Heilkräuter, Leinenwäsche und einer einfachen Lebensweise. Gefordert war die Überwindung der zunächst sensorisch unangenehmen Körperreize zur Erreichung eines höheren Ziels, der Stärkung des Immunsystems und des körperlichen Wohlbefindens, Verweichlichung galt es zu vermeiden. Von den Nationalsozialisten wurden Kneipps Ideale für ihre Ideologie missbraucht. Das Ertragen unangenehmer Reize wie den Kaltwasseranwendungen wurde in der Ideologie der Nazis zur erstrebenswerten Willensanstrengung erklärt. Abhärtung durch Überwindung und Aushalten gipfelte schließlich in Hitlers Parolen an den neuen deutschen jungen Menschentyp. Vor 50.000 Hitlerjungen forderte er 1935 von ihnen, dass sie *„Flink wie Windhunde, zäh wie Leder, hart wie Kruppstahl“ sein müssten*[83], unterstützt von Leni Riefenstahls Propagandafilm „Triumpf des Willens“. Für Hitler ging es dabei nicht um Gesundheitsförderung, sondern um furchtlose Soldaten, die bis zur Selbstaufgabe zu kämpfen bereit wären.

Strawes Beerdigung

Die Spannungen zwischen Nazibürgermeister Heinz Naas und Johann Strawe belasteten auch Strawes Tod. Am 16. Oktober 1938, wenige Tage vor seinem 87. Geburtstag, starb Johann Strawe. *„Unter großem Geleit trug man gestern Morgen hier den verstorbenen Bahnhofsvorsteher a. D. Johann Strawe … zu Grabe.“*[84] Im Gegensatz zur Anteilnahme der Bevölkerung konnte sich Naas im Angesichts des Todes weder als Bürgermeister noch als Vorsitzender der Kurhausgenossenschaft zur Anteilnahme und Würdigung Strawes Leistung für Hennef über Jahrzehnte hinweg überwinden. Lediglich zu Beginn einer Sitzung des VVV Ende

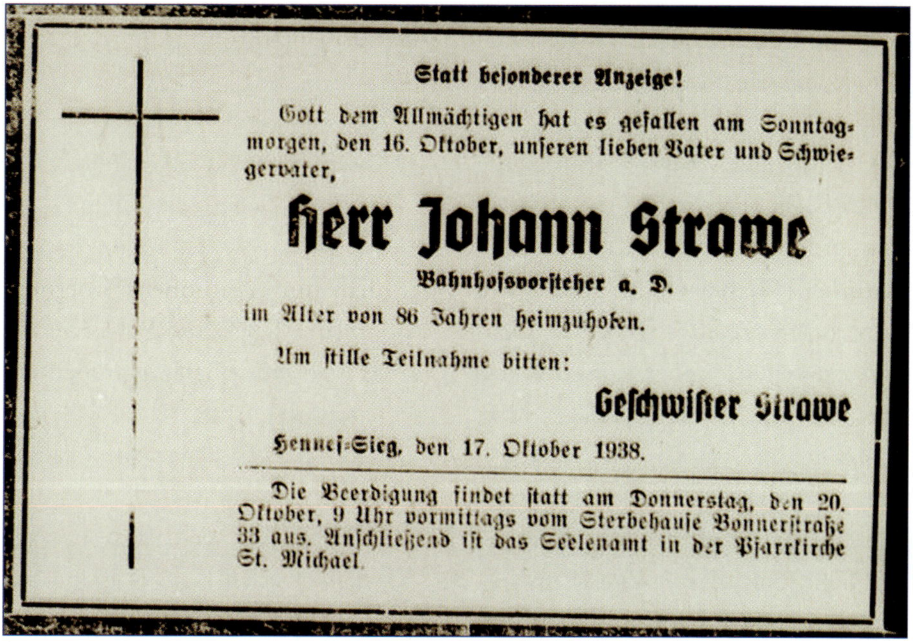

Statt besonderer Anzeige!

Gott dem Allmächtigen hat es gefallen am Sonntagmorgen, den 16. Oktober, unseren lieben Vater und Schwiegervater,

Herr Johann Strawe

Bahnhofsvorsteher a. D.

im Alter von 86 Jahren heimzuholen.

Um stille Teilnahme bitten:

Geschwister Strawe

Hennef-Sieg, den 17. Oktober 1938.

Die Beerdigung findet statt am Donnerstag, den 20. Oktober, 9 Uhr vormittags vom Sterbehause Bonnerstraße 33 aus. Anschließend ist das Seelenamt in der Pfarrkirche St. Michael.

Todesanzeige für Johann Strawe vom 17.10.1938.

Oktober musste Naas zulassen, dass man *„des ehemaligen Bahnhofsvorstehers Johann Strawe, dem das Verdienst zukommt, Begründer der Kneippbewegung in Hennef gewesen zu sein"*[85] gedachte. Kein Wort zur Gründung der zahlreichen Kneippvereine oder seines Einsatzes zwei Mal das Kurhaus Sebastian Kneipp gegen heftige Widerstände nach Hennef geholt zu haben und damit Hennefs Aufstieg zum Kneippkurort ermöglicht zu haben. Mit anerkennenden Worten meldete sich der in der Versenkung verschwundene Kneippverein Hennef: *„Sein Leben war getragen von wahrer Nächstenliebe und Hilfsbereitschaft. Weit über die Grenzen seiner engeren Heimat hinaus war er führend in der Kneippbewegung, deren Aufschwung das Ziel seines Lebens war. Für seine Heimatgemeinde hat er viel getan. Aller Schwierigkeiten und Anfeindungen zum Trotz, hat er sich dafür eingesetzt, daß Hennef der Kneippkurort für Westdeutschland wurde."*[86]

In Geistingen erinnert seit den 1970er Jahren der etwa 200 Meter lange Johann-Strawe-Weg an Strawes Bedeutung für die Entwicklung Hennefs. Bereits im September 1935 wurden im Zuge der Zusammenlegung von Geistigen und Warth zur Gemeinde Hennef/Sieg neue Straßenbezeichnungen vergeben: Kneippweg, Kurhaus- und Kurparkstraße.[87] Ab 1. Januar 1985 wurde der Kurbetrieb in Hennef eingestellt. Der Kneippverein Hennef hat zurzeit circa 90 Mitglieder. Schwierig ist es junge Menschen von seinen Angeboten zu überzeugen und zur Mitwirkung zu gewinnen.

Anmerkungen

1 Der folgende Abschnitt basiert auf dem Buch: Baumgarten, Alfred: Sebastian Kneipp 1821 – 1897. Biographische Studie. Berlin 1898. – Download des Buches zu finden auf der Seite https://www.ottobeuren-macht-geschichte.de/items/show/612 - abgerufen im Dezember 2023.

2 Die folgenden Angaben beziehen sich auf Dokumente im Familienarchiv Strawe, das vom Enkel Hans Strawe dem Stadtarchiv Hennef übergeben wurde. Dort wird es zurzeit geordnet und verzeichnet. – Ich danke Hans Strawe für die Einsicht in die Unterlagen und die vielen mündlichen Überlieferungen zum Lebensweg seines Großvaters und der Familie.

3 Rhein- und Ruhrzeitung Nr. 276, 24.11.1883. ULB Bonn / 1883 [1460 (zeitpunkt.nrw) Dieser und folgende Zeitungsberichte wurden digital auf den Portalen https://zeitpunkt.nrw

und Deutsches Zeitungsportal - Deutsche Digitale Bibliothek (deutsche-digitale-bibliothek.de) gelesen.

4 Duisburger Tage-Blatt, Nr. 76, 2. Jg, 26.11.1883. ULB Bonn / 2 (1883) (zeitpunkt.nrw)

5 Märkischer Sprecher/Bochumer Zeitung 7.9.1892.

6 Dortmunder Zeitung/Dortmunder Anzeiger Nr. 350, 65. Jg., 20.12.1892. Im Adressbuch von Dortmund 1894 ist Johann Strawe unter Dortmunderfeld 1 gemeldet.

7 Die Reise des hochw. Pfarrers Kneipp nach Hundersingen zur Primizfeier daselbst am 15. August. In: Kneipp-Blätter – Zeitschrift für arzneilose Heilmethode und naturgemäße Lebensweise. 2. Jg. 1892, Donauwörth. S. 296 – 297.

8 Kneippverein Dortmund (Hrsg.): Festschrift 100 Jahre Kneipp-Verein Dortmund 1893 – 1993, S. 21.

9 General-Anzeiger für Dortmund und die Provinz Westfalen 23.1.1894 (Anzeige und „Eingesandt")

10 General-Anzeiger für Dortmund und die Provinz Westfalen, 8.4.1894.

11 Hennefer Zeitung, 5.9.1893.

12 Dortmunder Zeitung/Dortmunder Anzeiger, 8.4.1894.

13 Dr. Bergmann stand Kneipp besonders nahe, da er ihn im Mai 1897, kurz vor seinem Tod um seinen Besuch am Krankenbett bat: „Am 8. und 9. Mai [1897 ...] wurde Herr Dr. Bergmann auf das Verlangen Kneipps zuerst brieflich und dann telegraphisch ersucht, Msgr. Kneipp zu besuchen, da er ihn nochmals sprechen wollte. Dr. Bergmann kam, trotz des sehr weiten Weges sofort dem Wunsch des Verstorbenen nach." S. 183; „Der Abschied von Herrn Dr. Bergmann, den Kneipp immer sehr geschätzt hat, that ihm sehr weh, und es machte mir den Eindruck, als ob er fühlte, dass dieser Abschied ein definitiver sei." S. 198. In: Baumgarten, Alfred: Sebastian Kneipp – Biographische Studie. Berlin 1898, S.

100. Baumgarten-1898-Kneipp.pdf – abgerufen am 16.11.2023.

14 Dortmunder Zeitung Nr. 208, 67. Jg., 31.Juli 1894.

15 Kneipp-Verein Dortmund (Hrsg.): Festschrift 100 Jahre Kneipp-Verein Dortmund 1893 – 1993, S. 21.

16 Ebd. S. 21.

17 Familienarchiv Strawe: Mitschrift des Vortrags von Pfarrer Sebastian Kneipp am 3. 10.1893 im Kneippverein Dortmund, S. 82.

18 Dortmunder Zeitung/ Dortmunder Anzeiger Nr. 348, 19.12.1894.

19 Familienarchiv Strawe: Schreiben des Königlichen Eisenbahn-Betriebsamtes Essen vom 24.9.1883 und 28.4.1885.

20 Dortmunder Zeitung/ Dortmunder Anzeiger, Nr. 333, 4.12.1894.

21 Baumgarten, Alfred: Sebastian Kneipp – Biographische Studie. Berlin 1898, S. 150. Baumgarten-1898-Kneipp.pdf – abgerufen am 16.11.2023.

22 Wiesbadener Tageblatt 10.4.1900. https://hlbrm.digitale-sammlungen.hebis.de/zeitungen-hlbrm/nav/index/all

23 Angekündigt per Anzeige im Rheinischen Volksblatt am 10.11.1917 und im Wiesbadener Tageblatt am 11.11.1917 https://hlbrm.digitale-sammlungen.hebis.de/zeitungen-hlbrm/nav/index/all

24 Wiesbadener General-Anzeiger 2.5.1901. https://hlbrm.digitale-sammlungen.hebis.de/zeitungen-hlbrm/nav/index/all

25 Thomas Feldmann, Betreiber der Website westbahn.de erläuterte dazu: Stationsblock (auf Bahnhöfen) und Streckenblock sind Sicherheitseinrichtungen, die Abhängigkeiten zwischen Weichen und Signalen herstellen, abgeleitet von englisch "to block" - nicht von Block = Klotz.

26 Eine Anekdote erzählt, dass der Bahnhof ursprünglich in Geistingen gebaut werden sollte. Doch die Bauern hatten Angst, dass das qualmende, stinkende und rasende Ungetüm den Tie-

ren schaden würde.

27 Das Hotel-Restaurant Walterscheid, später Kaiserhof, stürzte am 21. Juni 1992 nach einem Hochwasser in den Hanfbach und wurde vollständig abgerissen. Vgl. hierzu: Hühnermann, Ralph: Vor 30 Jahren: 20. Juni 1992 Hanfbachhochwasser – Einsturz der Traditionsgaststätte Kaiserhof. In: Beiträge zur Geschichte der Stadt Hennef, Neue Folge Band 16. 2022.

28 Hennefer Zeitung, 14.9.1893, Stadtarchiv Hennef – digital: www.da.stadt-hennef.de.

29 Die medizinische Topographie von Dr. Anton Lohmann. Der Siegkreis um 1825. Bearbeitet von Gert Fischer, Karl Schröder und Herbert Spicker. In: Quellen zur Geschichte des Rhein-Sieg-Kreises. Hg. von Heinrich Linn. Band 14. Archiv des Rhein-Sieg-Kreises, Siegburg 1997, S. 121.

30 „Kneipp im Urteil seiner Zeitgenossen“ Kneipp-Blätter, 40. Jg. Nr. 2, Februar 1930, S, 46 – 47.

31 Baumgarten, Alfred: Sebastian Kneipp – Biographische Studie. Berlin 1898, S. 100. Baumgarten-1898-Kneipp.pdf – gelesen 16.11.2023.

32 Sieg-Bote, 31.1.1905.

33 Hennefer Volks-Zeitung (HVZ), 27.8.1909.

34 Brief an Herrn Doktor Becker, ohne Datum (vermutlich Mai 1909). Familienarchiv Strawe.

35 Karte mit Prägung REICHSTAG von Dr. Carl Becker, Cöln-Breunsfeld 2.11.1910 an Strawe, vermutlich im Kuvert versandt. Familienarchiv Strawe.

36 Erst 1939 wurde durch die Nationalsozialistische Regierung mit dem Gesetz über die berufsmäßige Ausübung der Heilkunde ohne Bestallung – Heilpraktikergesetz – die Kurierfreiheit durch Laien abgeschafft.

37 Sieg-Bote, 13.8.1904.

38 Kölner Lokal Anzeiger, 2.8.1906.

39 In diesem Absatz steht die Person Strawe im Vordergrund und weniger die Geschichte des Kurhauses. Zur Historie des Kur-

hauses siehe Balensiefen Friedrich/Fischer, Helmut: Hennefer Zeitung/Hennefer Volks-Zeitung – Politik und Wirtschaft, Kultur und Alltag in einem Lokalblatt. Erster Teil 1891 – 1914. In: Beiträge zur Geschichte der Gemeinde Hennef-Sieg. Band 7, 1979. S. 201 ff.; Oppermann Johannes: Die Geschichte des Hennefer Kurparks. In: Beiträge zur Geschichte der Stadt Hennef. Neue Folge, Band 3, 2009.

40 Der Grengel war in alten Zeiten ein Schlagbaum an der Bonner Straße, an dem für die Straßenbenutzung Zoll erhoben wurde. Er befand sich etwa in Höhe der Evangelischen Kirche.

41 Sieg-Bote, 6.7.1909, General-Anzeiger für Bonn und Umgegend, 22.7.1909.

42 HVZ, 16.11.1909.

43 General-Anzeiger für Bonn und Umgegend, 6.10.1909 und HVZ, 5.10.1909.

44 HVZ, 11.11.1909.

45 Schreiben von Bürgermeister Ungermann vom 6.7.1909 an die Kommission für die Errichtung eines Kneipp-Kurortes in Nord-Westdeutschland, z. Hd. des H. Marnach in Essen-Ruhr. StAH Kurhaus, Kneippverein, Kurpark.

46 Brief: Verwaltung des Rittergutes Allner b. Hennef, Schloss Allner, den 9. August 1909, Familienarchiv Strawe.

47 HVZ, 22.12.1910.

48 Vgl. auch Knauer, Elisabeth: Der Erweiterungsbau für das Hennefer Kurhaus 1938/39.

49 Schreiben des Herrn H. Zeitschner an Strawe, Münch. Gladbach 15.12.1910 und „Erläuterungen zu den Projecten vom 28./29. Dez. 1910", datiert 30. Dez. 1910, beides Familienarchiv Strawe.

50 HVZ 11.2.1911.

51 Schreiben von Albert Hilscher, Vorsitzender des Kneippvereins Elberfeld, 27. Juni 1912 an den Vorstand des Kneipp-Verein, z. Hd. Des Vorsitzenden Herrn Bahnhofvorsteher Strawe, Familienarchiv Strawe.

52 HVZ, 31.12.1911.

53 HVZ, 31.3.1912.

54 Die folgenden Inhalte und Zitate basieren auf Dokumenten des Rheinland-Pfälzischen Landeshauptarchivs Koblenz, Best. 403: Oberpräsident der Rheinprovinz Nr. 11071 Serie R., Medizinalverwaltung.

55 Offenbar hatte auch der Hennefer Arzt Dr. Honsberg Ambitionen, sich der Kneippbewegung zuzuwenden. Frau Strawe schrieb in einem Brief an ihre Tochter Maria am 3.3.1910 (!) im Zusammenhang mit der schwierigen Finanzierung der Kuranstalt: „Herr Dr. Honsberg will ein großes Sanatorium in Hennef bauen. Ich wünsche ihm viel Glück."

56 Der evangelische Pastor Emanuel Felke praktizierte bis 1914 in Repelen bei Moers nach seiner Naturheilmethode, zu der die Irisdiagnose gehörte. Wie Pfarrer Kneipp gehörte er aus Sicht vieler Ärzte zu den Kurpfuschern.

57 Sieg-Bote, 25.9.1913.

58 Zeitungsbericht vom 28.9.1913. Ausschnitt einer nicht erkennbaren Zeitung im Familienarchiv Strawe.

59 HVZ, 5.10.1913.

60 Gesuch des Bahnhofvorstehers Strawe z. Zt. Hennef um Unterstützung vom 29.5.1914. Familienarchiv Strawe.

61 Schreiben des Präsidenten Lorenz Reuleaux der Königlichen Eisenbahn-Direktion Frankfurt, 2. Juli 1914.

62 Sieg-Bote 26.2.1914.

63 Josefs Erbteil wurde von den Eltern wie der seiner Geschwister Maria, Heinrich, Wilhelmina und Johann auf den gesetzlichen Pflichtteil beschränkt, „da sie aus den Kosten der Unterhaltung und Ausbildung bereits ihren Anteil erhalten haben". Familienarchiv Strawe: Testament der Eltern mit Nachtrag vom 24.2.1922.

64 Familienarchiv Strawe: Brief von Vincenz an seine Schwester Wilhelmina vom 8.8.1916.

65 Familienarchiv Strawe: Brief von Maria an Heinrich, 15.5.1932.

66 Familienarchiv Strawe: Brief von Maria an Heinrich, 15.5.1932.

67 Familienarchiv Strawe: Brief von Maria an ihren Bruder Heinrich, Gengenbach, 20.8.1933.

68 Schriftliche Mitteilung des Enkels Christoph Strawe, sowie mündlich von Hans Strawe. Rosenberg vertrat in seinem Buch „Der Mythus des 20. Jahrhunderts" die Überzeugung, dass lediglich das nordische Volk, die nordische Rasse, in allen Bereichen, egal ob Kultur, Politik, Technik oder Kunst Kultur erschaffe, wodurch sie anderen Rassen überlegen sei.

69 Familienarchiv Strawe: Brief von Maria an ihren Bruder Heinrich, Gengenbach, 20.8.1933.

70 Familienarchiv Strawe: Testament der Eltern mit Nachtrag vom 24.2.1922. Da Wilhelmine wie andere Geschwister eine Ausbildung bekam, sollte sie nur den gesetzlichen Pflichtteil im Erbfall erhalten. Briefe der Mutter an Maria vom 2.2. und 3.3.1910.

71 Todesanzeige vom 5.10.1929, HVZ 5.10.2929.

72 Zeugnisabschrift: Familienarchiv Strawe.

73 Archiv des Rhein-Sieg-Kreises LSK-2273: Sonderakte betreffend Gemeindegebäude, Licht u. Wasserversorgung und sonstige Einrichtungen in der Bürgermeisterei Hennef. Band I 1910 – 1938. Fach 137 Nr. 6 Landratsamt Siegburg 2273.

74 Postkarte, vermutlich im Kuvert versandt, vom 11.3.1926. Familienarchiv Strawe.

75 HVZ, 1.7.1933.

76 HVZ, 18.5.1933.

77 HVZ, 7.9.1933.

78 Landesarchiv NRW, Abtl. Rheinland: Gerichte, Rep. 217 Nr. 39 Kneippverein. 1953 wurde der Kneippverein Hennef gelöscht, da er nur noch zwei Mitglieder hatte, Peter Baldus und den Kaufmann Johann Faßbender.

79 General-Anzeiger 2.5.1933

80 Kraft, Karin; Stange Rainer (Hg.): Lehrbuch Naturheilverfahren. Stuttgart 2010. S. 93.

81 HVZ 6.6.1933.

82 Dr. Rudolf Massion Bürgermeister des Amtes Hennef

1929 – 1933. In: Beiträge zur Geschichte der Stadt Hennef. Neue Folge Band 11, 2017. S. 55 – 84.

83 Rede von Adolf Hitler an die Hitlerjugend auf dem Reichsparteitag in Nürnberg am 14.5.1935.

84 General-Anzeiger Bonn, 21.10.1938.

85 HVZ, 31.10.1938.

86 HVZ, 19.10.1938.

87 HVZ, 25.9.1935.

Abbildungsverzeichnis

Familienarchiv Strawe:
Seite 20, 23, 30, 33, 37, 44, 46, 54, 63, 64, 68 und 71

Stadtarchiv Hennef:
Repro aller anderen Abbildungen

Elisabeth Knauer

Der Erweiterungsbau für das Hennefer Kurhaus von 1938/39

Dieser Aufsatz über den Erweiterungsbau des Hennefer Kurhauses von 1938/39 verfolgt eine konkrete Fragestellung. Er versucht nachzuweisen, inwieweit seine architektonische Gestaltung und seine Nutzung von den sich ändernden politischen Rahmenbedingungen beeinflusst worden sind.

Die Bezeichnung Kurhaus ist ein Sammelbegriff für eine spezifische Bauaufgabe innerhalb der Kurarchitektur von Heilbädern. Entwickelt hat sich das Kurhaus aus den fürstlichen Badehäusern des Barocks. Ihre Blütezeit erlebte die Kurhausarchitektur in den Gesellschaftsbädern des 19. Jahrhunderts, in denen die Kurhäuser oftmals die repräsentativsten Gebäude waren.

Von seiner Funktion her ist das Kurhaus ein Mehrzweckgebäude mit einem Raumprogramm, das neben den Badeanlagen auch Foyers, Trinkhallen, Ballsäle, Spielcasinos und eine Gastronomie umfasste. Die gemeinsame Funktion der Kurhäuser führte nicht zur Entwicklung eines gemeinsamen Gebäudetyps. Die unterschiedlichen Anwendungsformen der Badekuren forderten unterschiedliche architektonische Lösungen.

Das von Sebastian Kneipp entwickelte Naturheilverfahren der Kneippkur mit seinem ganzheitlichen Ansatz fand seit Mitte des 19. Jahrhunderts wachsenden Zulauf. Als Folge von Industrialisierung und Urbanisierung war ein neues Gesundheitsbewusstsein entstanden, das Heilungssuche mit Badekuren verband. Kneippkurorte fanden europaweite Verbreitung und wurden von unterschiedlichen Bevölkerungsschichten besucht. Im Dritten Reich nahm das rassentheoretisch grundierte Gesundheitswesen eine Schlüsselstellung in der Sozialpolitik ein. Im Mittelpunkt der nationalsozialistischen Gesundheitspolitik stand das Konzept einer „Gesundheitsführung" als Voraussetzung für eine leistungsstarke, arbeitsfähige „Volksgemeinschaft".[1] Um die erwünschte „Wehrertüchtigung" zu garantieren, folgte daraus für jeden einzelnen eine Verpflichtung zur Gesundheit, zu der auch präventive Behandlungen gehörten. Zur Erfassung und Kontrolle des Gesundheitszustandes der Gesamtbevölkerung wurde eine neue „Gesundheitsverwaltung“ geschaffen, in der auch das Bäderwesen seine spezifischen Aufgaben hatte. Insbesondere die kostengünstigen, für viele zugänglichen Kneippkuren mit ihrem Ziel der prophylaktischen „Gesundheitspflege“- sprich der körperlichen Abhärtung - hat das Regime für sich vereinnahmt. Dass die ganzheitliche Therapie des bayrischen Pfarrers dabei einseitig interpretiert und mit „Leibeszucht“ und „Wehrhaftmachung des deutschen Volkes“ in den Dienst eines rassistisch geprägten Körperkultes gestellt wurde, blendete man aus.

Da in Deutschland ein weit entwickeltes Bäderwesen vorhanden war, sind Beispiele für eine nationalsozialistische Kurarchitektur selten. Meistens sind es Erweiterungsbauten für vorhandene Kuranlagen. So kann von einer spezifisch nationalsozialsozialistischen Kurhausarchitektur nicht gesprochen werden. Die wenigen im Dritten Reich errichteten Bauten sind architektonische Einzellösungen.

1908 wurde Hennef-Geistingen unter fünfzig Bewerbern als Standort für einen neuen Kneippkurort in Nordwestdeutschland ausgewählt. 1912 konnte das alte Hennefer Kurhaus eröffnet werden.[2] Träger und Bauherr war eine Kurhausgenossenschaft. Im ersten Weltkrieg wurde das Kurhaus geschlossen und in der Nachkriegszeit - zuerst bei reduziertem Kurbetrieb - wieder eröffnet. Nach wechselhaftem Geschäftserfolg führte eine steigende Anzahl auswärtiger Kurgäste 1927 erstmalig zur Planung eines Erweiterungsbaus, der wegen der Weltwirtschaftskrise jedoch nicht ausgeführt wurde.

Der Bauherr

Bauherr des Erweiterungsbaus von 1938/39 war Wilhelm Klaas, ein Kölner Wirt und Kaufmann, der am Eigelstein die Abendgaststätte St. Pauli besaß. Er hat die Kuranlagen im August 1937 für 72.000 Reichsmark von der Gemeinde gekauft. Der Kaufvertrag legte fest, dass Klaas das Kurhaus als Kneippkurhaus weiterführen und auf eine Kapazität von mindestens

50 Kurgästen erweitern musste.[3] Leider enthalten die vorhandenen Akten keinen Hinweis darauf, wie ein Kölner Kneipenwirt vom Eigelstein dazu kam, das Kurhaus in Hennef zu kaufen.

Der Bauplatz

Der Bauplatz des Erweiterungsbaus liegt in Geistingen, das durch den Neubau als Hennefer Kurviertel und Touristenziel aufgewertet werden sollte. Seine konkrete Lage auf dem zur Verfügung stehenden Grundstück war durch das vorhandene Kurhaus von 1912 vorgegeben und im Kaufvertrag festgelegt. Der Straßenverlauf und die Grenzen des Kurparks erlaubten nur einen westlichen Anbau in Fortsetzung der alten Achse.

Die Baugeschichte

Die Planzeichnungen für das alte Hennefer Kurhaus verdanken wir dem Architekten Otto Karl Hollweg aus Rheydt, den die Kurhausgenossenschaft 1911 mit der Planung beauftragt hatte. Sein Entwurf zeigt einen gesetzten Bau, der den regionalen Heimatstil mit klassizistischen Elementen und dem Jugendstil entlehnter Ornamentik anreichert.[4]

Das alte Kurhaus ist ein achsensymmetrischer Bau mit konvex gerundetem Mittelrisalit, identisch nach hinten umknickenden Seiteflügeln und separaten Dächern für jeden Gebäudeteil. An dieser Baukörpergliederung wird sich der Erweiterungsbau in seiner Grundstruktur formal orientieren. Auch die Idee einer funktionsbezogenen Bauzier, die sich in ihrer Thematik auf die Kneippkuren bezieht, wird im Erweiterungsbau wieder aufgenommen werden.[5]

Nachdem die Kuranlagen 1937 in private Hände übergegangen waren und weil man sich zudem von dem neuen Regime eine positive Geschäftsentwicklung versprach, wurden zügig neue Pläne für einen Erweiterungsbau entwickelt. Noch im selben Jahr beauftragte der neue Besitzer den Kölner Architekten Kurt Friedrich Philippson mit dem Entwurf eines Logierhauses.[6] Im November 1937 lag ein Vorentwurf

Das Kurhaus, 2024.

vor, der den Erweiterungsbau und einen Verbindungstrakt zum alten Kurhaus umfasst. [7]

Dieser schlichte Vorentwurf strebte eine harmonisch proportionierte Gesamtanlage an, die sich maßstäblich und proportional an dem alten Kurhaus orientiert, (in den Dimensionen aber knapp unter dem Altbau bleibt). Ein zweigeschossiger, sattelgedeckter Verbindungsgang, der die Firsthöhe der Seitenflügel des alten Kurhauses aufnimmt, sowie ein durchgehendes Traufgesims schließen die beiden Häuser zu einer architektonischen Einheit zusammen. Unter einem hohen Walmdach wird die achsensymmetrische Fassade des neuen Westflügels durch einen dreiachsigen Mittelrisalit mit betonter waagerechter Attika in drei Teile gegliedert. Das Traufgesims leicht überragend, schneidet sein flaches Dach in das durchgehende Walmdach ein. Dem Mittelrisalit sind beidseitig dreiachsige Flügel zugeordnet. Der ganze Bau ist hell verputzt und steht auf einem

Werksteinsockel.[8] Für die gesamte Fassade war nur eine Fensterform vorgesehen. Der ins Opulente veränderte, am 21.11.1938 genehmigte Ausführungsentwurf lag im August 1938 vor.[9]

Um die Bauarbeiten nicht unnötig zu verzögern, setzte sich der Hennefer Bürgermeister Heinz Naas beim Landrat mehrfach für Zahlungserleichterungen ein. Mit dem Argument, dass durch die Baugestaltung und Erweiterung des Kurhauses dem Eigentümer enorme Kosten entstanden seien und das Kurhaus gleichzeitig der Hebung des Fremdenverkehrs diene und deshalb die Gemeinde größtes Interesse an der Fertigstellung des Logierhauses habe, bat er um Stundung der Ratenzahlungen.[10]

Ein weiterer Faktor zur Verlängerung der Bauzeit war der 1938 in Deutschland vorhersehbare Kampf des Bauherrn um die Baumaterialien Zement und Eisen. Da diese Baustoffe aufgrund der angelaufenen Kriegswirtschaft kontingentiert waren, musste ihr Verbrauch nachgewiesen, begründet und genehmigt werden. Beim Hennefer Erweiterungsbau betraf das Problem den Speisesaal. Für dessen Decke brauchte Wilhelm Klaas 250 Sack Zement, die auf dem Markt nicht zu kaufen waren. In einem deutlich formulierten Brief wandte sich Klaas deshalb am 5. 10.1938 mit dem Problem an den Bürgermeister: *„Du musst unbedingt sorgen, dass ich Zement kriege. (...) Du bist schuld, dass ich den Speisesaal baue, nun sorge auch dafür, dass ich den Zement kriege. Heil Hitler Dein Willi Klaas“.*[11] In einem Schreiben an den Bauherrn vom 17.10.1938 griff auch der Architekt das Problem auf und forderte neben einer Zementlieferung eine Sondergenehmigung für die Verwendung von Betoneisen aus Stahl. Mit der Begründung, das Gebäude auch für den Luftschutz und als Lazarett nutzen zu können, wurde diese erteilt. Der Zement, der eigentlich für den Bau einer Viehverteilungsstelle reserviert gewesen war, wurde auf Anweisung des Bürgermeisters, der gleichzeitig auch Ortsgruppenleiters der NSDAP war, bei der Gemeinde „ausgeliehen“.[12]

Nachdem das Problem mit der Verfügbarkeit der Baustoffe geklärt

Luftaufnahme der gesamten Kuranlage, ca. 1992.

war, wurde zügig weitergebaut. Schon mit Beginn der Saison im März 1939 konnte der Erweiterungsbau in Betrieb genommen werden.

Das Raumprogramm

Da die für das Kneippkurprogramm nötigen Spezialräume wie Ärztezimmer, Wandelhalle oder der Badetrakt mit seinen Wannenbädern und Gießräumen alle schon in einem eingeschossigen Flachbau hinter dem alten Kurhaus vorhanden waren, konnte der Erweiterungsbau als reiner Bettentrakt geplant werden. Die kneippschen Freiluftanwendungen, darunter das legendäre Tautreten oder der Frühsport, fanden im allen Gästen zugänglichen Kurpark statt. [13] Mit seinen dreißig zusätzlichen Zimmern vergrößerte der Anbau die Kapazitäten des Kurhauses um mehr als das Dreifache. [14]

Auf Drängen des seit Juni 1933 amtierenden Bürgermeisters Heinz Naas, der seit Mai 1934 auch Vorsitzender des Hennefer Verkehrs- und Verschönerungsvereins war und sich persönlich für die touristische Erschließung von Hennef als Kneippkurort einsetzte, wurde das ursprünglich geplante Raumprogramm des Verbindungstraktes geändert.[15] Statt eines Verbindungsflures mit anschließenden Behandlungszimmern wurde dort eine große Küche eingerichtet und südlich daran anschließend auf der dort vorher geplanten Terrasse ein geräumiger, der gestiegenen Gästezahl entsprechender Speisesaal.[16] Das Flachdach von Speisesaal und Küche wurde als Dachterrasse ausgebaut, die auch für Liegekuren genutzt werden konnte. Leider bleibt die Funktion der auf dem flachen Dach geplanten, aber nicht realisierten Wohnung mit mehreren Schlafzimmern und Austritt auf die Terrasse, unklar.[17] In Analogie zu gleichzeitig geplanten Beherbergungsbauten könnte man auf eine komfortable Unterkunft für hochrangige Sondergäste schließen.[18]

Die auf drei Geschosse verteilten Gästezimmer des Erweiterungsbaus wurden über ein zentrales Treppenhaus und davon beidseitig abgehende Flure erschlossen. Alle Zimmer waren mit einem Handwaschbecken ausgestattet. Die besondere Qualität der Zimmer in den beiden Normalgeschossen jedoch lag in einer privaten Loggia. Mit 16,50qm Grundfläche waren die gleich großen Zimmer auch spürbar größer als die touristischen Standardzimmer in Prora mit nur 12,50qm.[19] Die Dachgeschosszimmer waren größer, hatten aber keine Loggia. Zum Raumprogramm gehörten ferner ausgebaute Luftschutzkeller sowie zwei Autostellplätze in einer Kellergarage am Westkopf des Gebäudes. Die Räume für die Gefolgschaftsmitglieder der Deutschen Arbeitsfront (Personal), für die in den Zusatzforderungen des Bauscheins ausdrücklich Angemessenheit verlangt wurde, lagen neben den Toiletten am Anfang und Ende Flure.

Die Architektonische Gestaltung

Der ausgeführte Entwurf vom August 1938 umfasst den westlichen Erweite-

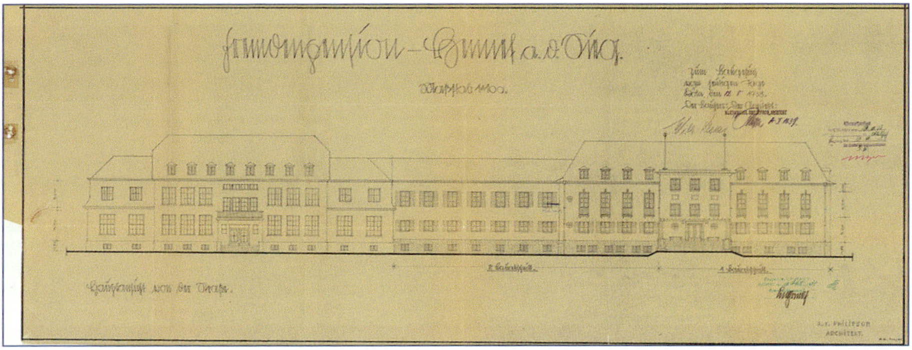

Ansicht des Erweiterungsbaus von Norden vom 12.8.1938.

rungsbau, den Verbindungstrakt und zusätzlich eine Überformung des alten Kurhauses.[20] Mittels einer durchgehenden Grundlinie, angeglichenen Firstlinien und durchgehendem Traufgesims entsteht ein proportional ausgewogener, 25 Fensterachsen zählender monumentalisierter Gesamt-

Der Erweiterungsbau von der Straßenseite aus gesehen.

komplex, der eine architektonische Ideallösung für die Hennefer Kurarchitektur darstellte, vom Bauherrn aber zu keiner Zeit für eine Realisierung ernsthaft in Erwägung gezogen wurde. [21]

Die Baukörpergliederung des Ausführungsentwurfs orientiert sich an den Vorgaben des Vorentwurfs. Die durch einen Mittelrisalit betonte Dreiteiligkeit der Fassadengliederung wird übernommen, aber mittels einer erhöhten Anzahl und Formenvarianz der Fenster deutlich opulenter ausgebildet . Der gesamte Bau ist wie beim Vorentwurf auf einen Bruchsteinsockel gehoben, der wegen der Hanglage auf der Parkseite Geschosshöhe erreicht. Zur Betonung der Mittelachse ist dem Sockel vor dem Risalit eine von Wangen gerahmte Freitreppe vorgelagert.

Der über das Traufgesims hinausreichende, flachgedeckte Mittelrisalit

Mittelrisalit.

behält seine drei Achsen. Diese werden aber variationsreicher gestaltet. Die zentrale zweiflügelige Mitteltür bekommt einen massiven wulstigen Rahmen aus Betonwerkstein und wird von zwei lehnenlosen Sitzbänken und zwei Rundfenstern flankiert. Die sechs darüber liegenden knapp hochrechteckigen Fenster der beiden Obergeschosse werden in jeder Achse durch Putzspiegel getrennt. In der baulichen Ausführung wurden diese durch aus Betonwerkstein gegossene, bildhauerisch nachgearbeitete Köpfe gefüllt, die allegorisch auf die Hauptelemente des Kneippkurprogramms wie Freiluftbäder, Wasseranwendungen und Sonnenbäder verweisen. Ein männlicher Kopf mit geblähten Backen stellt den Wind dar, ein weiblicher Kopf mit gelocktem langem, nassem Haar eine Wassernixe, ein Frauenkopf mit (Strahlen-)Krone die Sonne. Die auf den Ecken des dachlosen Risalits angebrachten obligatorischen Fahnenstangen mit Hakenkreuzen an den Spitzen verorteten den Bau in der nationalsozialistischen Gegenwart. Die Seitenflü-

Allegorische Darstellung des Windes.

gel des Erweiterungsbaus bekamen für die Ausführung eine zusätzliche vierte Achse und eine Differenzierung der Fenster nach Geschossen. Über den Kellerfenstern im Bruchsteinsockel liegen Fenster mit regionalistischen Klappläden, darüber folgen schmale, doppelt so hohe französische Fenster mit Außengeländer vor dem Austritt sowie dekorativen Schlusssteinen und Steinkonsolen unter den Fensterbänken. Den Abschluss der Fensterachsen bilden die verschieferten Gauben der Dachfenster. Alle Fenster wurden mit Platten aus scharriertem Betonwerkstein eingefasst. Zwei Rundfenster an der westlichen Stirnseite führen das Fenstermotiv des Risalits um die Ecke.

Die nach Süden liegende Parkseite des Erweiterungsbaus ermöglichte für alle Zimmer die hygienisch vorteilhafte Ausrichtung zur Sonne. Sie wird beherrscht durch die Loggien, ein Motiv, das aus der Sanatoriumsarchitektur bekannt ist. Aus diesem Grund erscheint die Südseite nicht wie die Straßenseite als geschlossene

Südseite des Erweiterungsbaus und Speisesaal, beschriebene, 1940 postalisch gelaufene Postkarte.

Wandfläche, sondern wie ein offenes, filigranes, gleichmäßig gegliedertes Raster. Doch hinter diesem Raster liegt auch hier eine Achsensymmetrie.[22] Die Dachfenster der Südseite sind zu einer durchgehenden, mittig platzierten Schleppgaube zusammengefasst. Eine freistehende Gaube auf jeder Seite akzentuiert noch einmal die Symmetrie.

Der nur vom Park auch sichtbare, an die Küche angebaute Speisesaal steht auf einem Podium aus Bruchsteinmauerwerk, welches das Sockelgeschoss des Bettenhauses weiterführt. Ein Austrittspodest und mehrere Stufen, die, wie vor der Eingangstür, von hochgemauerten Wangen zu einer Freitreppe zusammengefasst werden, führen auf das Parkniveau hinunter. Der eingeschossige Saal ist an seinen freien Seiten raumhoch durchfenstert . Zusammen mit der transparent wirkenden Loggiawand des Bettenhauses spricht der nachträglich in die Planung eingefügte eingeschossige, kubische Flachbau des Speisesaals stilistisch eine

Speisesaal von innen, Postkarte von 1940.

ganz andere architektonische Sprache als die Straßenfassade. Gleichmäßige Rasterstrukturen, transparente Glasflächen, die Verschleifung von Außen- und Innenraum, das Flachdach und der Verzicht auf jegliche Bauzier verweisen auf die funktionsbezogene Architektur der Moderne.

Die bauliche Gestaltung der Nordseite des Erweiterungsbaus wird auf mehreren Ebenen in den Dienst einer Inszenierung gestellt, die die Aufwertung der Straßenseite zur Schaufassade zur Folge hat. Als Inszenierung kann die Fassade schon deshalb bezeichnet werden, weil hinter den vielfältigen, aufwendigen Fensterformen nur Erschließungsräume liegen, die die formale Opulenz nicht über eine Funktion rechtfertigen. Bei der Baukörpergliederung werden klassische Gliederungssysteme der Palastarchitektur wie Achsensymmetrie, ein betontes Piano nobile oder die Dreiteilung durch einen hervorgehobenen Mittelrisalit verwendet, um an eine tradierte Architekturikonographie anzuschließen und dadurch eine Bedeutungssteigerung zu erreichen. Typisch für die nationalsozialistische Architektur ist die Dachlosigkeit des Risalits. Dieser aus der neoklassizistischen Architektur stammende Verzicht auf das Giebeldreieck wurde in der Repräsentationsarchitektur des Dritten Reiches häufig verwendet, um den Bauten die Anmutung massiver Schwere und ewiger Dauer zu verleihen.

Die strukturellen Analogien wurden durch direkte architektursprachliche Zitate angereichert, wie zum Beispiel die bodentiefen französischen Fenster mit ihren fingierten Schlusssteinen und Konsolen, die aus der Schlossarchitektur stammen und in identischer Form auch an der Fassade des Dienstgebäudes der Reichsleitung des Arbeitsdienstes in Berlin verwendet wurden.[23] Deutlichstes Schmuckelement ist die figürliche Bauplastik, die in der Architektur des Dritten Reiches eine wichtige, sinnstiftende Rolle spielte. Ein weiteres Mittel der Aufwertung ist eine bewusst eingesetzte Materialität. Die Naturstein imitierende Rahmung der Fenster aus Betonwerkstein betont die Laibungstiefe und suggeriert damit Solidität. Die handwerklich gearbeitete Steinrahmung

Sockelgeschoss des Erweiterungsbaus.

macht aus der Eingangstür ein Portal.[24] Das architektonische Motiv des Sockels, der zum Podium mutieren kann, erhält durch sein Material eine zusätzliche Bedeutungsebene. Als regionaltypischer Stein evoziert die verwendete bruchraue Grauwacke die ideologisch geforderte Bindung der Architektur an „Blut und Boden“. Teilweise wie ein Zyklopenmauerwerk verfugt, wirkt der Sockel besonders massiv und unverwüstlich.

Die Parkseite des Erweiterungsbaus dagegen ist architektonisch ganz auf die sanitäre Funktion des Gebäudes ausgerichtet und schließt damit an die Architektur der Moderne an. Den hygienischen Bedürfnissen nach Licht und Luft entsprechend, sind alle Gästezimmer durch große Fensterflächen und zweiflügelige Türen zum Park hin geöffnet. Die vorgeschalteten Loggien lassen Innen- und Außenraum fließend ineinander übergehen. Das Flachdach des Speisesaals wird durch ein Geländer zur Dachterrasse, die für Luft- und Sonnenbäder genutzt werden konnte.

Gästezimmer mit Loggia.

Mit dieser differenzierten und elaborierten architektonischen Gestaltung erweist sich der Erweiterungsbau des Hennefer Kurhauses als ein Zweiseitenhaus, das deutlich divergierenden Zwecken dienen konnte und diente.

Die Innenausstattung

Die bürgerlich gediegene und gleichzeitig funktionale Innenausstattung des Erweiterungsbaus entsprach in ihrem Nutzungskomfort gehobenem Durchschnitt. Die Stufen und Podeste der Haupttreppe wurden in Terrazzo ausgeführt. Die Böden der Flure bekamen einen Belag aus Steinholzplatten. Für die Zimmerböden war Linoleum vorgesehen. Eine Zentralheizung sorgte für ein angenehmes Raumklima. Sowohl die Gästezimmer als auch der Speisesaal wurden mit bodenlangen Vorhängen ausgestattet. Zwölfstrahlige, geschmiedete Kronleuchter mit gläsernen Lampenschirmen sorg-

Aufenthaltsraum für die Piloten.

ten im Speisesaal für eine stilvolle Beleuchtung. Der private Liegestuhl in der Loggia wurde von den Kurgästen sicher als kleiner Luxus empfunden. Die konservative, hölzerne Möblierung des Speisesaals mit seinen quadratischen, diagonal angeordneten Vierertischen entsprach einer gediegenen Fremdenpension. Die Clubecke für die Flieger (s. u.) mit ihren schweren Polstersesseln, Stehlampe und Zimmerpalme strahlte deutsche Gemütlichkeit aus.

Der Architekt

Kurt Friedrich Philippson 1899 – 1970 war ein Kölner Architekt. Er entstammte einer ehemals wohlhabenden Familie. Ein Bankrott in der väterlichen Generation ließ trotz nachweislicher Begabung eine kostenpflichtige Ausbildung an weiterführenden (Hoch-) Schulen für das jüngste von vier Kindern nicht zu. Also näherte sich Kurt Philippson der Architektur von der praktischen Seite. Kurz nach Beginn des I. Weltkriegs begann er im Baubüro einer kriegswichtigen Sprengstofffabrik eine Lehre als Bauzeichner. 1919 bis 1922 setzte er seine Ausbildung an der Königlichen Baugewerkschule in seiner Heimatstadt Köln fort, die er mit einem Diplom abschloss. 1923 machte er sich selbständig und gründete zusammen mit einem Studienfreund ein „Atelier für Architektur, Innenarchitektur und Gutachten“ in Köln-Lindenthal. Über Verbindungen zu dem ehemals florierenden väterlichen Baustoffgroßhandel erhielt das Büro schnell Aufträge von wohlhabendem Bauherrn für stattliche Privatvillen. Schon 1927 hatte Philippson so erfolgreich gebaut, dass die Fachzeitschrift „Neue Baukunst. Zeitschrift für Architektur Raumkunst und verwandte Gebiete“ dem Büro einen Sonderdruck widmete. Das Vorwort schrieb Max Osborn, bis 1933 einer der wichtigsten Kunstkritiker der Weimarer Zeit.[25] In seinem Einleitungstext betonte Osborn die Fähigkeit der jungen Architekten, die „Grundvorstellungen der modernen Architektur“ in einem „Ausdruck von Massen, Flächen, Linien“ sichtbar zu machen und gleichzeitig mit „Züge(n) der Überlieferung“ zu verbinden.

Kurt Friedrich Philippson ca. 1940.

Philippsons wichtigster Bauauftrag zu Anfang seiner Laufbahn waren Mitte der 1920er Jahre die Bauten für den Westdeutschen Rundfunk in Köln und Langenberg . Für das wichtige neue Kommunikationsmedium entwarf Philippson für die Stadt Köln als Bauherrin das zentrale Rundfunkhaus in der nördlichen Altstadt und 1926 in Langenberg die Sendestation für den zweiten Sender in Deutschland. Das ursprünglich als Zunfthaus für die Schlosserinnung geplante und schon begonnene Haus an der Dagobertstraße passte Philippson geschickt der neuen Funktion und der Lage in dem historischen Stadtteil an und schaffte so einen mit Bauelementen aus verschiedenen Stilepochen aufgewerteten Ziegelbau. Durch Rundbögen im Erdgeschoss, in Werkstein gearbeitete, üppig dekorierte Pfeiler an den Fenstern im ersten Obergeschoss sowie einen darüber vorgehängten flachen Erker wurde der Bau seiner repräsentativen Bauaufgabe gerecht. Der das Haus oben abschließende Treppengiebel ordnete das Rundfunkhaus in die städtische Bebauung ein und stellte es gleichzeitig in die Bautradition wohl-

Kurt Friedrich Philippson, Westdeutsches Rundfunkhaus in Köln.

habender bürgerlicher Handelshäuser. Die Vorderfront des Senderhauses in Langenberg, deren „pilasterartig aufsteigende Mittelstreifen“ mit dem davor stehenden transparenten Eisengerüst des Senderturms korrespondieren, dagegen wirkt funktional schlicht . Nur das „betonte […] Hauptgesims“

Kurt Friedrich Philippson, Rheinland- und Westfalensender in Langenberg.

ist ein klassisches Architekturmotiv.[26] Über diese einmalige Bauaufgabe hinaus war Kurt Philippson bis zum Kriegsausbruch vor allem im Wohnungsbau tätig. Die in der Weimarer Zeit begonnenen Wohnungsbauprogramme konnten nach 1933 problemlos weitergeführt werden. Neben repräsentativen Unternehmervillen baute Kurt Philippson zahlreiche Mietwohnungshäuser. Noch heute sind in Sülz ganze Straßenzüge mit Geschosswohnungsbauten von Philippson erhalten, die ihm teilweise auch gehörten und heute von seinen Erben bewohnt und vermarktet werden. Bei all diesen Unternehmungen agierte Philippson als freier Architekt, der in Zusammenarbeit mit anderen Gewerken auch als privater Investor auftrat.[27]

Dass sein Vater zeitweilig Bezirksbürgermeister von Lindenthal war, hat dieses Geschäftsmodell sicherlich befördert. 1937/38 entwarf Philippson den Erweiterungsbau für das Hennefer Kurhaus. Als Logierhaus war es nur eine Sonderform eines Wohnhauses und stellte so für den Architekten keine Herausforderung dar.

Nachdem 1942 in Köln die Bombardierungen begonnen hatten, war Kurt Philippson fast nur mit dem Wiederaufbau beschäftigt. Seine Unabkömmlichkeit als Luftschutzbeauftragter für Köln linksrheinisch schützte ihn vor der Einberufung. Nach dem Krieg, schon Ende der 1940er Jahre, konnte Kurt Philippson einen Hallenbau für einen befreundeten Sägewerksbesitzer aus der Eifel ausführen.[28] In den 1950er Jahren entstanden wieder Wohn- und Geschäftshäuser, jetzt im Stil der 2. Moderne der Nachkriegszeit wie zum Beispiel das Wohn- und Geschäftshaus in der Drususgasse mit seinen von schmalen, eloxierten Metallrahmen gehaltenen großen Fensterflächen der Galerieräume im Erdgeschoss und den Schwingfenstern in den darüber liegenden Etagen.[29] Sein letzter großer Bauauftrag war 1960 ein Verwaltungsbau für die Aachener- und Münchner Feuerversicherung (heute Generali). Der Prototyp für diesen Versicherungsbau mit seiner steinernen Lochfassade, seinen stilistischen Rückgriffen auf die für überwunden geglaubte, steinerne monumentale Architektursprache einer klassizistischen Herrschaftsarchitektur der 1940er Jahre lag in den Gebäuden für den Gerlingkonzern vor.[30]

Mit diesem Schlusspunkt endet eine typische Werkbiographie für die um 1900 geborene Architektengeneration, die ihre Entwürfe mehrfach durch eine geschmeidige stilistische Anpassung an die jeweiligen stark schwankenden Auftragsbedingungen anpassen musste.

Geboren um die Jahrhundertwende, lernte diese Generation während ihrer Ausbildung in der Weimarer Zeit die klassische Moderne kennen. Ihre selbständige Arbeit musste sie spätestens seit Mitte der 1930er Jahre der Architekturpolitik des Dritten Reiches anpassen. In den 1950er Jahren trug sie zum Erfolg der Nachkriegsmoderne bei.

Von diesen äußeren Bedingungen abgesehen, denen alle Architekten dieser Generation in Deutschland ausgesetzt waren, kann Kurt Philippsons auffallende Anpassungsfähigkeit und

K. F. Philippson, Wohn- und Geschäftshaus in der Kölner Drususgasse.

sein stark entwickelter Geschäftssinn vielleicht auf die Erfahrung zeitweilig großer Armut in der Jugend zurückzuführen sein.

Die Nutzung

Die Nutzung des im Frühjahr 1939 bezugsfertigen Erweiterungsbaus schließt unmittelbar an die Nutzungsgeschichte des alten Hennefer Kurhauses an.[31] Die im Neubau untergebrachten Kurgäste konnten sich direkt in den laufenden Kneippkurbetrieb einfügen. Die zusätzlichen Betten des neuen Logierhauses führten zu einer fühlbaren Belebung des gesamten Fremdenverkehrs sowie zu einer positiven Entwicklung von Hennef als Kneippkurort. Die nach der nationalsozialistischen Machtergreifung eingeführte „Neue deutsche Heilkunde" jedoch verband die altbewährte Kneippkur mit neuen Zielsetzungen. Kneipps abhärtende Hydrotherapien gewannen große Bedeutung für die Präventivmedizin und wurden für den Körperkult einer rassistisch fundierten Gesundheitsfürsorge missbraucht.[32]

Als überzeugter Nationalsozialist setzte sich Bürgermeister Naas intensiv für den inhaltlich neu ausgerichteten Kurbetrieb ein. Unter anderem sorgte er dafür, dass das Hennefer Kneippkurbad erfolgreich beworben wurde. Indem er Willi Klass nötigte, an den neuen Bettentrakt einen ursprünglich nicht geplanten Speisesaal anzufügen, nahm er sogar direkten Einfluss auf das Raumprogramm des Neubaus. Dass 1937 in Hennef 10.000 Fremdübernachtungen registriert werden konnten, macht die steigende wirtschaftliche Bedeutung des Kurbetriebs offensichtlich. Zu einer Auslastung des neuen Bettenhauses hat höchstwahrscheinlich auch der staatlich organisierte Tourismus beigetragen, denn es ist anzunehmen, dass Hennef als staatlich anerkanntes Kneippkurbad auch von der nationalsozialistischen Tourismusorganisation Kraft-durch-Freude angesteuert wurde.[33]

Bei der Nutzungsbeschreibung des Erweiterungsbaus des Hennefer Kurhauses darf der Reichsrunderlass des Innenministeriums vom Juli 1937 zur Trennung von jüdischen und nicht-

Offiziere der Luftwaffe im Hennefer Kurpark.

jüdischen Gästen in Bädern und Kurorten nicht unerwähnt bleiben. Jüdische Gäste mussten Kuranwendungen und Heilbehandlungen zeitlich und räumlich getrennt von den arischen Kurgästen durchführen.[34] Die Nutzung von Gemeinschaftseinrichtungen ohne direkte therapeutische Bedeutung wie z. B. Kurparks oder Sportplätze konnte Juden untersagt werden. Spätestens seit 1938 mussten Juden eine eigene Kurkarte bei sich tragen, auf der ihre Abstammung vermerkt war.

Das von Helmut Fischer herausgearbeitete Charakterbild des Hennefer Bürgermeisters und Ortsgruppenleiters der NSDAP Heinz Naas, der am 10. 11. 1938 mit persönlichem Einsatz dafür sorgte, dass die Hennefer Synagoge in Brand gesetzt wurde, zwingt zu der Annahme, dass diese Vorschriften in Hennef genau beachtet wurden.[35] Ob auch Willi Klaas, der Eigentümer des Kurhauses und Duzfreund des Bürgermeisters, die diskriminierenden antisemitischen Regelungen umsetzte, ist nicht überliefert.

Wassertretbecken im Kurpark aus dieser Zeit.

Die Nutzung des Neubaus als Bettentrakt des Kurhauses dauert nur wenige Monate. Schon im Oktober 1940 wurde das Kneippkurhaus beschlagnahmt und der Kurbetrieb wurde eingestellt. Mindestens bis 1943 wurde das Haus mit Piloten der in Hangelar stationierten Luftkampftruppen belegt. Auch nach Kriegsende wurde das Kurhaus weiter vom Militär genutzt. Kanadische und belgische Einheiten der Besatzungstruppen wurden im Westflügel einquartiert.

Voraussetzung um den Kurbetrieb wieder aufnehmen zu können, war die erneute Anerkennung als Kneipp-Bad. Die seit 1955 angestrengten Bemühungen der Kommune führten 1960 dazu, dass Hennef in den deutschen Bäderverband aufgenommen wurde.[36]

Dieser neue Status bewirkte eine Modernisierung der Kneippeinrichtungen und eine großzügige Umgestaltung des Kurparks . Um Wirtschaftlichkeit zu garantieren und neue private Kurgäste zu aquirieren, wurde 1972 parkseitig ein Hallenbad mit Hydrotherapieräumen an das alte Kurhaus angebaut. Die im selben Jahr mit der Bundesversicherungsanstalt für Angestellte (BfA) abgeschlossenen Belegungsverträge führten ab 1973 zu einer guten Auslastung des Bettentraktes. Nachdem im Januar 1975 das Kurortgesetz verabschiedet worden war, folgte im Februar 1976 die offizielle Anerkennung Hennefs als staatlich anerkannter Kneipp-Kurort.[37]

Der Ausbau des Parks, die therapeutischen Einrichtungen des Kurhauses und auch die Angebote im städtischen Umfeld wie z. B. die Tennisplätze an der Dürresbachstraße, ermöglichten einen erfolgreichen Kurbetrieb. Doch diese erfolgreiche Phase war nicht von Dauer. Die Ende der 1970er Jahre vom Bund geforderte Kostensenkung im Gesundheitswesen hatte eine deutliche Senkung der Bewilligungen von durch die Krankenkassen finanzierten Kuren und Rehabilitationsaufenthalten zur Folge. Im März 1982 wurden deshalb die Verträge mit der BfA gekündigt. Das Kurhaus verlor mehr als 80% seines Gesamtumsatzes. Darüber hinaus wurde das Kneippen unmodern und auch die privaten Kurgäste

Südseite des Erweiterungsbaus mit angebauten Balkonen 2022.

blieben aus. Die schlichten Anwendungen in kneippscher Tradition wurden durch die gesundheitsbezogenen Freizeitangebote der Fitness- und Wellnessbewegung ersetzt. 1984 wurde der Kurhausbetrieb endgültig eingestellt und die Stadt Hennef verzichtete auf den Titel Staatlich anerkannter Kneipp-Kurort.[38] 1989 wurde das Kurhaus an einen Betreiber von Altenheimen verkauft, der das Gebäudeensemble schrittweise erweiterte und unter der Bezeichnung „Kurhaus am Park“ nutzungsgemäß aber denkmalgerecht um- und ausbaute . Der Erweiterungsbau von 1939 ist heute dem Betreuten Wohnen gewidmet.

Wie sich gezeigt hat, wurde der Erweiterungsbau von 1939 dank seiner architektonisch unveränderten Konzeption als reiner Beherbergungsbau, der nur eine additive Folge gleichartiger Schlafzimmer enthält, immer nur in seiner Grundfunktion genutzt.

Vor diesem scheinbar neutralen Hintergrund wird die Frage der Zugänglichkeit relevant. Denn wer, wann und warum eines der Zimmer bewohnte, oder auch nicht bewohnte oder bewohnen durfte, war und ist durch die sich seit der Eröffnung 1939 verändernden (sozial-) politischen Bedingungen begründet.

Gebaut während des Dritten Reiches als Bettenhaus eines Kneippkurbades, war es ursprünglich für privat zahlende Kurgäste gedacht, deren Zufriedenheit mit den angetroffenen Bedingungen des Kuraufenthalts sich aus geschriebenen Postkarten erschließen lässt. Jüdischen Kurgästen wurde die Nutzung (sehr wahrscheinlich) erschwert oder verwehrt. Die Nutzung durch die Piloten, die in der Nähe ihres militärischen Standortes möglichst komfortabel untergebracht werden sollten - für die einfachen Soldaten reichten Baracken -, wurde von der Wehrmacht angeordnet. Ob eine Zwischennutzung als Lazarett stattgefunden hat, ist nicht bekannt. Die Beschlagnahmung des Bettenbaus durch alliierte Truppen ergab sich aus den Bedingungen des verlorenen Krieges. Die in der Nachkriegszeit wiedereinsetzende Nutzung des Hauses im Kneippkurbetrieb folgte bis 1984 den wechselvollen Entscheidungen der bundesrepublikanischen Gesundheitspolitik. Ende der 1980er Jahre hat man für den Erweiterungsbau des Hennefer Kurhauses eine neue Funktion im Gesundheitsbereich gefunden.

Alles, was bis hierher zur Nutzung des Hennefer Erweiterungsbaus festgestellt worden ist, bezieht sich auf die pragmatische Ebene und damit auf die Parkseite des Zweiseitenhauses.

Aber wie alle Bauten aus nationalsozialistischer Zeit, hat auch die Nutzungsgeschichte des Hennefer Logierhauses neben dieser pragmatischen eine politische Seite. Nachdem sich nach 1933 die systemstabilisierende Verwendbarkeit des kneippschen Kurkonzepts erwiesen hatte, waren sämtliche Kneippkureinrichtungen ideologisch belastet. Dieser ideologische Bedeutungszuwachs wird auch in Hennef an zentralen Punkten der Baugeschichte sowie der architektonischen Gestaltung greif- und sichtbar.

Der Erweiterungsbau des Kurhauses verdankte seine Entstehung dem Ehrgeiz eines nationalsozialistischen Bürgermeisters, der schon seit 1933 dafür gesorgt hatte, dass die Macht des neuen Regimes mit Hilfe der Architektur - zuerst durch Umnutzung - im öffentlichen Raum sichtbar wurde.[39] Vor dem Hintergrund der neuen ideologischen Bedeutung der Kneippkurbehandlung wollte Heinz Naas seine Kleinstadt als einzigen und ältesten Kneipp-Kurort des Rheinlandes etablieren und durch einen repräsentativen Neubau aufwerten.[40] Die Mittel dafür stellte ein auswärtiger Geldgeber bereit, der mit dem Neubau in erster Linie ein Geschäft machen wollte. Die Baugeschichte legt nahe, dass Heinz Naas Willi Klaas bei dieser Investition aktiv beeinflusst und unterstützt hat. Damit die ideologische Indienstnahme des für Hennefer Verhältnisse großen Baus - die Ausführung der megalomanischen Gesamtplanung hätte Hennef noch in eine ganz andere Liga der Heilbäder befördert - für jedermann sichtbar war, wurde der Erweiterungsbau auf der Straßenseite mit einer Schaufassade ausgestattet, die seiner gewünschten Bedeutung entsprach und die aus der Architekturgeschichte zitierten Bauformen zu ideologisch aufgeladenen Bedeutungsträgern machte.

Anmerkungen

1 Ingrid Scheitler, Dienstleistungsbauten. In: Winfried Nerdinger, Bauen im Nationalsozialismus 1933 – 1945, München 1993, S. 365.

2 Zur Geschichte der Kneipp-Kur-Bewegung in Hennef vgl. Johannes Oppermann, Die Geschichte des Hennefer Kurparks in: Beiträge zur Geschichte der Stadt Hennef, NF 3 Hennef 2009, S. 140-143.

3 Kaufvertrag vom 20.8.1937 in: Archiv des Rhein-Sieg-Kreises LSK Nr. 3615.

4 Altes Kurhaus 1911 Architekt Otto Karl Hollweg, Rheydt in: StAHennef Bestand Bauakten 001-059-027-001.

5 Die Jugendstilornamentik der Fassade zeigt Delfine und vielfach Wellenlinien als Allusion an die kneippsche Wasserkur.

6 Auf dem Vorentwurf ist die Bezeichnung Kurhaus durchgestrichen und durch Logierhaus ersetzt. Vgl. dazu die Bauakten.

7 Entwurf vom 2. 11. 1937 Bauherr W. Klaas, Architekt K. F. Philippsohn in: StAHennef Bestand Bauakten 001-059-027-001.

8 Der Bauschein vom 21. 11 1938 schreibt die Dachform und den hellen Außenputz vor.

9 Ausführungsentwurf vom 12. 8. 1938 in: 001-059-027-001 StAHennef Bauaktenverwaltung Leider liegen zu der Planveränderung keine schriftlichen Begründungen vor.

10 Vgl. Einladung (vermutlich zur Gemeinderatssitzung) StAHennef vom 10. 10. 1938.

11 Briefe in StAHennef Bauaktenverwaltung 001-059-027-002 Der Brief ist an „Mein lieber Heinz“ gerichtet.

12 Im 3. Bauabschnitt eines größeren Gebäudes musste im Dritten Reich ein öffentlich zugänglicher Luftschutzkeller gebaut werden, dafür wurde Zement bewilligt.

13 Zur Geschichte und den Einrichtungen des Hennefer Kurparks vgl. Oppermann a. a. O. S. 140-183.

14 Das alte Kurhaus verfügte nur über 14 Gästebetten.

15 Vgl. Helmut Fischer, Heinz Naas, Bürgermeister und Ortsgruppenleiter der NSDAP in Hennef 1933 – 1940 in: Beiträge zur Geschichte der Stadt Hennef, Neue Folge 12, Hennef 2018 S. 147.

16 Die Kapazität der alten Küche im Keller des Altbaus und der vorhandenen Speiseräume reichte für die neuen Besucherzahlen nicht aus.

17 Die Forderung nach einem flachen Dach ist auf dem Plan vom 12. 8. 1938 händisch eingezeichnet.

18 Vgl. dazu das „Führerbad" im KDF-Hotel in Waldbröl, das mit weißem und goldenem Mosaik ausgekleidet gewesen sein soll.

19 Vgl. Bernfried Lichtnau, Prora. Das erste KDF-Bad Deutschlands, Peenemünde 1995 S. 13.

20 Plan vom 12. 8. 1938 und Bauschein vom 21. 11. 1938 in: StAHennef Bestand Bauakten 001-059-027-001.

21 Dafür spricht, dass in den Bauakten keinerlei Hinweis auf eine Realisierung zu finden ist und dass auf den Plänen immer nur die BA 1 und 2 angegeben sind (Erweiterungsbau und Verbindungstrakt), ein dritter BA aber nirgendwo vermerkt ist. In wieweit die Überformung des alten Kurhauses, die die ursprüngliche Dachsilhouette beibehält, Abriss und Neubau des alten Kurhauses einschloss, lässt sich den Planzeichnungen nicht entnehmen.

22 Bedingt durch die Querlage der beiden mittleren Zimmer hinter dem Treppenhaus, die zusammen der Breite des Risalits entsprechen, sind die zugehörigen Loggien breiter als die restlichen.

23 Vgl. Das Bauen im neuen Reich, Bayreuth 1939 (Hrsg. Gerdy Troost) S. 59.

24 Vermutlich aus Kostengründen wurde die Eingangstreppe nicht, wie gefordert, passend zum Sockel in Naturstein ausgeführt, sondern in Betonwerkstein.

25 Max Osborn 1870-1946 entstammte einer jüdischen Bankiersfamilie aus Köln. Er war Kunstredakteur der liberalen Vossischen Zeitung und maßgeblich an der Programmgestaltung des Jüdischen Kulturbundes beteiligt. 1938 verließ er Deutsch und emigrierte nach Amerika.

26 Die Zitate entstammen dem Vorwort von Max Osborn s. o.

27 Zur Familiengeschichte vgl. das Familien-Fotobuch von Axel Philippson 12/2021.

28 Die in Nettersheim gebaute Halle ist eine Holzkonstruktion mit offenem Dachstuhl und Fachwerk an den Längsseiten. Sie befindet sich heute im LVR-Museum in Kommern.

29 Im heute von der Galerie Carsten Greve genutzten Erdgeschoss sind von den eloxierten Rahmenleisten bis zum Türdrücker die Gestaltungselemente aus den 1950er Jahren noch erhalten.

30 Zu den Bauten des Gerling-Konzerns vgl.: Hiltrud Kier, Architektur der 50er Jahre, Bauten des Gerling-Konzerns in Köln, Frankfurt 1994.

31 Vgl. Oppermann a. a. O. S. 180, Anm. 25.

32 Vgl. Sarah Waltenberger, Kneipp-Medizin in: Peer Frieß, Dietmar Schiersner (Hrsg.) Aus Sorgen um die Gesundheit, Tübingen 2021.

33 1936 erfolgte die amtliche Anerkennung als Kneippbad und Hennef durfte sich mit nur 18 anderen Orten des Deutschen Reiches offiziell Kneippkurort nennen. Nur die Kurorte, die im offiziellen Verzeichnis des Reichsfremdenverkehrsamtes als solche geführt wurden, durften diese Bezeichnung tragen. Vgl. hierzu Opermann a. a. O. S. 156 u. Anm. 23.

34 Juden (unter best. restriktiven Bedingungen) zu Heilbehandlungen zuzulassen, war eine rein ökonomische Entscheidung. Wären die Juden dazu ins Ausland gefahren, wären dem Deutschen Reich erhebliche Einnahmen entgangen.

35 Vgl. hierzu Fischer 2018 S. 152f. Naas versuchte den Schein zu wahren, am Brand der Synagoge nicht beteiligt gewesen zu sein.

36 Vgl. Oppermann a. a. O. S. 160f. 1969 wurden die Kuranlagen von der Eigentümerin Josefine Klaas an die Stadt Hennef verkauft, die die Anlage an einen Godesberger Gaststättenbetreiber weiter veräußerte.

37 Vlg. Oppermann a. a. O. S. 161f und S.165.

38 Zum Ende des Kurbetrieb in Hennef vgl. Oppermann a. a. O S. 171ff.

39 Am 1. Mai 1933 wurde auf der Frankfurter Straße das „Braune Haus", die neue Parteidienststelle, eingerichtet. Vgl. hierzu Fischer 2018, S. 144f.

40 Zeitgleich wurde das ehrgeizigste ideologische Projekt des Hennefer Bürgermeisters realisiert. Im Juli 1939 wurde - als Zentrum der nationalsozialistischen Erziehung im Siegkreis - in dem barocken dreiflügeligen Herrenhaus des Heymershofs eine Kreisschulungsburg eröffnet. Vgl. Fischer 2018 S. 145f.

Abbildungsverzeichnis

Familienarchiv Philippson:
Seite 107, 108, und 109

Gerhard Stamp:
Seite 113

Günter Ewinger:
Seite 93, 97, 98, 99, 103, 111, 114 und 116

Stadtarchiv Hennef:
Seite 95, 97, 100, 101, 104 und 105

Ich danke Günter Ewinger für die Fotografien des Gebäudes in seinem aktuellen Zustand und der Architektenfamilie Philippson für die Auskünfte über ihren Vater bzw. Großvater Kurt Friedrich Philippson. Für ihre Unterstützung bei meiner Recherche im Stadtarchiv Hennef gilt mein Dank Gisela Rupprath.

Jochen Herchenbach

Das Hennefer Schulwesen

Teil I

Von den Anfängen bis zum Ende des Ersten Weltkriegs

Im Spätsommer 2023 veröffentlichte das Münchner IFO-Institut das Bildungsbarometer 2023. Demnach schätzen über 70 Prozent der Deutschen den Zustand der Schulen und des Bildungssystem als mangelhaft ein. Vor allem zwei Punkte fallen dabei besonders auf: 77 Prozent halten den Lehrermangel für ein ernsthaftes Problem und 74 Prozent denken, dass der Staat zu wenig für Bildung ausgibt. Das ist keine Momentaufnahme. Über ein Jahrzehnt früher berichtete der „Stern" im Jahr 2010 von einer Forsa-Umfrage, nach der 80 Prozent der Deutschen der Meinung sind, dass sich am Zustand der Schulen etwas ändern müsse, 42 Prozent waren „weniger zufrieden" und 20 Prozent sogar „überhaupt nicht zufrieden".[1] Wenn man diese Einschätzung historisch betrachtet, sieht man, dass das alles nichts Neues ist. Die Unzufriedenheit mit den jeweiligen Schulangeboten lässt sich durch die Jahrhunderte zurückverfolgen. Und genau die beiden Punkte der IFO-Untersuchung – Lehrermangel und Unterfinanzierung – spielten seit jeher bei der Beurteilung des Schulwesens durch die Menschen auch in unserer Region die wichtigste Rolle.

Zunächst soll ein kurzer, allgemeiner Überblick über das Schulwesen vom Mittelalter bis zum Ende des 1. Weltkriegs erfolgen, um den Hintergrund für schulische Entwicklung einzuordnen, danach erfolgt eine Auflistung der Schulen in der genannten Zeit mit einer knappen Beschreibung und den Hinweisen auf weiterführende Literatur.

Am Ende des 19. Jahrhunderts, um 1890, gab es im heutigen Stadtgebiet von Hennef 18 Volksschulen. Daneben existierten weitere 7 Schulen mit unterschiedlichen Angeboten, wie z.B. die Höhere Töchterschule in Geistingen, die Landwirtschaftsschule oder das Pensionat Kratz. Hennef hatte 1895 6744 Einwohner, Lauthausen 3044 und Uckerath 3015, zusammen genommen lebten im heutigen Stadtgebiet 12803 Menschen. Auf eine Schule kamen also durchschnittlich 711 Einwohner.

Die Rahmenbedingungen für die Führung und den Unterhalt der Schulen in dieser Zeit wurden durch die Schulerlasse des Landes Preußen bestimmt, zu dem Hennef im Anschluss an die Napoleonischen Kriege nach 1815 gehörte. Zuvor regelten die Erlasse des Herzogtums Berg den Schulbetrieb.

Schulen sind in Hennef seit der zweiten Hälfte des 13. Jh. nachweisbar. Die älteste ist wohl die in Seligenthal, das bis 1956 noch zum Amt Lauthausen gehörte und damit auch als Schule im Bereich Hennef angesehen werden kann. Dort unterhielten die Minoriten eine Klosterschule, die auch auswärtigen Schülern zugänglich war.

Eine weitere Klosterschule befand sich in Bödingen mit zwei unterschiedlichen Schulangeboten: Die Augustiner-Chorherrn, deren Kloster zu Bödingen 1423 gegründet wurde, unterhielten neben einer internen Schule für ihre Novizen, eine externe Elementarschule; während die innere Schule junge Mönche ausbildete, war die äußere Schule nicht für den eigenen Nachwuchs gedacht, sie stand auch externen Schülern offen. Unterrichtet wurden dort viele junge Adelige aus der Umgebung und die Kinder der Halfen, die die knapp 20 Höfe des Klosters bewirtschafteten.

Neben diesen Klosterschulen gab es im späten Mittelalter noch in den Städten Schulen für das Bürgertum, so auch in Siegburg.

Das Volksschulwesen auf dem Lande war dagegen völlig anders aufgestellt und dazu stellen sich im Vorfeld eine Reihe von Fragen: Was kann ab wann überhaupt als Schule bezeichnet werden? Wer besuchte diese Schulen und wie waren die Vorgaben bezüglich einer Schulpflicht? Wurde Schulgeld erhoben und wie hoch war dieses? Welche Personen waren als Lehrer tätig, wie war ihre Bezahlung und welche Ausbildung hatten sie für diesen Beruf? Welche Inhalte wurden vermittelt, was lernten die Kinder dort, wie war ein Schultag organisiert? Wer beaufsichtigte die Schulen und überprüfte deren Arbeit? Wer war für den Unterhalt der Schulen, der Schulgebäude, der Schulräume, das Arbeitsmaterial zuständig?

Von einem halbwegs geordneten Schulbetrieb kann man deshalb erst seit ca. 200 Jahren sprechen. Sicherlich gab es bereits vielerorts in den Kirchspielen Schulunterricht, aber der lief doch recht zufällig ab. So schreibt auch Helmut Fischer, dass über das mittelalterliche Schulwesen außerhalb der Städte noch weitgehend Unklarheit bestehe. *„Auf Grund der schlechten Quellenlage ist für die Zeit bis zum 16. Jahrhundert über eine Schule in der Stadt Blankenberg nichts zu ermitteln. Die Stellung der Stadt als Verwaltungsmittelpunkt des bergischen Amtes Blankenberg und ein gewisser Wohlstand lassen jedoch für das 14. und 15. Jahrhundert eine Schule vermuten. Es wird sich dabei um eine niedere Schule mit Unterricht in Lesen und Schreiben gehandelt haben, wohl für die Kinder der herzoglichen Beamten und ansässigen Gewerbetreibenden gedacht. Für die höhere Ausbildung dürften die Klosterschulen der Umgebung gesorgt haben"*.[2]

Einen ersten Entwicklungsschub für einen geordneten Schulbetrieb brachte die Reformation. Im Herzogtum Berg konkurrierten drei Konfessionen miteinander, die katholische, die lutherische und die Reformierten von Zwingli und Calvin. Herzog Johann V. von Jülich-Kleve-Berg, selbst katholisch, zeigte eine ausgleichende Haltung und war um ein friedvolles Miteinander zwischen den Bekenntnissen bemüht. Dennoch führte die Furcht vor einem weiteren Ausdehnen der Reformation in den Bergischen Ländern dazu, sich um das Schulwesen zu kümmern. Er ordnete deshalb bereits 1533 an, *„die Kirspelskirchen und Scholen mit guden beqwemen und fromen Predigern und Regenten"* (Lehrern) zu besetzen *„und denselvigen gebürliche Underhaldung zu verschaffen"*.[3]

Johann V. holte den Theologen und Juristen Konrad Heresbach, an seinen Hof als einen Bekämpfer des Hexenwahns und gleichzeitig um die Verbesserung der schulischen Bildung voranzutreiben. Heresbach erarbeitete dann maßgeblich die Reformschrift von 1545 für das Herzogtum Berg. Die Vikare, Kapläne und Küster wurden darin aufgefordert, den Kindern Lesen, Schreiben, die Glaubenslehren und die Arithmetik beizubringen. Die

Eltern verpflichtete man dazu, ihre Kinder in die Schule zu schicken.[4] Es blieb zumeist bei diesem frommen Wunsche, da sowohl Lehrpersonen (Lehrer, Küster, Kapläne) fehlten oder ungeeignet waren, vor allem aber weil die ländliche Bevölkerung die Kinder nicht über weite Strecken zur Schule gehen ließ, kein Schulgeld zahlte oder die Kinder zur Mitarbeit auf den Höfen hielt. Andererseits aber wird durch diese Verordnung auch deutlich, dass es um 1550 in den allermeisten Kirchspielen unserer Region bereits Schulen gab.

„Im Hinblick auf den Elementarunterricht im Rahmen des wesentlich später einsetzenden öffentlichen Volksschulwesens darf angenommen werden, dass an nahezu jedem Pfarrorte, also in den meisten Dörfern, vereinzelte Lehrstunden und Lehrgänge bereits im 14. und 15. Jahrhundert gehalten worden sind.; meist war der Küster und Organist zugleich der Elementarlehrer, in den Urkunden wird er in der Regel „der offermann" genannt".[5] Daraus wird deutlich, dass das Bildungsniveau im ausgehenden Mittelalter häufig unterschätzt wird; ein ziemlich großer Teil der Bevölkerung konnte Lesen, Schreiben und beherrschte einfache Grundlagen des Rechnens.

Als Ergebnis der Bildungsforschung der letzten beiden Jahrzehnte schreibt Wesoly: *„So konnten Unterschiede in der Alphabetisierung, in den Schulsystemen, den Schulbesuchsquoten und vieles mehr festgestellt werden. Überall entdeckte man – teilweise erstaunt –, dass mehr Menschen lesen und schreiben konnten, als man das bisher angenommen hatte*. Aussagen wie die folgende aus dem Jahr 1991 *„um 1500 konnten nur wenige Menschen, vielleicht ein Prozent der Bevölkerung, lesen und schreiben"*, würde heute wohl keiner mehr machen. Auch fünf Prozent Alphabetisierte, die eine Untersuchung von 1973 dem 16. Jahrhundert zubilligt, treffen nicht auf das Herzogtum Berg zu. Auch wenn man mit Urteilen vorsichtig sein sollte, die Berg über die Nachbarregionen erheben, so scheint es doch einen Bildungsvorsprung der Berger gegeben zu haben, der vor allem durch die vielen Kirchspielschulen hervorgerufen wurde. In Kur-

Köln, in Jülich und Kleve gab es eine so breite Beschulung nicht.[6]

Einen deutlichen Bruch in dieser Entwicklung brachte der Krieg, der Mitteleuropa von 1618 bis 1648 erschütterte. Der Dreißigjährige Krieg brachte mit seinen unermesslichen Verwüstungen auch dem Elementarschulwesen einen allgemeinen Niedergang. Langsam setzte nach 1648 wieder eine Aufwärtsentwicklung ein.[7]

Auch in unserer Region hatte der Dreißigjährigen Krieg zu einer argen Verrohung der Menschen und einigen verheerenden Schäden beigetragen. Zudem hatte die Bindung an die Kirchen und der Glaube der Menschen erheblichen Schaden genommen. Staatliche Obrigkeit und Geistlichkeit drängten dort, wo es seit längerer Zeit keinen geordneten Schulbetrieb mehr gab, auf die Errichtung von Schulen zum Rückgewinn sozialer Disziplin. *„Ursache dafür, dass alle drei Konfessionen große Bildungsanstrengungen unternahmen, um Schulen zu erhalten, war der Umstand, dass sie in erheblichem Maß ein Ort der Glaubensunterrichtung waren. Ein Gutteil des Unterrichts bestand im Auswendiglernen und Aufsagen von Sprüchen aus dem Katechismus. Katholische Lehrer im Bergischen griffen im 17. und 18. Jh. auf den Kölner Diözesankatechismus zurück“.*[8] Das gesamte Unterrichtswesen, der Zustand der Schulen, das Verhalten von Lehrern, die Besetzung von Lehrerstellen lag in der Hand der Kirchen. Da das Einkommen der Lehrer neben den geringen Einnahmen durch das Schulgeld überwiegend aus Kirchenmitteln stammte, war es völlig natürlich, dass auch die jeweiligen Dechanten die Aufsicht über den Schulbetrieb hatten.

Die Lehrer beziehungsweise Küster wurden für ihre schulischen Arbeiten schlecht bezahlt. Aus vielen Beschäftigungsverträgen aus der Zeit im 17. und 18. Jahrhundert geht hervor, dass die meisten von ihnen neben ihrer Lehrtätigkeit eine ganze Reihe von Nebenbeschäftigungen ausübten. Der Lehrer war zwar in der dörflichen Gesellschaft durchaus angesehen, aber sein Einkommen reichte nicht aus, um eine Familie zu ernähren. Als Beispiel möge der Anstellungsvertrag des Schulmeisters Bernhard Middendorf aus Blankenberg dienen. 1665 regelte dieser Vertrag genau Pflichten und Unterhalt des Lehrers. Neben dem Schulmeisteramt versah er auch den Küsterdienst von Gemeinde und Kirche. Er erhielt jährlich sechs Malter Korn aus der Pacht des zur Vikarie der heiligen Jungfrau Maria gehörenden Bürgerhofs in der Geisbach. In schlechten Jahren, wenn die Pacht nicht aufzubringen ist, lieferte der Halfmann den dritten Teil. Den Rest glich die Gemeindekasse aus. Weiter stand ihm wie seinem Vorgänger zu, was zum Offermannsdienst gehörte. Jedes Kind zahlte außerdem monatlich 8 Albus kölnisch Schulgeld und brachte das Brandholz mit. Daneben hatte der Lehrer noch *„ein frey Hauß und wohnung“*.[9]

Bis weit ins 19. Jahrhundert waren die Schulen in Privathäusern untergebracht. Dafür wurden entweder passende Räume angemietet oder aber der Lehrer musste einen Raum, oft genug in dem Haus, das ihm und seiner Familie als Wohnung zur Verfügung gestellt worden war, hergeben, um dort Unterricht zu halten. Die Lehr- und Lernbedingungen, die dort herrschten, würde man heute als unzumutbar bezeichnen. *„Man kann sich diese Dorfschulen gar nicht primitiv genug vorstellen, denn es waren zum Teil noch nicht einmal einklassige Zwergschulen. Vielmehr zogen die Schüler mit ihrem Schulmeister von Haus zu Haus. Oder aber Handwerker, die im Nebenberuf den Küsterdienst versahen, benutzten ihre Wohnstube als Schulstube für den von ihnen erteilten Unterricht im Buchstabieren, Lesen und Auswendiglernen von Katechismus, Kirchenliedern und Psalmen. In einigen Quellen finden sich Schülerzahlen von bis zu 80 Kindern. Angesichts der geschilderten Verhältnisse und der langen sommerlichen Fehlzeiten der Kinder muss man sich fast wundern, wenn die Lehrer trotzdem erfolgreich mit ihrem Unterricht waren.“*[10]

In den Kirchspielschulen herrschte in aller Regel keine Geschlechtertrennung. Hinter dem geschlechtsneutralen Begriff Kinder in den Quellen verbergen sich sowohl Mädchen als auch Jungen. Die Schulen wurden als wahre Ganztagsschulen geführt. *„Unterrichtsbeginn war im Winter um 8 Uhr, im Sommer aber um 6 Uhr in der Frühe. Die Schule endete um 16 Uhr beziehungsweise um 18 Uhr. Zwei Pausen im Winter und drei im Sommer von jeweils einer Stunde verkürzten zwar die Unterrichtszeit auf sechs beziehungsweise neun Zeitstunden, aber man kann sich heute kaum noch vorstellen, dass ein Lehrer in einer Klasse von 40, 60 oder mehr Kindern aller Altersstufen und unterschiedlichem Bildungsstand Fortschritte erzielen konnte. Sicher war die Rute ein Hilfsmittel, eine gewisse Disziplin zu erhalten, aber allzu schlagfertigen Pädagogen schob man einen Riegel vor.“*[11]

Jede Dorfschule hatte eine eigene Schulordnung, die der Lehrer bei seinem Antritt zu unterschreiben hatte. In einem Beispiel aus dem Jahre 1646 heißt es in einem der Paragraphen als Anforderung an den Lehrer: *„Er solle nicht aus Gäzorn [sic] noch aus Affecten kein Scholkindt züchtigen oder ungebürlich tractiren, sondern der Bescheidenheit sich beflissigen, ohne welche die Schol Kinder mehr werden abgeschreckt alß dass sie sollten in der Lehr zunehmen. Er soll Beten, Singen, Lesen, Schreiben, Buchstabieren, Rechnen so treiben, dass er darüber vor Gott und Menschen Rechenschaft geben könne.“*[12] Man beachte die Reihenfolge der Aufgaben!

Noch bis ins 20. Jahrhundert galt das Züchtigungsrecht an den Schulen. Erst 1973 wurde die Prügelstrafe in den meisten Bundesländern per Gesetz verboten; der Freistaat Bayern zog erst sieben Jahre später nach. Was das Züchtigungsrecht genau bedeutete, wird in einem Zeitungsartikel am Ende des 19. Jahrhunderts klar. Im Siegboten, der auch in Hennef weit verbreitet war, in der Ausgabe vom 22.10 1889 wird anläßlich „des Geburtstages seiner Majestät“ eine „Erkenntnis des preußischen Ober-Verwaltungsgerichtes über das Züchtigungsrecht der Lehrer“ zitiert: *„Der Lehrer ist zur Vornahme empfindlicher körperlicher Züchtigung berechtigt. Eine merkliche Verletzung ist eine solche, durch welche Gesundheit und Le-*

ben des Schülers gefährdet erscheint. Blutunterlaufungen, blaue Flecken, Striemen für sich allein gehören nicht hierzu, denn jede empfindliche Züchtigung, und zu einer solchen ist der Lehrer berechtigt, läßt derartige Erscheinungen zurück."[13] Es waren schon harte Zeiten!

Die in vielen Dokumenten zu findenden landesherrlichen Klagen über Unwissenheit und Analphabetentum gehen Hand in Hand mit salbungsvollen Erlassen über Volksbildung, Kulturpflege Die in vielen Dokumenten zu findenden landesherrlichen Klagen über Unwissenheit und Analphabetentum gehen Hand in Hand mit salbungsvollen Erlassen über Volksbildung, Kulturpflege und Schulpflicht, doch waren die Herzöge von Berg zu wirklich finanziellen Opfern keineswegs bereit; denn dafür hätte man Geld der Staatskasse einsetzen müssen. Wenn auch in eigenem Interesse zum Erhalt und zur Ausweitung des eigenen Bekenntnisses, so ist es doch das große Verdienst der Geistlichen beider Konfessionen, sich in dieser Zeit der Schule, der Volksbildung und der religiösen Unterweisung gewidmet zu haben.

Am 28. September 1717 erließ der preußische König Friedrich Wilhelm I. das Edikt über die allgemeine Schulpflicht, das weit über Preußen hinaus seine Wirkung entfaltete.

Das heutige Stadtgebiet von Hennef gehörte als Teil des Amtes Blankenberg zum Herzogtum Berg und war deshalb von der Anordnung nicht direkt betroffen. Dennoch änderte sich in der Folge durch diesen preußischen Erlass auch in den Nachbarregionen die Einstellung zum schulischen Angebot durchgreifend. Die Verordnung von 1717 gilt als Meilenstein in der deutschen Schulgeschichte[14].

Eine solche Schulpflicht stieß natürlich besonders in der Landbevölkerung auf Widerstand. Die in kleinbäuerlichen Betrieben notwendige Arbeitskraft der Kinder wurde vielfach erheblich wichtiger als deren Schulbildung angesehen. Hinzu kamen bei der in unserer Region üblichen Streu-

No. XCVII. Verordnung, daß die Eltern ihre Kinder zur Schule, und die Prediger die Catechisationes, halten sollen; vom 28. Sept. 1717.

Von Gottes Gnaden Fridrich Wilhelm, König in Preussen, Marggraff zu Brandenburg, des Heil. Römischen Reichs Ertz-Cämmerer und Chur-Fürst. ꝛc.

Unsern ꝛc. Wir vernehmen mißfällig und wird verschiedentlich von denen Inspectoren und Predigern bey Uns geklaget, daß die Eltern, absonderlich auf dem Lande, in Schickung ihrer Kinder zur Schule sich sehr säumig erzeigen, und dadurch die arme Jugend in grosse Unwissenheit, so wohl was das lesen, schreiben und rechnen betrifft, als auch in denen zu ihrem Heyl und Seeligkeit dienenden höchstnötigen Stücken auffwachsen laßen. Weshalb Wir umb diesem höchst verderblichen Uebel auff ein mahl abzuhelffen in Gnaden resolviret, dieses Unser General Edict ergehen zu laßen, und darinn allergnädigst und ernstlich zu verordnen, daß hinkünfftig an denen Orten wo Schulen seyn, die Eltern bey nachdrücklicher Straffe gehalten seyn sollen Ihre Kinder gegen Zwey Dreyer Wochentliches Schuel Geld von einem jeden Kinde, im Winter täglich und im Sommer wann die Eltern die Kinder bey ihrer Wirthschafft benötiget seyn, zum wenigsten ein oder zweymahl die Woche, damit Sie das jenige, was im Winter erlernet worden, nicht gäntzlich vergessen mögen, in die Schuel zuschicken. Falß aber die Eltern das Vermögen nicht hätten; So wollen Wir daß solche Zwey Dreyer aus jeden Orts Allmosen bezahlet werden sollen. Dann wollen und befehlen Wir auch allergnädigst und ernstlich, daß hinführo die Prediger insonderheit auf dem Lande alle Sonntage Nachmittage die Catechesation mit ihren Gemeinden ohnfehlbar halten sollen; Wornach ihr Euch

529 No: XCVI. - - XCVIII. 530

Euch gehorsamst zu achten, diesen Unsern allergnädigsten Willen und Befeh' gehöriger Orten zu publiciren, darüber Nachdrücklich zu halten, auch fisco auff zugeben habt, ein wachsahmes Auge zu haben und die Contravenienten zur Bestraffung anzuzeigen. Daran geschiehet Unser allergnädigster Wille, und Wir seynd Euch mit Gnaden gewogen. Geben Berlin den 28. Sept. 1717.

Auff Sr. Königl. Majest. allergnädigsten Special-Befehl.

v. Dohnhoff. Ilgen. v. Blaspiel v. Plotho.

Einführung der Schulpflicht in Preußen durch königliches Edikt von 1717.

besiedlung mit vielen Einzelhöfen die weiten und teilweise gefährlichen und im Winter auch unbegehbaren Wege zur Schule. Weiterhin sollte Schulgeld bezahlt werden (wurde erst 1888 aufgehoben), das dann im Haushalt fehlte und die Befähigung der Lehrer/Küster wurde oft angezweifelt. Alles keine guten Voraussetzungen, um einen geordneten Schulbetrieb zu ermöglichen.

Am 12. August 1763 folgte dann von Friedrich Wilhelm II. das preußische Generallandschulreglement, das den

Schulpflichterlass seines Vaters ergänzte und die bis dahin völlig unzureichende Umsetzung einforderte.

„Zuvörderst wollen Wir, dass alle Unsere Untertanen, es mögen sein Eltern, Vormünder oder Herrschaften, denen die Erziehung der Jugend obliegt, ihre eigenen sowohl als ihrer Pflege anvertrauten Kinder, Knaben oder Mädchen, wo nicht eher, doch höchstens vom fünften Jahre ihres Alters in die Schule schicken, auch damit ordentlich bis ins dreizehnte und vierzehnte Jahr kontinuieren und sie so lange zur Schule halten sollen, bis sie nicht nur das Nötigste vom Christentum gefasst haben und fertig lesen und schreiben, sondern auch von demjenigen Rede und Antwort geben können, was ihnen nach den von Unsern Konsistorien verordneten und approbierten Lehrbüchern beigebracht werden soll.“[15]

Damit waren für Preußen die entsprechenden Rahmenbedingungen geschaffen. Im Herzogtum Berg galt diese Regelung nicht; eine Schulpflicht gab es hier erst als der Siegkreis preußisch wurde und sich auch unsere Gemeinden den Erlassen und Gesetzen Preußens fügen musste.

Bereits 1802 hatte Johann Vinzenz Bracht, Regierungsschulrat im Herzogtum Berg, elf Vorschläge eingebracht, wie das katholische Schulwesen im Herzogtum verbessert werden könne. Unter anderem forderte er ein Lehrergehalt von 190 Talern im Jahr. Alle Lehrer sollten sich einer Eignungsprüfung unterziehen. Eine Schulpflicht sollte für die Kinder zwischen dem 6. und 13. Lebensjahr bestehen. In den sechs Stunden im Winter und den sieben im Sommer sollen die Fächer Religion, Lesen, Schreiben und Rechnen gelehrt werden. Nach dem Besuch der Schule sollten die Absolventen Rechenfälle lösen können und in der Lage sein, Rechnungen, Briefe und Aufsätze zu schreiben.[16]

Die Schulpflicht war allerdings schwer durchzusetzen, immer wieder gab es Gründe, die Kinder nicht zur Schule zu schicken. Deshalb verschärften die Aufsichtsbehörden den Druck auf die Eltern und drohten mit heftigen Bußgeldern.

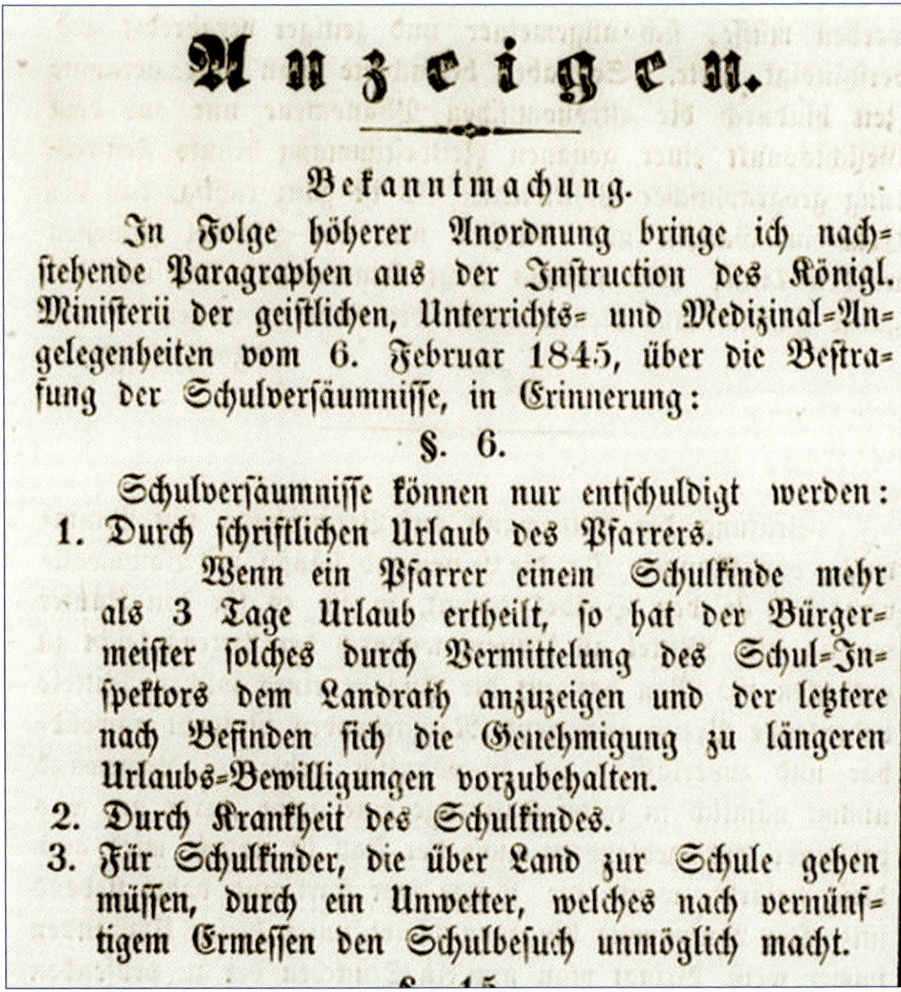

Anzeigen.

Bekanntmachung.

In Folge höherer Anordnung bringe ich nachstehende Paragraphen aus der Instruction des Königl. Ministerii der geistlichen, Unterrichts- und Medizinal-Angelegenheiten vom 6. Februar 1845, über die Bestrafung der Schulversäumnisse, in Erinnerung:

§. 6.

Schulversäumnisse können nur entschuldigt werden:

1. Durch schriftlichen Urlaub des Pfarrers.

   Wenn ein Pfarrer einem Schulkinde mehr als 3 Tage Urlaub ertheilt, so hat der Bürgermeister solches durch Vermittelung des Schul-Inspektors dem Landrath anzuzeigen und der letztere nach Befinden sich die Genehmigung zu längeren Urlaubs-Bewilligungen vorzubehalten.
2. Durch Krankheit des Schulkindes.
3. Für Schulkinder, die über Land zur Schule gehen müssen, durch ein Unwetter, welches nach vernünftigem Ermessen den Schulbesuch unmöglich macht.

Die Verfügung des Landrats Schnabel vom 27.2.1851 erhöht den Druck auf Eltern, die ihre Kinder absichtlich vom Schulbesuch fernhalten.

Man geht heute auf der Grundlage der vorliegenden Daten (allerdings für Gesamtpreußen) davon aus, dass um 1800 eine Schulbesuchsquote von 50 Prozent bestand und dass bereits 1816 von einer solchen von 60 Prozent auszugehen ist. 1846 betrug der durchschnittliche Schulbesuch in Preußen schon etwa 86 Prozent, und ein annähernd 100prozentiger Schulbesuch wurde in den 1880er Jahren erreicht.[17]

Durch den achtjährigen Schulbesuch wurde bis zum Ende des 19. Jahrhunderts die nahezu vollständige Alphabetisierung und Disziplinierung der Gesellschaft erreicht. Am Beginn des Jahrhunderts waren die Dorfschulen noch vollständig unter kirchlicher Kontrolle.

Das änderte sich gegen Ende des Jahrhunderts. Im Bismarckchen Kulturkampf zerbrach 1872 die enge Zusammenarbeit von Staat und Kirche. Ein „Schulaufsichtsgesetz" wurde erlassen, das dem Staat die Aufsicht über alle Schulen zugestand und die Ernennung der Schulinspektoren als staatliche Aufgabe festlegte. Dennoch blieben – gerade in den Kreisen Sieg und Mülheim – viele Geistliche in diesem Amt.

Die weitaus meisten Lehrer waren zu Beginn des Jahrhunderts nicht seminaristisch gebildet und besaßen oft kaum pädagogische Qualifikationen, geschweige denn Fachkenntnisse. Sie übten ihren Beruf unter materiell erbärmlichen Umständen aus. Häufig war das Unterrichten in der Schule nur eine Nebentätigkeit, der Lehrer war dazu noch Küster oder Kantor seiner Kirchengemeinde.

1854 wurden die ersten, inhaltlich verbindlichen Regelungen für die Elementarschule erlassen, bekannt unter dem Begriff der „Stiehlschen Regulative". Das erste Regulativ für den Unterricht in den Schullehrerseminaren legte fest, dass die zukünftigen Lehrer zum *„einfachen und fruchtbringenden Unterricht in der Religion, im Lesen und in der Muttersprache, im Schreiben, Rechnen, Singen, in der Vaterlands- und Naturkunde innerhalb der Grenzen der Elementarschule"* in der einklassigen Dorfschule befähigt werden sollten; jede wissenschaftliche Behandlung dieser Disziplinen würde diesem Ziel nur entgegenstehen, sie war also untersagt. Die Jugend sollte in *„christlicher, vaterländischer Gesinnung und in häuslicher Tugend"*, nicht zu unpraktischer Reflexion und erfolglosem Experimentieren, erzogen werden. Pädagogik, Methodik, Didaktik oder Lernpsychologie sollten in der Lehrerbildung keine Rolle mehr spielen.

Es gab zwei Lehrerseminare, in Siegburg und in Brühl. Dem Besuch des Lehrerseminars hatte eine Präparanden-Tätigkeit voranzugehen, ein Praktikum bei einem von der Schulverwaltung bezeichneten Lehrer oder Pfarrer, in dessen Verlauf der Präparand sich auf die Aufnahmeprüfung in das Seminar vorbereiten konnte. Dafür wurde ein bestimmtes Pensum an Wissen vorausgesetzt; in dem wichtigsten Fach Religion die Vorgaben des Katechismus, zahlreiche Bibelsprüche und 50 Kirchenlieder, die vorgegeben waren. Ein weiteres Regulativ machte die einklassige Elementarschule mit 80 Schülern zur Norm und gab die pädagogische Überzeugung, die hinter diesen „Regulativen" stand, am deutlichsten wieder: *„Der Gedanke einer allgemein-menschlichen Bildung durch formelle Entwicklung der Geistesvermögen an abstraktem Inhalt hat sich durch die Erfahrung als wirkungslos oder schädlich erwiesen"*. [18]

Die Ausstattung der Schulen war mäßig bis schlecht. Es fehlten Bücher und anderes Lehrmaterial, die Schulräume – wenn denn überhaupt ein eigenes Schulzimmer oder -gebäude vorhanden war – waren für die Anzahl der Kinder viel zu klein. Die einklassige Schule mit manchmal 60-80 Kindern ohne altersgemäße Differenzierung war vor allem auf dem Lande die Regel. Meist wurde „Schule gehalten", ein mühseliges Buchstabieren, ein Memorieren von Bibelversen, ohne sie verstanden zu haben, von Liedern aus dem Gesangbuch und von Merksprüchen aller Art war das Kennzeichen der Schule im frühen 19. Jahrhundert. [19]

1872 erließ der preußische Staat mit den „Allgemeinen Bestimmungen" weitgehende neue Regelungen für den Schulbetrieb. Neben Lehrplänen und Prüfungsordnungen für die Lehrerseminare gab es auch Verfügungen über Einrichtung, Aufgabe und Ziel der jetzt so genannten „Volksschule". Bei der einklassigen Schule sollte die Klassenfrequenz nicht über 80 liegen, wenn diese Grenze überschritten wurde, sollte eine weitere Klasse eingerichtet werden, bei mehr als 120 Schülern eine dritte Klasse, notfalls auch eine Halbtagsschule. Hinzu kamen Verfügungen über „Einrichtung und Ausstattung des Schulzimmers" und über Lehrmittel. *„Das Schulzimmer musste mindestens so groß sein, dass auf jedes Schulkind ein „Flächenmaß von 0,6 qm kommt; auch ist dafür zu sorgen, dass es hell und luftig sei [...] und Schutz gegen die Witterung gewähre [...].“* Schultafel mit Kreide und Schwamm, Katheder und Schrank vervollständigten den Inhalt des Raumes. Dazu waren zahlreiche Lehrmittel vorgeschrieben, die damals den pädagogischen Fortschritt markierten, etwa Wandkarten und Globus, eine Geige, Lineal und Zirkel, ein Exemplar der in der Schule eingeführten Lehrbücher und weitere Abbildungen. Allerdings sollten noch Jahre vergehen, bis man diese Lehrmittel in den Schulzimmern wirklich antraf und sie als allgemein vorhanden bezeichnen konnte. [20]

Ein anschauliches Beispiel für die Situation der Schulen in Uckerath noch zu Beginn des 20. Jahrhunderts gibt ein Zeitungsbericht der Hennefer Volkszeitung vom 8.11.1913: „Recht schwierige Schulverhältnisse herrschen in der hiesigen Bürgermeisterei. Sieben Lehrer müssen insgesamt 540 Kinder unterrichten, so daß auf eine Lehrkraft durchschnittlich 77 Kinder kommen. Fünf Schulen sind sogenannte „einklassige", in denen 70 – 90 Kinder sind, so daß dort zu dem an sich schwierigen Unterrichtsbetrieb noch die sehr hohe Kinderzahl kommt." [21]

Die „Allgemeinen Bestimmungen" gaben auch den Stundenplan vor. In der Mittelstufe umfasste er normalerweise 28 Unterrichtsstunden pro Woche, die folgendermaßen aufzuteilen waren: 4 Std. Religion, 8 Deutsch, 4 Rechnen 2 Zeichnen, 6 Realien, 2 Singen und 2 Turnen für die Jungen und 2 Handarbeit für die Mädchen. Im Unterrichtsbereich Realien verpflichtete man die Lehrer „vaterländische Geschichte" zu unterrichten, um die Kinder in diesem Fach zu treuen Dienern und Untertanen des Kaisers zu erziehen. *„Die vaterländische*

Geschichte wird insonderheit auch die Geschichte unserer socialen und wirtschaftlichen Gesetzgebung zu behandeln haben, um zu zeigen, wie die Monarchen Preußens es von jeher als ihre besondere Aufgabe betrachtet haben, der auf die Arbeit ihrer Hände angewiesenen Bevölkerung den landesväterlichen Schutz angedeihen zu lassen und ihr leibliches und geistiges Wohl zu heben. … Insbesondere vom Standpunkt der Nützlichkeit durch Darlegung einschlagender Verhältnisse, wird schon der Jugend klar gemacht werden können, daß ein geordnetes Staatswesen mit einer sicheren monarchischen Leitung die unerläßliche Vorbedingung für den Schutz des Einzelnen ist. … Die angeblichen Ideale der Socialisten sind durch deren eigene Erklärung hinreichend gekennzeichnet, um den Gefühlen und dem praktischen Sinne der Jugend als abschreckend geschildert werden zu können"[22] Man erkennt allzu deutlich die Instrumentalisierung der Schule für die politischen Zwecke im ausgehenden Kaiserreich.

Gegen Ende des 19. Jahrhunderts gab es anscheinend eine „Lehrerschwemme", obwohl die Bezahlung und die Arbeitsbedingungen ausgesprochen dürftig waren. So schreibt die Hennefer Volkszeitung am 10.11.1892: „*Die Lage der Volksschullehrer in Preußen ist bekanntlich eine höchst prekäre. Das minimale Gehalt, welches dieselben beziehen, reicht nicht einmal hin, eine Person, geschweige denn eine Familie zu ernähren.*"[23] Und im gleichen Jahr, zwei Tage vor Weihnachten, ist in der Hennefer Volkszeitung zu lesen: „*Die Überfüllung des Standes der Elementarlehrer nimmt in unserem Regierungsbezirk immer mehr zu. … Eltern, die mit dem Gedanken umgehen, ihren Sohn Elementarlehrer werden zu lassen, seien aber nachdrücklich davor gewarnt. … Außerdem steht das Lehrergehalt, das in den meisten Fällen das Anfangsgehalt 2,50 Mk. oder 2,87 Mk. pro Tag beträgt, in gar keinem Verhältnis zu all den Unkosten, die die Ausbildung eines Elementarlehrers, der bis zu 20 Jahren nichts verdient, mit sich bringt. Eltern, die also ihren Sohn Lehrer werden lassen und sich von dessen Zukunft alle möglichen Illusionen machen, sind in argem Irrtum*".[24]

Im heutigen Stadtgebiet von Hennef lebten 1816 in der Gemeinde Hennef 3994, in Lauthausen 1661 und in Uckerath 2654 Menschen, insgesamt also 8303. Sowohl durch verbesserte Lebensgrundlagen, vor allem aber durch die einsetzende Industrialisierung mit einem breiten Arbeitsangebot in den Hennefer Fabriken und natürlich der besseren Erschließung durch den Bahnanschluss wuchs die Einwohnerzahl deutlich. Rund 90 Jahre später im Jahr 1905 wohnten hier insgesamt 12352 Menschen, davon 7215 in der Gemeinde Hennef, 2053 in Lauthausen und 3097 in Uckerath. Durch die Bestimmungen der Schulpflicht einerseits, den starken Bevölkerungszuwachs andererseits und weiterhin durch ein gestiegenes Bildungsbewusstsein in der Bevölkerung entstand die Notwendigkeit, Schulen auszubauen oder neue Schulen zu errichten. Dies führte etwa ab der Mitte des 19. Jahrhunderts dazu, dass auch in Hennef viele neue Schulbauten errichtet wurden. Bis zum Ende des Jahrhunderts entstand ein regelrechter Boom an Schulgründungen und -erweiterungen. Davon wird im 2. Teil dieser Abhandlung berichtet.

Über das ältere Schulwesen in Hennef in der Zeit bis 1918 gibt es bereits viele Abhandlungen. Deshalb wird hier auf diese Beiträge verwiesen und die Beschreibung der Schulen sehr kurz gehalten. Einige weiterführende Hinweise ermöglichen jedem Leser, jeder Leserin, sich über die Kurzdarstellung hinaus tiefere Einblicke zu verschaffen. Die Nummern am Ende der Kapitel beziehen sich auf das durchnummerierte Literaturverzeichnis.

Die Reihenfolge ist so geordnet, dass zunächst die Volksschulen des ehemaligen Amtes Hennef mit Blankenberg und der Obergemeinde beschrieben werden, dann folgen die Angaben zu den Schulen in Lauthausen und Uckerath; daran schließt sich eine Übersicht über weitere Schulen im heutigen Stadtgebiet von Hennef an und abgerundet wird die Aufstellung durch schulische oder pädagogische Sondereinrichtungen bis Ende 1918.

a) Die Elementarschulen / Volksschulen

aa) Amt Hennef

Hennef-Ort

Der Beginn eines Schulbetriebs in Hennef liegt im Dunkeln. Man darf aber vermuten, dass die Minoriten vom Kloster Seligenthal, die seit 1570 für etwa 100 Jahre die Verwaltung der Pfarrei Hennef übernahmen, dann auch vor Ort ein Schulangebot unterhielten. 1722 berichtet der Hennefer Pastor, dass kein Lehrer vorhanden und deshalb momentan kein Schulunterricht möglich sei und die Kinder nach Geistingen gehen müssten. Auch dies deutet darauf hin, dass bereits vor dem Bau des ersten Schulgebäudes in Hennef im Jahre 1724 bereits ein schulisches Angebot vorhanden gewesen sein muss. Über die Errichtung

Schule Steinstraße, um 1900.

dieses ersten Schulgebäudes mit Küsterwohnung wird ausführlich bei Link berichtet.

In den Jahren 1819 bis 1820 wurde dann von der Gemeinde Hennef auf einem Grundstück an der Steinstraße ein größeres Schulhaus mit zwei Klassenräumen und einer Lehrerwohnung errichtet. Als dieses Gebäude Ende des 19. Jahrhunderts für die große Schülerzahl zu klein wurde, baute man 1893 in direkter Nachbarschaft eine größere Schule mit 4 Klassenräumen und zwei Lehrerwohnungen; das ältere Schulgebäude wurde zunächst ebenfalls genutzt.

In Hennef waren bis 1881 auch noch eingeschult: Die Kinder aus Warth, Geisbach, Petershohn, Hossenberg, Dondorf, Weldergoven, Edgoven und Weingartsgasse (Man beachte die Schulwege!). 1873 berichtet Hauptlehrer Stumm, dass er 120 Kinder in einem „Schulsaal" unterrichte, sein Kollege habe es mit einer ähnlichen Klassengröße zu tun. Erst nach dem Bau der Schule in der Warth entspannte sich die Situation.

Weiterführende Hinweise: 16, 22, 23, 24, 40, 51, 52, 78

<u>Geistingen</u>

Es ist davon auszugehen, dass in Geistingen bereits sehr früh eine Art Schule bestanden haben muss. 1064 wird bereits eine Pfarre in Geistingen erwähnt und es steht zu vermuten, dass wie allgemein üblich an Pfarrorten, eine Art Sonntags-, bzw. Katechismusschule bestanden haben dürfte. Leider ist in den Quellen kein Hinweis darauf zu finden, aber auch das ist nicht ungewöhnlich. 1685 wird ein Seligentaler Minorit als Primissar erwähnt. Primissare waren neben dem Abhalten der Frühmesse auch für den Unterricht in den Pfarreien zuständig; man kann deshalb annehmen, dass um diese Zeit bereits in Geistingen Schulunterricht erteilt wurde. Delvos schreibt, dass um das Jahr 1700 der Unterricht von einem Pfarrlehrer (Primissar?) erteilt wurde. Erstmals schriftlich genannt wird 1791 bei Goldschmidt eine Schule in Geistingen. Aber anscheinend gab es keinen Schulbau. *„Bei Antretung der*

Der Neubau eines Schulhauses zu Geistingen, veranschlagt zu 3723 Thaler 29 Silberg. 8 Pf. wird am Montag den 20. dieses Monats Januar, Nachmittags 2 Uhr im Geschäfts-Lokal des unterzeichneten Bürgermeisters dem Wenigstnehmenden öffentlich verdungen werden.

Die Bedingungen, Kosten-Anschlag und Plan können täglich beim Unterzeichneten eingesehen werden.

Hennef, den 5. Januar 1834. Der Bürgermeister, Strunck.

Der Neubau der Geistinger Schule an der Bergstraße wird ausgeschrieben.

Ausübung des Schulvorstandes Geistingen findet eine Hauptschwierigkeit statt, indem kein Lokal zur Haltung einer Schule vorhanden, und mithin die Kinder keinen Platz zum Sitzen haben und bisher in des Küsters elendem Backhaus aufeinander gehäufet werden müssen.“ (HStA Düsseldorf, Bestand Regierung Köln Nr. 3121, zitiert nach 1100 Jahr Geistingen)

Geistingen war um 1800 der größte Ort in der Umgebung. 1817 wohnten dort 609 Einwohner, im Nachbarort Hennef nur 221. 1830 hatte sich die Zahl auf 736 erhöht (Hennef 236,

Klassenfoto der Schule in der Bergstraße, 1914.

Stossdorf immerhin 280, Rott 330, Söven 396, alle von den Einwohnerzahlen größer als Hennef-Ort). Die Kinder aus Stossdorf und auch teilweise aus der sogenannten Obergemeinde besuchten ebenfalls die Schule in Geistingen. Ein Schulneubau wurde dringend erforderlich.

1835 wurde dann an der Bergstraße eine dreiklassige Volksschule gebaut. Dort arbeiteten zwei Lehrer und eine Lehrerin. Der nächste größere Schulbau begann 1894 an der Ecke Schützenstraße/Stoßdorfer Straße mit einem fünfklassigen Bau, der aber 1973 wieder abgerissen wurde.

Weiterführende Hinweise: 16, 19, 20, 29, 34

Warth

Eine erste Erwähnung findet man 1791. Danach werden in einer katholischen Schule 33 Jungen und 15 Mädchen unterrichtet. Die Schule scheint nicht besonders erfolgreich gewesen

Klassenfoto der Schule in der Warth, 1908.

zu sein, denn bereits 1805 werden 11 Warther Kinder in der Schule in Hennef verzeichnet. 1862 gibt es nach den statistischen Angaben des Amtes Blankenberg in der Warth gar keine Schule; die Kinder besuchen die Hennefer Schule. Erst 1881 wird eine neue Schule gebaut, da die Schule in Hennef übervoll ist.

1896 besteht im Ortsteil Warth eine dreiklassige Volksschule mit zwei Lehrern. 1911 besuchen 256 Kinder die Schule an der vier Lehrer unterrichten. Es besteht eine durchschnittliche Klassengröße von ca. 80 Schülerinnen und Schülern.

Weiterführende Hinweise: 16, 21, 32, 34, 35, 52, 88

Blankenberg

„Die erste Erw. beginnt mit dem Jahre 1842. Die Zeit vor 1842 ist leider in ein fast undurchdringliches Dunkel gehüllt.“ So schreibt Gottfried Emans (Hauptlehrer Blankenberg 1946 – 1954) im Jahr 1951 in der Schulchronik der Schule Blankenberg. Helmut Fischer ist in vielen seiner Abhandlungen auf die Geschichte der Schule eingegangen; ihm ist zu verdanken, dass dieses Dunkel teilweise gelüftet wurde. *„Auf Grund der schlechten Quellenlage ist für die Zeit bis zum 16. Jahrhundert über eine Schule in der Stadt Blankenberg nichts zu ermitteln. Die Stellung der Stadt als Verwaltungsmittelpunkt des bergischen Amtes Blankenberg und ein gewisser Wohlstand lassen jedoch für das 14. und 15. Jahrhundert eine Schule vermuten. Es wird sich dabei um eine niedere Schule mit Unterricht in Lesen und Schreiben gehandelt haben, wohl für die Kinder der herzoglichen Beamten und ansässigen Gewerbetreibenden gedacht. Für die höhere Ausbildung dürften die Klosterschulen der Umgebung gesorgt haben.“*, schreibt Fischer in seinem Aufsatz über die Geschichte der Schule in Blankenberg, in dem ausführlich über die Schule in Blankenberg bis ca. 1900 berichtet wird.

Bei Delvos wird erwähnt, dass 1672 der Primissar auch gleichzeitig der Schullehrer ist. In Blankenberg

Das Schulgebäude am Markt in Stadt Blankenberg, hier bereits nach dem 2. Weltkrieg.

scheint es daher sehr frühzeitig eine Schule gegeben zu haben.

1853 betrug die Zahl der schulpflichtigen Kinder 186, bei einer eingerichteten Lehrerstelle. Allerdings war immer ein größerer Teil vom Schulbesuch befreit. 1860 war die Schülerzahl durch die Abtrennung der bisher zum Schulbezirk gehörenden Dörfer Adscheid, Bülgenauel, Dondorf, Hossenberg und Käsberg auf 100 gefallen, 45 Jungen und 55 Mädchen. 1867 wurde mit dem Bau einer zweiklassigen Schule in Blankenberg begonnen, der Bezug erfolgte 1869. Heute ist dort das Café „Die alte Schule“ beheimatet. Aber auch hier reichte der Platz nicht, sodass 1901 der Gemeinderat den Ankauf des ehemaligen Magistratsgebäudes am Marktplatz als neuen Schulstandort bewilligte.

Weiterführende Hinweise: 14, 27, 30, 31, 73

So oder so ähnlich wie auf diesem Bild von Albert Janker („Die Dorfschule") aus dem Jahr 1848 wird es wohl in vielen Klassenräumen ausgesehen haben.

Dondorf

Im 19. Jahrhundert wuchs die Bevölkerung im heutigen Stadtgebiet von Hennef stark an. Die bis dahin existierenden Volksschulen konnten die hohe Anzahl der Kinder nicht mehr aufnehmen; deshalb entstand gegen Ende des 19. Jahrhunderts ein regelrechter Bauboom an Schulen. Eine davon ist die Schule in Dondorf, die die Kinder des Siegtals aufnahm, um vor allem die Schule in Blankenberg zu entlasten.

Der Schulbezirk der Dondorfer Schule umfasste die Ortschaften Dondorf, Greuelsiefen, Weldergoven, Käsberg und Striefen. Gegründet wurde die einzügige Schule 1898, zunächst besetzt mit dem Leiter der Schule, Caspar Grommes, der von der Schule in Neuhonrath (Lohmar) versetzt wurde. Sie existierte bis 1965, danach gingen die Schüler/innen in die Grundschule Hanftalstraße.

Weiterführende Hinweise: 72

<u>Rott</u>

Die drei Schulen der Obergemeinde – Rott, Söven und Westerhausen – standen immer in einer engen Verknüpfung zueinander, sowohl was die Schülerzahlen, die Schulbezirke, die Lehrerzuweisungen als auch die Schulgebäude und- einrichtungen betrifft. Dies muss immer mitbedacht werden.

In der Schulchronik der Rotter Schule heißt es: *„Im Jahre 1735 bauten die Nachbarn von Rott eine kleine Kapelle in Fachwerk und gewannen für diese Stelle einen Geistlichen, welcher jährlich 20 bergische Reichsthaler und*

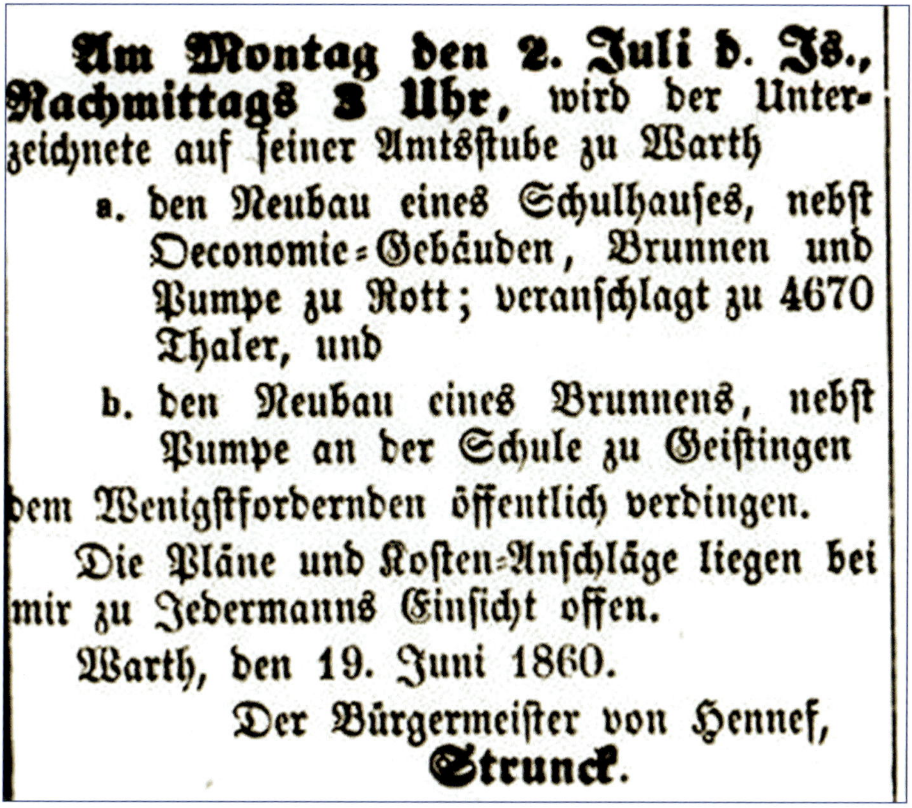

Am Montag den 2. Juli d. Js., Nachmittags 3 Uhr, wird der Unterzeichnete auf seiner Amtsstube zu Warth

a. den Neubau eines Schulhauses, nebst Oeconomie-Gebäuden, Brunnen und Pumpe zu Rott; veranschlagt zu 4670 Thaler, und

b. den Neubau eines Brunnens, nebst Pumpe an der Schule zu Geistingen

dem Wenigstfordernden öffentlich verdingen.

Die Pläne und Kosten-Anschläge liegen bei mir zu Jedermanns Einsicht offen.

Warth, den 19. Juni 1860.

Der Bürgermeister von Hennef,
Strunck.

Ankündigung eines Schulneubaus in Rott, Juli 1860.

freie Station erhielt. Die freie Station erhielt er dadurch, daß er bei den Nachbarn abwechselnd zum Essen ging." Der Geistliche war dann in einer Art von erweitertem Religionsunterricht auch als Lehrer tätig. Der Unterricht fand in angemieteten Räumen in Rott statt. 1791 besuchen 33 Kinder die Schule Rott. Es scheint, dass hier Geschlechtertrennung vorgelegen hat; es sind Mädchen; die Jungen werden in den Listen der Schule in Söven geführt.

Ab 1811 (französische Zeit) werden weltliche Lehrer genannt. 1820 wurde die Schule von Rott komplett nach Söven verlegt. Dort war ab 1825 allerdings kein Schullokal zu mieten und *„die Nachbarn von Rott holten sämtliche Schulutensilien nach Rott.*" Ab 1838 werden wieder Lehrer in Rott aufgeführt. Die Schule wurde zweiklassig geführt. Die Schulräume und die Wohnung des Lehrers waren gemietet. „In den Kirmestagen wurden

Die Schule in Rott um 1862.

die Schulutensilien auf den Spielplatz gestellt und im Schulzimmer getanzt. 1852 wurde der Telegraph bei Söven als Schulhaus für Söven angekauft, „dadurch wurde Rott eine einklassige Schule“ steht in der Schulchronik; und weiter wird dort erwähnt: „1861 wurde das jetzige Schulhaus mit zwei Sälen … fertig gestellt und am 26. November bezog der Lehrer seine schöne Wohnung. 1874 wurde auch der dritte Saal fertig gestellt.“ Im März 1875 wurden die Schulen von Rott und Söven zu einer dreiklassigen Schule mit zwei Lehrern vereinigt. Lehrer/innen, Schüler/innen, Lehrpläne und Ereignisse sind ausführlich in der Rotter Schulchronik beschrieben, aus der ein kleiner Vorfall hier angeführt sei, der etwas über das Bildungsbewusstsein dieser Zeit aussagt:

„Am 12. November (1882) revidierte Herr Kreisschulinspektor Goestrich die hiesige Schule und bestimmte, daß fortan für die Mädchen der Oberklasse der Unterricht in der Raumlehre wegfallen soll, damit dieselben in den dadurch erzielten freien Stunden weiteren Unterricht in der Handarbeit erhalten können. Die Mädchen der Oberklasse erhalten somit 4 Stunden Handarbeitsunterricht, was besonders in Landschulen erwünscht ist.“ Warum sollte man auch Mädchen mit mathematischen Aufgaben beschäftigen?

Weiterführende Hinweise: 10, 16, 25, 34, 69

<u>Söven</u>

Um 1700 wurde der Unterricht im Sommer vom Pfarrherrn von Geistingen, zu dessen Pfarrei Söven bis 1866 gehörte, gegeben, vor allem als Religionsunterricht; im Winter unterrichteten wegen der beschwerlichen Wege eigens dazu bestellte Personen, die von der Sövener Nachbarschaft dafür entlohnt wurden.

Um 1800 war in Söven erstmalig eine Lehrerin tätig. In den folgenden Jahren gingen die Kinder von Söven nach Rott in den Unterricht; 1825 wird der Hüttenmeister Bellinghausen dort als Lehrer erwähnt, angemietet war das Haus Pickenhahn, mitten in Rott. 1854 wurde die Telegraphie eingestellt und der Telegraphenturm als Schulgebäude genutzt; somit hatte Söven wieder eine eigene Schule. Aufgrund der hohen Kinderzahl besuchten seit 1866 die größeren Schüler die Schule in Westerhausen, die kleineren die Schule in Rott.

1902 kaufte die Nachbarschaft Söven ein Grundstück und schenkte es der Gemeinde zum Zwecke des Schulbaus, um eine eigene Schule zu erhalten. Unter Bürgermeister Dick wurde aber aus Sparsamkeitsgründen nicht gebaut, sondern ein Anbau an den Telegra-

Der alte optische Telegraph in Söven diente als Schulgebäude.

phenturm geschaffen. Man stimmte notgedrungen dem Plan zu, um den Kindern den Weg nach Rott und Westerhausen zu ersparen. Schülerzahlen: 1906 – 68; 1909 - 79; 1911 – 87.

Weiterführende Hinweise: 16, 34, 70

Westerhausen / Hofen / Broichhausen / Felderhausen

1791 existierte eine katholische Volksschule mit 27 Kindern in einem angemieteten Privathaus in Broichhausen. Dies ist heute ein Ortsteil von Kurscheid; die Schule war der Vorläufer von den Schulangeboten in Hofen und Westerhausen.

1843 wurde die Schule in Hofen vom damaligen Schulpfleger Engelmann „inspiziert", wie aus beigefügter Notiz hervorgeht.

Bereits 1841 wird eine erste Schulstelle in Hofen erwähnt; die Schule besuchten offiziell ca. 100 Kinder aus dem Schulbezirk, der die Ortschaften Kurscheid, Broichhausen, Westerhausen, Oberbuchholz, Hommerich, Hofen, Lanzenbach, Kurenbach, Stöcken, Liesberg, Widerschall, Hermesmühle umfasste. Es waren erhebliche Wege zurückzulegen, um zur Schule zu kommen, deshalb fehlten nach Angaben der Lehrpersonen immer viele Kinder, im Winter wegen der Witterung, im Sommer wegen der Hilfsarbeiten auf den Feldern und in den bäuerlichen Betrieben. Man kann von einer realen Klassenstärke von etwa 50 Kindern ausgehen.

Als die Zustände des Unterrichtsraumes in Hofen nicht mehr ertragbar waren, baute man 1877/78 in Westerhausen eine neue Schule auf

Die Schule zu Hofen am 13. Februar 1843 inspiziert.
Engelmann, Schulpfleger.

Vermerk über die Inspektion der Schule in Hofen durch Schulpfleger Engelmann, 13.2.1843.

Anordnung der Königlichen Regierung. Der Gemeinderat wollte den Bau nicht. 1882 wurde eine zweite Klasse eingerichtet und Kinder aus Söven und Felderhausen in die Schule aufgenommen. 1907 wurde die Schule am Telegraph in Söven erweitert und die Kinder aus Söven, Felderhausen, Wippenhohn und Kümpel gingen nun nach Söven in die Schule. Das waren 65 Kinder, in Westerhausen verblieben noch 95 Kinder. Vorher besuchten also rund 160 Kinder die zweiklassige Schule. Das Schulangebot in Felderhausen ist ein Sonderfall, hier wurde auf private Initiative immer mal wieder wegen der weiten Schulwege Unterricht angeboten. Es handelte sich dabei um 10 – 15 Kinder.

Weiterführende Hinweise: 16, 34, 71, 74

Die Schule in Westerhausen.

ab) Amt Lauthausen

Beschrieben werden nur die drei im heutigen Stadtgebiet von Hennef liegenden Volks-Schulen. Zum Amt Lauthausen gehörten im 19. Jahrhundert nämlich auch Braschoß, Seligenthal und Kaldauen, heute allesamt zu Siegburg gehörend.

Bödingen

Neben der seit etwa 1430 bestehenden Klosterschule leitete ein Klosterbruder die Elementarschule für die Kinder aus den umliegenden Ortschaften. Ein exakter Beginn der Beschulung für diese Schule ist nicht zu ermitteln. Ende des Jahres 1802 wurde das Kloster im Zuge der Säkularisation aufgehoben.

Alle Schulen haben heutzutage im Herbst jeden Jahres die Zahlen für die Schulstatistik abzugeben. Man hört hin und wider, dass bei diesen Zahlen nicht immer alles so ganz genau stimmt, dass oft im Interesse der Schulen ein wenig „aufgebessert" wird. Das war anscheinend aber schon immer so. Als 1803 die Grunddaten für eine Volksschule in Bödingen eruiert wurden, gab der damalige Ortsvorsteher Beyert an, dass 225 Kinder zu beschulen seien, vermutlich um bessere Bedingungen für die neu einzurichtende Schule zu erreichen Er hatte die Rechnung allerdings ohne die „kurfürstliche Schulkommission" gemacht, die genaue Listen über die Kinder des Einzugsbereichs der Schule erstellte und auf eine Zahl von genau 100 Kindern kamen.

Die Schule wurde 1804 im Klostergebäude mit Geschlechtertrennung eingerichtet. Es bestand eine zweiklassige Schule mit zwei Lehrkräften. Die zweite Lehrerstelle war bis 1874 mit der Küsterstelle vereint. Die Anfangsjahre der Schule mit all ihren Problemen ist umfassend von Walterscheid in seinem Aufsatz „Aus alten Bödinger Schulakten" beschrieben.

Weiterführende Hinweise: 16, 36, 57, 64, 81

Klassenfoto der Schule in Bödingen, 1901.

Bröl

Aufgrund der unerträglichen Zustände in der Schule in Happerschoß und der unzumutbar langen Schulwege wurde 1862 mit dem Bau einer Schule im Bröltal begonnen. Bezogen wurde die Schule 1865, 105 Kinder aus Bröl, Allner und Müschmühle besuchten die einklassige Schule. Als die Schülerzahl weiter anstieg, erweiterte man 1903 die Schule um einen Anbau auf zwei Klassen. Die Entwicklung der Schule ist ausführlich in der „Chronik der Schule zu Broelthal" beschrieben, die im Stadtarchiv vorliegt.

Drei Details aus dieser Chronik scheinen noch erwähnenswert: 1866 wurde ein Schulgarten angelegt, in dem anscheinend auch Weintrauben

Mädchenklasse der Schule „Bröltal", 1908.

angebaut wurden. *„1867 gab es in dem hiesigen Weinberg viele und gute Trauben. Die wurden mit 2 Reichsmark das Pfund bezahlt. Der Wein wurde vorzüglich"*. 1874 gab die Preuß. Königl. Regierung eine Ferienordnung heraus: *„in sämtlichen Elementarschulen darf die Ferienzeit die Dauer von sieben und einer halben Woche nicht überschreiten."* Offenbar war eine solche verbindliche Regelung nötig. Und zum Dritten darf bei der Schule im Bröltal natürlich der Besuch von Richard Schirrmann nicht unterschlagen werden. 1909 übernachtete der sauerländische Lehrer aus Altena auf einer Wanderung mit seiner Klasse in der Schule und machte sie als Begründer des Jugendherbergswerks weltbekannt. 1958 schrieb Schirrmann an die Schule: *„Ihre Brölschule hat für das Jugendherbergswerk geschichtlichen Wert, wurde doch in dieser Schule am 26. August 1909 die Idee für das heute* *weltumspannende Jugendherbergswerk geboren."*

Weiterführende Hinweise: 13, 61

Happerschoß

Bereits 1791 wird bei Goldschmidt eine katholische Schule in Happer-

an unsern Abgeordneten

Herrn

Gustav Bleibtreu.

Rede frei!
Ohne Scheu,
Ohne Schwulst und Ziererei!
Was zu bunt,
Wo es wund,
Thue furchtlos kund!
Sprich es aus, das kühne Wort:
„Alles, was nicht taugt, muß fort!
„Arbeit, Brod!
„Hebt die Noth!
„Hülfe oder Tod!"

Stimme treu!
Daß aufs Neu'
Handel und Gewerb' gedeih';
Daß das Licht
Bahn sich bricht
In des Volkes Schicht;
Daß die Freiheit stark uns mach',
Und Gesetz das Gut bewach'.
Bleibe treu!
Daß entzwei
Brech' die Tyrannei! *)

Happerschoß, den 26. Febr. N. Fischer.

*) Kann gesungen werden nach der Melodie: „Auf und an, spann den Hahn ꝛc." oder: „Fahret hin ꝛc."

Gedicht mit revolutionärem Gedankengut des Leiters der Schule Happerschoss, N. Fischer, Februar 1849.

schoß erwähnt, die nach seinen Angaben allerdings nur von 10 Kindern besucht wurde. Die Lehrerstelle war mit der Küsterstelle verbunden. Nach dem Tode des Küsters Neunert, so gegen 1820, wurde die Lehrerstelle vom Küsterdienst getrennt. 1846 wurde ein neues einklassiges Schulhaus gebaut, welches auch die Kinder von Bröl und Allner besuchten. Im Einzugsgebiet wohnten 250 schulpflichtige Kinder, die im Schichtunterricht beschult wurden. Der Lehrer der Schule, N. Fischer, war den revolutionären Gedanken dieser Zeit zugetan und veröffentlichte Anfang 1849 im Wochenblatt für den Sieg-Kreis ein von ihm verfasstes Gedicht .

Nach dem Neubau der Schule im Bröltal und besuchten die Kinder aus Allner, Bröl und Müschmühle nicht mehr die Schule in Happerschoß, was dazu führte, dass dort wieder erträg-

Alte Schule Happerschoss, hier bereits nach dem 2. Weltkrieg.

liche Zustände herrschten. Dennoch wurde auf Grund der weiterhin hohen Schülerzahlen gemäß einer Verfügung der Königl. Preuß. Regierung 1875 ein sogenannter alternierender Unterricht angeordnet. Das bedeutete, dass vormittags die Unterstufe mit 44 Kindern und nachmittags die Ober- und Mittelstufe mit 60 Schülern/innen unterrichtet wurde, insgesamt besuchten also im Jahr 1875 104 Kinder die Schule. 1884 wurde die Schule durch einen Anbau mit zwei weiteren Schulsälen zu einer dreiklassigen Schule erweitert. In der Schulchronik der Schule werden viele Begebenheiten wie z. B. die Masernepidemie von 1875 detailliert beschrieben.

Weiterführende Hinweise: 12, 16, 34, 64, 86

ac) Gemeinde Uckerath

„Recht schwierige Schulverhältnisse herrschen in der hiesigen Bürgermeisterei. Sieben Lehrer müssen insgesamt 540 Kinder unterrichten, so daß auf eine Lehrkraft durchschnittlich 77 Kinder kommen. Fünf Schulen sind sogenannte „einklassige“, in denen 70 – 90 Kinder sind, so daß dort zu dem an sich schwierigen Unterrichtsbetrieb noch die sehr hohe Kinderzahl kommt. Um die Außenschulen in etwa zu entlasten, ist der Ausbau der zweiklassigen Schule in Uckerath zu einer dreiklassigen geplant.“ So beschreibt die Hennefer Volkszeitung am 8.11.1913 den „misslichen“ Zustand in der Gemeinde Uckerath.

Uckerath

Ein erster Hinweis auf eine Schule in Uckerath findet man in einem Schreiben des Schultheiß Krumbach aus dem Jahr 1647: „In Uckerath gibt es seit Menschengedenken eine Kirche mit Schule“. Daraus lässt sich schließen, dass bereits lange vor dem Dreißigjährigen Krieg dort eine Schule von der katholischen Kirche unterhalten wurde.; Uckerath war Dekanatssitz und wird bereits 1218 als Pfarrort genannt. Das lässt vermuten, dass Uckerath bereits sehr frühzeitig auch Schulort war.

Die alte Schulchronik ging angeblich in den Kriegswirren des 2. Weltkriegs verloren; in der ab März 1946 geführten neuen Chronik steht: "Weder in der Kirchenchronik noch in den Niederschriften der Gemeindechronik ist über das Alter der Schule und die Schulverhältnisse vor 1900 etwas zu erfahren". Das stimmt nicht ganz, sowohl aus Zeitungsberichten als auch aus den Chroniken der Nachbarschulen geht hervor, dass in Uckerath 1846 mit einem Schulbau begonnen wurde. Es entstand eine zweiklassige Schule mit einer Knaben- und einer Mädchenklasse und zwei Lehrerwohnungen.

Lehrpersonen werden ebenfalls ab 1846 aufgeführt und das bedeutet, dass ab dieser Zeit in der neugebauten Schule ordnungsgemäßer Unterricht mit Geschlechtertrennung durchgeführt wurde. Vorher wird höchstwahrscheinlich in angemieteten Räumen – wie damals üblich - bereits Schulunterricht in Uckerath angeboten worden sein. 1882 schreibt eine Lehrerin, dass sie seit 4 Jahren nur in „überfüllten Klassen mit 130 Kindern" unterrichte, nachdem 1880 die Geschlech-

Klassenfoto der Schule Uckerath, 1910.

tertrennung aufgehoben wurde. Der geplante Ausbau der Schule zu einem drei- oder gar vierklassigen System wurde immer wieder verschoben und erst 1935 realisiert (dreiklassig).

1863 wurde eine „Übersicht des Elementar-Schulwesens im Kreise Sieg" erstellt. Für die damalige Bürgermeisterei Uckerath sind sowohl die Schulen, die Lehrerbesetzung als auch die Schülerzahlen aufgeführt. Die Mädchenschule mit 1 Lehrerin besuchten demnach 144 Mädchen, alle katholisch (143) und ein Mädchen jüdischen Glaubens. Es gab 5 Volksschulen wie aus der Übersicht hervorgeht.

Weiterführende Hinweise: 11, 36, 64, 76, 79

<u>Dahlhausen / Hanfmühle / Wellesberg</u>

„Durch Kriegseinwirkung ging meine … gut angelegte und mit vielen Photos ausgestattete Chronik der Schule verloren.", schreibt Lehrer Winkens 1946 bei der Wiederaufnahme des Schulbetriebs in Dahlhausen. Und weiter: *„Die hiesige Schule (Dahlhausen) ist im Jahre 1912 erbaut worden. … Bis März 1919 habe ich gleichzeitig die Schule Hanfmühle mitverwaltet."* Die Schule in Hanfmühle ist die ältere, sie bestand bereits seit Mitte des 19. Jahrhunderts und war in einer für Schulzwecke umgebauten Scheune untergebracht.

Glücklicherweise ist ein Bericht aus dem Jahr 1950 von dem damals fast 90-jährigen Johann Klein aus Dahlhausen erhalten, der die Schulsituation im Hanftal beschriebt. „In manchen Jahren hatten wir 100 und mehr Kinder in einer Klasse. Und dabei hatten wir vormittags und nachmittags Unterricht. […] Wenn das Wetter schlecht war, besonders aber im Winter blieben die Kinder, die weitentfernte Wohnsitze hatten, in der Mittagspause im Schuldorf. Sie hatten Verpflegung mitgebracht, die dann in einigen Häusern aufgewärmt wurde. Es war ein langer Tag von morgens 8 bis nachmittags 5 Uhr. Und dann mussten wir auch noch Hausaufgaben machen." Eine

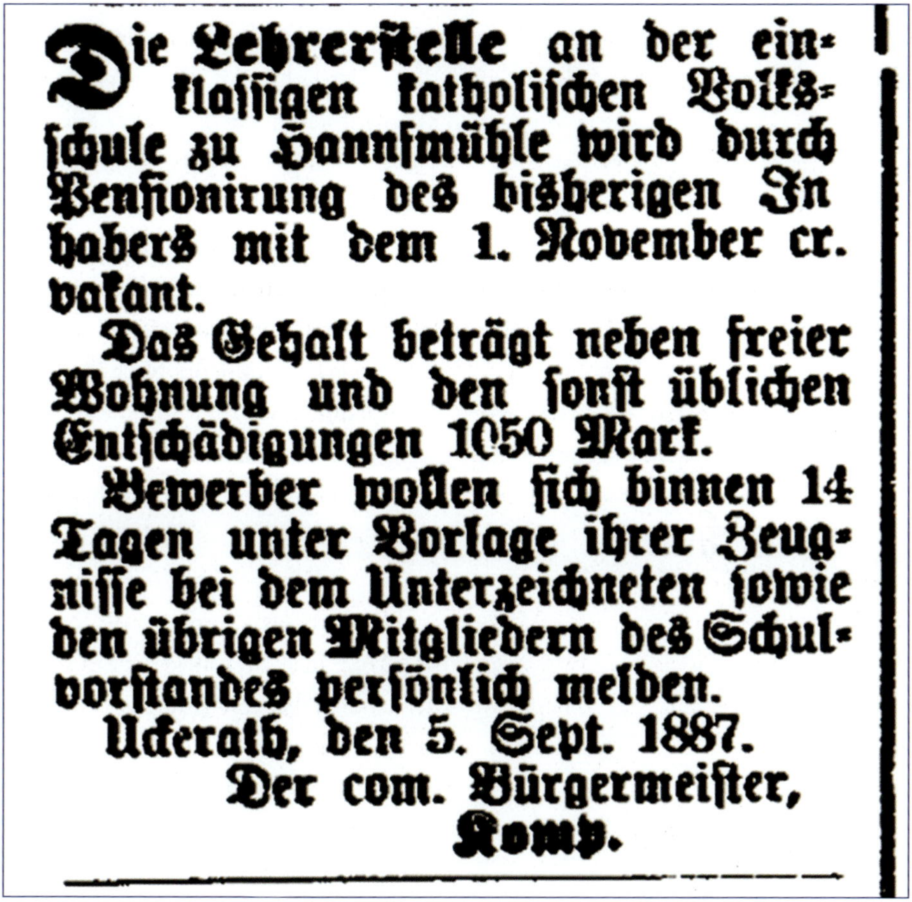

Die Lehrerstelle an der einklassigen katholischen Volksschule zu Hannsmühle wird durch Pensionirung des bisherigen Inhabers mit dem 1. November cr. vakant.

Das Gehalt beträgt neben freier Wohnung und den sonst üblichen Entschädigungen 1050 Mark.

Bewerber wollen sich binnen 14 Tagen unter Vorlage ihrer Zeugnisse bei dem Unterzeichneten sowie den übrigen Mitgliedern des Schulvorstandes persönlich melden.

Uckerath, den 5. Sept. 1887.

Der com. Bürgermeister,

Komp.

Ausschriebung der Lehrerstelle in Hanfmühle.

beeindruckende Schilderung des Schullebens im 19. Jahrhundert. Ein für diese Zeit typische Besonderheit der Mittagsversorgung wird hier beschrieben: Die Kinder brachten ihr Mittagessen von zu Hause mit und dieses wurde dann in benachbarten Häusern warm gemacht und in der Schule gegessen.

1791 taucht bei Goldschmidt eine Schule in Wellesberg auf, die von 48 katholischen Kindern besucht wurde. Nach 1815 wird diese Schule nicht mehr erwähnt, vermutlich war sie ein Vorläufer der Schule im Hanftal.

Weiterführende Hinweise: 8, 18, 33, 64, 76

Eichholz

Im Archiv der Stadt Hennef liegt eine Liste der Lehrpersonen ab 1874 vor, dem Jahr als in Eichholz die Schule eröffnet wurde. Die Verweildauer der Lehrer an dieser Schule war ausgesprochen kurz, in den meisten Fällen weniger als ein Jahr. Ständig musste die Lehrerstelle nachbesetzt werden und das dauerte. Dadurch fiel häufig Unterricht aus, zeitweise ein ganzes Jahr. Den Kindern wurde der Besuch der Schule in Süchterscheid angeboten, aber die Wege waren zu weit und so ging man erst garnicht zur Schule. Im Mai 1918 erhielt der

Alte Schule in Eichholz, hier bereits nach dem 2. Weltkrieg.

Lehrer Schmitz, gerade mal einen Monat dort tätig, den Gestellungsbefehl als Soldat. Auf ihn folgte Lehrer Gilles, der Kontinuität in die Besetzung der Schule brachte und ebenda bis 1933 tätig war, bis die Nazis ihn aus politischen Gründen entließen. Er beschreibt in der Schulchronik bei der Übernahme seines Lehramtes im Sommer 1918 die Situation an der Schule so: *„Die Kinder des dritten Schuljahres lesen noch in der ersten Fibel. Das fünfte Schuljahr buchstabiert im ersten Lesebuch. Das erste Schuljahr hatte noch keinen Unterricht. Die meisten Kinder der Oberstufe hatten in vielen Fächern noch gar keinen Unterricht. Zu verwundern ist das nicht. In den ersten 4 Kriegsjahren haben nicht weniger als 13 Lehrer an dieser Schule „eine kurze Erholung"* gehabt. Durch den ständigen Wechsel der Lehrer ist der Lernstand derart zurückgeblieben, daß man angestrengt arbeiten muß, um in Jahren die Schüler auf den Stand zu bringen, auf dem sie stehen müssten."

Weiterführende Hinweise: 53, 64, 68

Lichtenberg

Im Jahre 1836 stellte die Honschaft Lichtenberg bei der Samtgemeinde Uckerath den Antrag auf Errichtung einer Nebenschule in Lichtenberg mit der Begründung: *„100 schulpflichtige Kinder müßen Sommer wie Winter die weiten Schulwege nach Uckerath machen."* Obwohl die Hauptgemeinde Uckerath diesen Antrag ablehnte, hatte die Regierung in Köln ein Einsehen und genehmigte am 11.Juni 1836 die Gründung einer Nebenschule in Lichtenberg. So beschreibt die 1936 herausgegebene Festschrift zum 100-jährigen Bestehen der Schule den Schulstart in Lichtenberg. In dieser Festschrift wird weiter detailliert aus der Chronik der Schule zitiert: *„Am 18.11.1856 sassen oder standen 157 Kinder zusammengepfercht im Schulzimmer, das eigentlich schon mit 63 Kindern überfüllt war."* Man forderte den Neubau einer Schule. 1863 wurde die neue Schule bezogen; die hatte aber so viel Mängel, dass bereits 1869 wieder Schulräume angemietet werden mussten. Nach der Sanierung erfolgte 1878 eine weitere Instandsetzung für die einklassige

Klassenfoto der Schule Lichtenberg, 1918.

Volksschule. 1888 traten erneut schwere Schäden auf, die beseitigt werden mussten. Die Geschichte der Schule in Lichtenberg besteht größtenteils aus Berichten von überfüllten Klassen und der Behebung von Baumängeln. „Das Schulhaus, ein wahres Schmerzenskind der Gemeinde Uckerath", heißt es dann auch in der Chronik der Schule.

Weiterführende Hinweise: 9, 43, 64, 76

Süchterscheid

Mit diesem Dekret beginnt die Schulgeschichte in Süchterscheid: *„Gegenwärtiger Brief, welcher neunzig Blätter enthält, wurde heute in Folge Verfügung der Königlichen Regierung zu Köln vom 23. August 1842 B. 13, 637 / Amtsblatt Stück 36. No 558 de 1842 dem Lehrer der Schule zu Süchterscheid übergeben Uckerath den 11ten Februar 1843" Der Bürgermeister"*

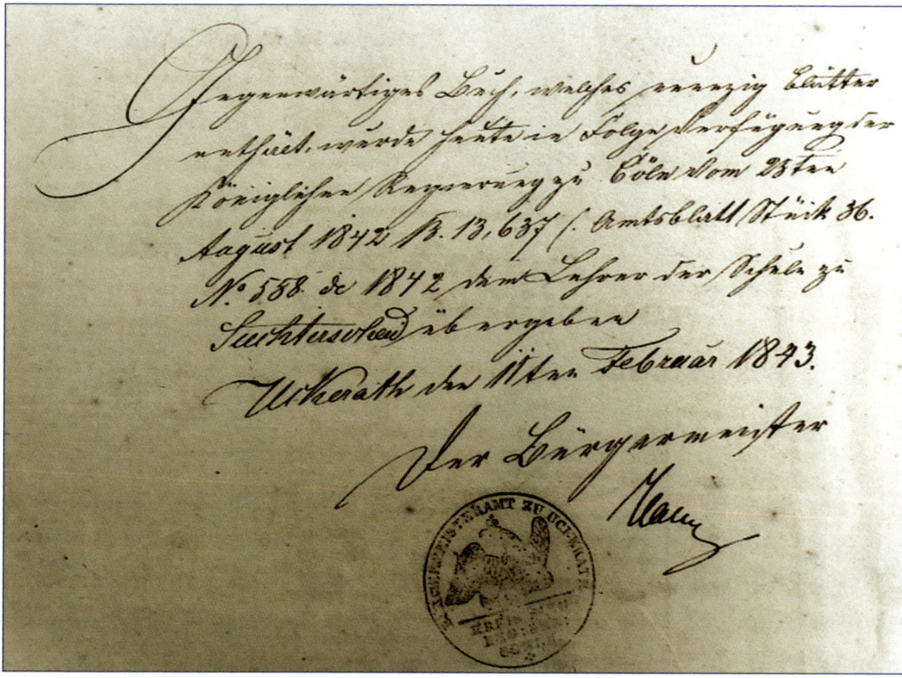

Gegenwärtiges Buch, welches zwanzig Blätter
enthält, wurde heute in Folge Verfügung der
Königlichen Regierung zu Cöln vom 23ten
August 1842 B. 13.637 (s. Amtsblatt Stück 36.
No. 558 de 1842) dem Lehrer der Schule zu
Süchterscheid übergeben.
Uckerath den 11ten Februar 1843.
Der Bürgermeister

Erster Nachweis der Schule in Süchterscheid.

Zuvor hatten die Kinder des Höhenstreifens über Mittel- und Niederscheid einen weiten Schulweg; sie besuchten die Schule im Kloster Merten.

Ganz anders als in Eichholz herrschte bei der Lehrerbesetzung hier eine hohe Kontinuität. Der Lehrer Schmitz war seit 1843 an der Schule tätig und blieb dort 47 Jahre lang bis 1890.

In einem Zeitungsbericht zum Neubau der Schule in Süchterscheid 1962 wird noch mal dargestellt, welche Zustände in der alten Schule herrschten: *„Das Schulzimmer und die Lehrerwohnung wurden mit eisernen Öfen geheizt, so daß im Winter die in der Nähe des Ofens sitzenden Kinder gebraten wurden, während die am Fenster sitzenden froren."*

Weiterführende Hinweise: 15, 64, 86

b) Weitere Schulen

Neben den Elementarschulen gab es im Hennefer Raum eine große Anzahl weiterer Schulen und Bildungsangebote, die größtenteils auf privater Initiative beruhten.

Klosterschulen

Hier sind zunächst die beiden Klosterschulen in Seligenthal und Bödingen zu nennen, über die ausführliche Beschreibungen vorliegen. Sie gehören wohl zu den ältesten Schulen des Stadtgebietes.

Das Kloster in Seligenthal wurde 1231 gegründet und unterhielt wie die meisten mittelalterlichen Klöster auch eine Klosterschule; wann genau mit dem Schulbetrieb begonnen wurde bleibt offen. 1654 gründete der franziskanische Ordenszweig der Minoriten in Seligenthal eine kleine Niederlassung. Sie erhielten das Gebäude mit der Auflage, dort eine zweiklassige „Trivialschule" einzurichten; es wurde das von 1654 bis 1804 betriebene Gymnasium der Minoriten. Seit dem 17. Jahrhundert wurde der Ausdruck Trivialschule speziell für Schulen verwendet, die auf höhere Lateinschulen vorbereiteten. Im Jahr 1782 eröffnete das Kloster sogar eine Mädchenschule; in einer Zeit, als Mädchen nur begrenzten Zugang zu Bildung hatten, war dies ein bemerkenswerter Schritt. Nachdem das Kloster 1803 aufgehoben wurde, gab es erst 1836 in Seligenthal wieder regelmäßigen Schulunterricht für die Kinder der Umgebung. Dass die Seligenthaler Mönche bildungsinteressiert waren zeigt sich auch daran, dass sie um 1500 einen eigenen Katechismus erstellten, der für die Schulen der Region Gültigkeit hatte: „Ein schoene kerstliche Unterwysung op die tien Gebode, en op die XII Artikel des Kersten geloven mit dat Pater noster en Ave Maria der engelscher Groeten en ouk alle de Artikelen derjenigen Bychten, wo dat man alle Sunden onderschieden soll.", heißt es bei Binterim.

1424 wurde das Kloster in Bödingen gegründet, nachdem bereits einige Jahre zuvor dort eine Wallfahrtskirche bestanden hatte. Das Kloster wurde ebenfalls 1803 im Zuge der Säkularisation aufgelöst und damit auch das Schulangebot des Klosters beendet, welches darin bestand, dass es eine höhere Klosterschule zur Ausbildung von Weltgeistlichen, den Klosternovizen sowie „wissenschaftlicher Stände" gab; daneben leitete ein Klosterbruder eine Elementarschule für die Kinder der Umgebung. Über beide Klosterschulen liegt bereits viel Literatur vor.

Weiterführende Hinweise: 5, 6, 16, 33, 34, 57

„Mittlere und Höhere" Schulen

Um die Jahrhundertwende gab es in Hennef drei private Höhere Schulen, eine Höhere Töchter- bzw. Mädchenschule in Geistingen und die Höhere Knabenschule in der Warth. Weiterhin bestand eine „Privat-Mittelschule" in Hennef, die später ebenfalls zu einer Höheren Mädchenschule ausgebaut wurde.

Der Begriff „Höhere Schule" bezeichnete früher die Gymnasien/Progymnasien der Knaben. Daneben existierte für Mädchen die sogenannte höhere Mädchenschule oder höhere Töchterschule, manchmal auch als Lyzeum oder Mädchenpensionat angegeben. Von den Schulstufen her sind diese Schulen mit der Sekundarstufe I vergleichbar, also der fünften bis zehnten Klasse des heutigen Schulsystems. Das Angebot der Hennefer Schule bestand aber darüber hinaus bereits mit den Klassen der heutigen Grundschule; dort konnte ersatzweise die Schulpflicht schon ab dem ersten Schuljahr der Volksschulen abgeleistet werden.

Diese Schulen waren vorgesehen für Kinder aus mittleren und höheren Sozialschichten und hatten auf diese Schichten bezogene Erziehungs- und Bildungsaufgaben zu erfüllen sowie in ihrer Außendarstellung den Abstand zu den Elementar-/Volksschulen zum Ausdruck zu bringen. Das wurde unter anderem durch ein entsprechend hohes Schulgeld sichergestellt. Der Bildungskanon für Mädchen war im Vergleich zu dem der Knaben deutlich eingeschränkt, da der Zugang für Mädchen zu einem Universitätsstudium doch ausgesprochen schwierig, wenn nicht unmöglich war. Bei den neueren/modernen Fremdsprachen war Französisch stärker in den Stundenplänen vertreten als Englisch.

Der wirtschaftliche Aufschwung Hennefs, die beachtliche Bevölkerungszunahme, die Nachfrage nach qualifizierten Arbeitskräften und ein gesteigertes Bildungsbewusstsein führten unter anderem zu einem Ausbau der Schulangebote. Bei den höheren Schulen kam hinzu, dass Kinder aus gehobenen Sozialschichten getrennt von den allgemeinen Elementarschulen beschult werden sollten.

Am 9. August 1892 berichtet die Hennefer Zeitung über die Errichtung eines Pensionates in Geistingen durch Frl. Kratz. 1900 wird daraus die Höhere Mädchenschule Hennef. „Der Unterricht wird nach dem für 9-klassige höhere Mädchenschulen von der Unterrichtsbehörde vorgeschriebenen Lehrplan erteilt. In der III. Klasse, Unterstufe, sind die Schülerinnen im Alter von 7, 8 und 9 Jahren. In der II. Klasse, Mittelstufe, sind die Schülerinnen von 10, 11 und 12 Jahren. Die I. Klasse, Oberstufe, umfaßt das 13.,14. Und 15. Lebensjahr." Gebäudezustand, Lehrerinnenbesetzung, Unterrichtsinhalte und Schulgeld werden in dem Artikel der Hennefer Zeitung vom 6.3.1904 ausführlich dargestellt .

Die zweite „Höhere Töchterschule" wird von einer Frau Meyer geleitet; sie startete 1887 als „Privat-Mittelschule" in Hennef und erweiterte das Angebot mit Beginn des neuen Jahrhunderts als „Höhere Töchterschule". Die Struktur der Schule entsprach dem der Kratz-Schule in Geistingen. In einem Bericht der Bürgermeisterei Hennef von 1908 werden die Schülerinnenzahlen der beiden Schulen genannt: 28 in Geistingen und 34 in Hennef. Durch die günstige Bahnverbindung besuchten auch einige auswärtige Kinder die Schule.

Als dritte höhere Schule ist die Knabenschule in der Warth aufzuführen. Sie ist älter als die beiden Mädchenschulen. Bereits am 18.3.1871 wird nach einem Bericht der Siegburger Zeitung dem „Candidaten des höhe-

Höhere Mädchenschule Hennef.

Vorsteherin **El. Kratz.**

Das Schuljahr beginnt am **21. April 1904.** Aufgenommen können alle Mädchen im Alter von 7—16 Jahren werden.

Mit Beginn des neuen Schuljahres wird für die **Oberstufe** ein **kaufm. Kursus** eingelegt, der **Maschinenschreiben, Rundschrift und kaufmänn. Buchführung** umfaßt.

Prospekte stehen gerne zu Diensten.

Die Vorsteherin.

Anzeige der Höheren Mädchenschule Hennef in der Hennefer Volkszeitung, 1904.

ren Schulamts, Hr. Schulzen die Erlaubnis zur Errichtung einer höheren Privat-Knabenschule in Hennef ertheilt“.

Weiterführende Hinweise: 7, 38, 41, 45, 47, 54, 55, 60, 77

Fortbildungsschule / Carl-Reuther-Berufskolleg

Im letzten Viertel des 19. Jahrhunderts nahm die Hennefer Industrie einen großen wirtschaftlichen Aufschwung. Man brauchte entsprechend ausgebildete Arbeiter, die auch über angemessenes Fachwissen für die Arbeit in den Fabriken verfügten.

In Preußen bestanden zu dieser Zeit einige gewerbliche und kaufmännische Fortbildungsschulen. 1897 erließ die preußische Regierung neue verbindliche Lehrpläne für die Fortbildungsschulen und verfügte eine Fortbildungspflicht für alle Gruppen

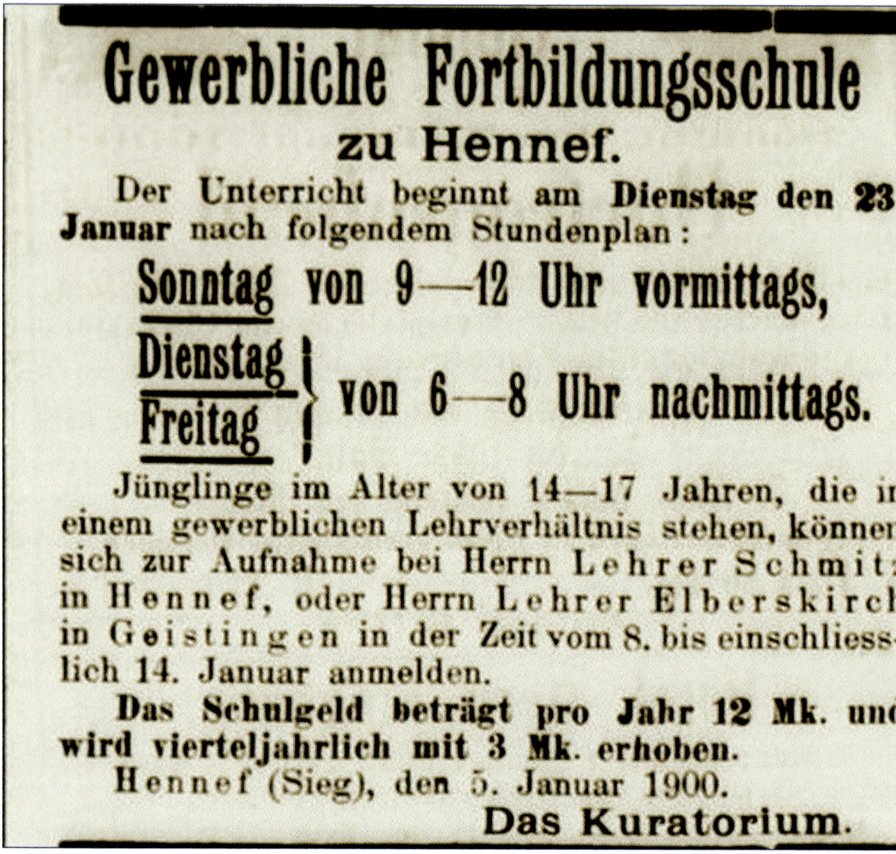

Gewerbliche Fortbildungsschule zu Hennef.

Der Unterricht beginnt am **Dienstag den 23 Januar** nach folgendem Stundenplan:

Sonntag von 9—12 Uhr vormittags,

Dienstag / Freitag } von 6—8 Uhr nachmittags.

Jünglinge im Alter von 14—17 Jahren, die in einem gewerblichen Lehrverhältnis stehen, können sich zur Aufnahme bei Herrn Lehrer Schmitz in Hennef, oder Herrn Lehrer Elberskirch in Geistingen in der Zeit vom 8. bis einschliesslich 14. Januar anmelden.

Das Schulgeld beträgt pro Jahr 12 Mk. und wird vierteljahrlich mit 3 Mk. erhoben.

Hennef (Sieg), den 5. Januar 1900.

Das Kuratorium.

Anzeige der „Geweblichen Fortbildungsschule", später Carl-Reuther-Berufskolleg, 1900.

von gewerblichen Arbeitern, insbesondere auch für die ungelernten und die Fabrikarbeiter.

Seit 1894 plante der Hennefer Fabrikant Carl Reuther die Errichtung einer Fortbildungsschule in Hennef. Dafür stiftete er 1897 ein Grundstück und weitere finanzielle Mittel, um ein Schulgebäude zu errichten, das 1899 fertig gestellt wurde. Der Schulbetrieb der „Gewerblichen Fortbildungsschule der Carl-Reuther-Stiftung" wurde am 25.1.1900 mit 65 Schülern eröffnet, berichtet die Hennefer Zeitung; „besucht wird die Schule größtenteils von

Lehrlingen aus dem Metallgewerbe, die in den örtlichen Fabriken ausgebildet werden." Im Juli 1905 wird durch Erlass eines Ortsstatutes aus der freiwilligen Fortbildungsschule die Gewerbliche Pflichtfortbildungsschule. Es waren harte Zeiten für die Schüler wie aus der Anzeige zu sehen ist; Unterricht fand am Sonntagmorgen und jeweils nachmittags nach der Arbeit von 18:00 bis 20: 00 Uhr statt. Die Schule besteht bis heute als Carl-Reuther-Berufskolleg des Rhein-Sieg-Kreises, gegenwärtig allerdings mit ca. 2500 Schülerinnen und Schülern.

Eine Besonderheit sei noch erwähnt: Seit Beginn des Jahrhunderts hatte Carl Reuther in der neu erbauten Fortbildungsschule dem Amt Hennef eine „Volkslesehalle" zur Verfügung gestellt. Volkslesehallen waren damals so etwas wie eine öffentliche Bibliothek, die für jedermann nutzbar war. Die Hennefer Volkszeitung beschreibt sie so: „Die Bibliothek ist reichhaltig. Nicht nur laufende Schriften und Fachblätter, sondern namentlich die vorhandenen gediegenen Werke aus den Gebieten der Technik, des Handels, des Handwerks, der Landwirtschaft, neben neuesten Büchern der Forschung, Geschichte etc. und lehrreichen Erzählungen dürften das Interesse der Leser stets wachhalten." Hennef hatte also bereits seit der Jahrhundertwende dank Carl Reuther eine öffentliche Bibliothek.

Weiterführende Hinweise: 3, 4, 38, 39, 59

<u>Landwirtschaftliche Winterschule (De Knolleschol)</u>

Ab etwa der Mitte des 19. Jahrhunderts war das ländliche Schulwesen so geordnet, dass alle Kinder eine achtjährige Volks-/Elementarschule besuchten. Für den bäuerlichen Nachwuchs brauchte man aber eine besondere Schulung und dafür errichtete man für junge Bauern die sogenannte Winterschule. 1890 berichtet das Siegburger Kreisblatt über den Stand des Ausbaus der Winterschulen.

Da der Arbeitsaufwand in den landwirtschaftlichen Betrieben von Frühjahr bis Herbst sehr groß und die Mechanisierung nur gering entwickelt war, wurden alle verfügbaren Kräfte

Die „Landwirtschaftliche Winterschule".

im Betrieb benötigt. Deshalb fand die Schule nur in den Wintermonaten von November bis März statt. In einem Prospekt von 1905 wird diese Art von Schule so beschrieben: „Die landwirtschaftliche Winterschule stellt sich die Aufgabe, den Söhnen unserer Landwirte diejenigen landwirtschaftlichen und naturwissenschaftlichen Kenntnisse zu lehren, die zum einträglichen Betriebe der Landwirtschaft heute unbedingt notwendig sind. Sie schließt sich in ihrem Lehrgange an die Kenntnisse, welche durch die mittleren Leistungen einer Volksschule den Schülern in den elementaren Fächern: Rechnen, Lesen, Deutsch beigebracht sind, an und ergänzt diese. Die Unterrichtsgegenstände sind auf zwei vollständig getrennte Klassen verteilt und zwar so, daß im ersten Winter die Unterklasse und im zweiten Winter die Oberklasse besucht wird. Der ganze Kursus nimmt also zwei Winter in Anspruch und kann wegen der Fülle der Lehrgegenstände nicht verkürzt werden. Ein jeder Schüler, der wirklich Erfolg von dem Unterrichte haben will, muß beide Klassen durchmachen."

1875 gründete man in Gummersbach eine Winterschule; auf Grund der weiten Entfernung errichtete man 1882 für den Siegkreis eine Schule in Oberpleis. Wegen einiger Differenzen beim Schulbetrieb und wegen der besseren Erreichbarkeit durch den Bahnanschluss wurde die Schule nach Hennef verlegt. Am 1. Juni 1903 nahm die „Landwirtschaftliche Winterschule Hennef" ihren Betrieb auf in den Räumen der Fortbildungsschule der Carl-Reuther-Stiftung. Sein Sohn, Wilhelm Reuther, stellte für den geplanten Neubau einer Landwirtschaftsschule das Grundstück zur Verfügung und übernahm auch die Baukosten für die Maschinen- und Vorführungshalle. Am 30. März 1912 fand dann die Eröffnung des neuen Schulgebäudes gegenüber dem Bahnhof statt. Im Archiv des Rhein-Sieg-Kreises befindet sich eine große Menge von Unterlagen über Planung, Bau und Unterhaltung der Schule, die damals als beispielhaft galt.

Direktor Dr. Sehnert, Lehrer Vortmann, Kuttenkeuler, Pfarrer Hochköpper mit Jahrgang 1919/20

Klassenfoto der Winterschule, 1920.

Auch die Gemeinde Uckerath unterhielt eine Winterschule in Hanfmühle. Im Archiv der Stadt Hennef liegt der Haushaltsplan der „Ländlichen Winter-Fortbildungsschule zu Hanfmühle“ aus dem Jahr 1896/97 vor. Dem Plan ist ein Bericht des Lehrers der Schule an den Bürgermeister beigefügt, aus dem einiges über den Betrieb dieser Schulen deutlich wird:“ Der Schulbesuch ist trotz der ständig schlechten Witterung in letzter Zeit recht befriedigend. Die Schülerzahl ist 22. ... Die Schüler folgen mit Interesse dem Unterricht und sind größtenteils in der Lage, Briefe, Geschäftsbriefe aller Art, Rechnungen, Scheine, Verträge und andere im bürgerlichen Leben vorkommende Schriftstücke und Rechnungen anzufertigen. Die sich auf die Landwirtschaft beziehenden Schriftstücke und sich daran anschließenden Erklärungen und Belehrungen wurden gut aufgefaßt und behalten.“

Weiterführende Hinweise: 3, 28, 37, 38, 50, 63, 80, 85 .

Hochschule der Redemptoristen, 1905.

Hochschule Redemptoristen

Am 8. September 1903 eröffneten die Redemptoristen in Geistingen ihr Kloster, das zur Ausbildung des Priesternachwuchses vorgesehen war. Die bisherige Hochschule in Trier war zu klein geworden, man benötigte weitere Ausbildungsstätten. Die wechselvolle Geschichte des Klosters, die Baumaßnahmen und die philosophisch-theologische Hochschularbeit sind ausführlich in einem Aufsatz von Michael Kratz in den Beiträgen zur Geschichte der Stadt Hennef beschrieben.

Weiterführende Hinweise: 48, 84

Wanderhaushaltungsschule

Eine Besonderheit zu Beginn des 20. Jahrhunderts war die Einrichtung von Wanderhaushaltungsschulen. In diesen Schulen wurden Mädchen unterrichtet und auf eine Rolle im landwirtschaftlichen Haushalt vorbereitet; ihnen wurden praktische Kenntnisse vermittelt mit Kursen in Kochen, Wäschepflege und anderen häuslichen Fertigkeiten.

Die Hennefer Volkszeitung beschreibt in einem ausführlichen Bericht am 29. Mai 1912 die Abschlussfeier eines solchen Kurses: *„Zu dieser Veranstaltung hatten sich über 100 Einwohner der Bürgermeisterei eingefunden. Einleitend wurde ein von den Kursistinnen bereiteter Kaffee mit verschiedenem Gebäck den Gästen dargeboten. … 15 junge Damen hatten sich in der kurzen Zeit von 2 Monaten recht viele Kenntnisse auf dem Gebiet der Nahrungsmittellehre, Auswahl der Nahrungsmittel, Besorgung des Tisches, Instandhaltung der Kleidung und Wäsche und Besorgung der Wohn-, Schlaf- und Krankenräume, sowie der häuslichen Buchführung erworben. Ein von einer Kursistin recht wirkungsvoll vorgetragenes Gedicht, welches darin gipfelte, daß eine Frau, die es verstehe, zu kochen, braten, backen und bügeln, des Hauses größter Reichtum sei, bildete den Schluß des offiziellen Teils.“*

Die Wanderhaushaltungsschulen wurden vom Siegkreis als Träger organisiert, fanden recht guten Zuspruch wie der Zeitungsartikel zeigt, dauerten zwei Monaten, hatten jeweils eine Höchstteilnehmerinnenzahl von 15 und wurden bis in die 1930er Jahre hin abgehalten.

Weiterführende Hinweise: 38, 83.

Ferien-Kolonien

Eine weitere Besonderheit waren die sogenannten Ferien-Kolonien für „schwächliche Kinder" des Vereins für Kölner „Ferien-Colonien". Ab 1882 gab es Verträge zwischen diesem Verein und gemieteten Unterkünften im Hennefer Raum.

Das Siegburger Kreisblatt berichtet am 27.8.1887 über diese Aktion, die bis 1917 als „schulische Maßnahmen" umgesetzt wurden. Als Unterkünfte dienten in Hennef: Gastwirtschaft Bröhl, Geistingen (Lehrerin Fräulein Hilden), Schlosser Zolper, Allner (Lehrerin Fräulein Schmitz), Gastwirtschaft Walterscheid, Weingartsgasse (Lehrerin Frau Becker), Gastwirtschaft Eich, Happerschoß (Lehrerin Frau Reiser) für Mädchen und für Knaben die Gastwirtschaft Dreesen in Stein (Lehrer Ritsch).

In der Kölnischen Zeitung wird wiederholt darüber informiert wie die 3-wöchigen Schul-Ferienkurse abliefen: *„Nachdem unsere schwächlichen Schulkinder für den Landaufenthalt mit dem nötigen Bedarf ausreichend versehen, gewogen und nochmals ärztlich untersucht worden sind, werden sie morgen früh zur Sieg fahren."* Und im Bericht des Jahres 1896 ist zu lesen: "Im vergangenen Jahr fanden während 21 Verpflegungstagen in 8 Feriencolonien ... 114 Mädchen und 113 Knaben der verschiedenen Confessionen unter Aufsicht von Lehrerinnen und Lehrern Aufnahme."

Weiterführende Hinweise: 44, 45, 76

Und zum Schluss als Schmankerl noch ein freundliches Angebot aus dem Sieg-Boten vom 26.10.1889.

Was es doch früher so alles gab! Spezielle Taschentücher für die Schule! Im Zeitalter der Tempo-Taschentü-

Ein Schultaschentuch darf nicht fehlen!

cher kaum vorstellbar, aber auch auf diesen mit den entsprechenden Aufdrucken gut machbar. Die Taschentücher waren aber anscheinend nur für kleinere Kinder im ersten und zweiten Schuljahr geeignet mit hübschen Bildern aus der Bibel und Rechenaufgaben – und alles von der Schulbehörde empfohlen! Leider war der Preis nicht zu erfahren.

Literaturverzeichnis

1 Apel, Hans-Jürgen/Klöcker, Michael: Schulwirklichkeit in Rheinpreußen, Köln 1986.

2. Berg, Christa, Die Okkupation der Schule, Heidelberg 1973.

3. Balensiefen/Fischer: Beiträge zur Geschichte der Gemeinde Hennef-Sieg, Band 7, Hennef

1979.

4. Berufskolleg Hennef: Die Schulchronik ab 1897. In: www.bk-hennef.de.
5. Binterim, Pragmatische Geschichte der Deutsche Concilien, Band 7, Mainz 1851.
6. Busch, Gabriel: Bödingen ist eine Wallfahrt wert. Reckinger, Siegburg 1981..
7. Cauer, Paul: Das höhere Schulwesen, Berlin 1914.
8. Chronik der Kath. Volksschule Dahlhausen, Archiv der Stadt Hennef, U-438.
9. Chronik der kath. Volksschule Lichtenberg, Archiv der Stadt Hennef, U-439.
10. Chronik der katholischen Volksschule Rott, II. Band, Archiv der Stadt Hennef, H-88.
11. Chronik der kath. Volksschule Uckerath vom 1. März 1946, Archiv der Stadt Hennef, U-446.
12. Chronik der Schule Happerschoß, Archiv der Stadt Hennef, L-351.
13. Chronik der Schule zu Broelthal, Archiv der Stadt Hennef, L-360.
14. Chronik der Volksschule Blankenberg, Archiv der Stadt Hennef, U-460.
15. Chronik der Volksschule Süchterscheid, Archiv der Stadt Hennef, U-442 und U-443.
16. Delvos, C. H. T.: Geschichte der Pfarreien des Dekanates Siegburg, Köln 1896.
17. Dillmann, Erwin, Institution Schule und mental-kultureller Prozess, in: Jahrbuch für Historische Bildungsforschung, Bd. 1, Weinheim 1993.
18. „Ein alter Dorfbewohner erzählt“, Dahlhausen 18.5.1950, in: Archiv der Stadt Hennef, U-438
19. Elberskirch, Ludwig: 1100 Jahr Geistingen, hrsg. von den Ortsvereinen Geistingen, Hennef 1985
20. Elberskirch, Ludwig: Aus der Geschichte des Dorfes Geistingen, in: 100 Jahre Männer-Gesangverein Geistingen 1874 – 1974, Hennef 1974
21. Elberskirch, Ludwig: Die Durchsetzung der allgemeinen

Schulpflicht im Siegkreis, in: Heimatblätter des Rhein-Sieg-Kreises, Heft 59 (1991)

22. Elberskirch, Ludwig: Die Erbauung der alten Schule Hennef, Steinstraße Nr. 4, 1803-1826, in: Heimatblätter des Rhein-Sieg-Kreises, Heft 54/55 (1986/87)
23. Elberskirch, Ludwig: Die Volksschule Hennef in den dreißiger und vierziger Jahren des 19. Jahrhunderts, in: Heimatblätter des Rhein-Sieg-Kreises, Heft 56 (1988)
24. Elberskirch, Ludwig: Die Volksschule Hennef in der zweiten Hälfte des 19. Jahrhunderts, in: Heimatblätter des Rhein-Sieg-Kreises Heft 57 (1989)
25. Elberskirch, Ludwig: Neubau einer Schule in Rott 1860, in: Heimatblätter des Rhein-Sieg-Kreises 1986/87
26. Färber, Fritz: Geschichte der Schulen der evangelischen Gemeinde Seelscheid, Seelscheid 1929.
27. Fischer, Helmut: Blankenberg, Siegburg 1995.
28. Fischer, Helmut: Die Landwirtschaftsschule in Hennef, in: Jahrbuch des Rhein-Sieg-Kreises 1987, Siegburg 1986
29. Fischer, Helmut: Geistingen: Die Geschichte bis zum Beginn des 19, Jahrhunderts, in: Beiträge zur Geschichte der Stadt Hennef, Neue Folge Band 3 (2009), Hennef 2009.
30. Fischer, Helmut: Geschichte der Schule Blankenberg, in: Heimatblätter des Rhein-Siegkreises, 38. Jahrgang, Heft 96, Siegburg 1970.
31. Fischer, Helmut: Kleine Geschichte von Stadt Blankenberg, Heimat- und Verkehrsverein Stadt Blankenberg e.V., Hennef 2007
32. Fischer, Helmut: Warth, jetzt ein Teil von Hennef, in: Beiträge zur Geschichte der Stadt Hennef, Band 4 (2010).
33. Fleck, Andrea (2008), Hochschulen und Höhere Schulen 1500-1814/15. (Geschichtlicher Atlas der Rheinlande, XII.6.) S. 45, Bonn.
34. Goldschmidt, H: Amtliche Sta-

tistik am Niederrhein im 18. Jahrhundert. Das Amt Blankenberg. In: Jahrbücher für Nationalökonomie und Statistik, 103, III. Folge, Band 53, Jena 1917.

35. Handbuch der Erzdiözese Köln, 19. Und 21. Ausgabe, Cöln 1905, S. 251 und Köln 1911, S. 275.
36. Handbuch des Erzbistums Köln von 1933, Historisches Archiv des Erzbistums Köln, Dekanat Uckerath, S. 598.
37. Haushaltsplan der ländlichen Fortbildungsschule zu Hanfmühle, Archiv der Stadt Hennef
38. Hennefer Zeitung und Hennefer Volkszeitung mit vielen diversen Artikeln, im Netz unter: www.hennef.de
39. Hermann von Seefeld: Die Fach- und Fortbildungsschulen, Berlin 1914.
40. Hühnermann, Ralf: Johann Adam Stumm, 1835 -1929, Lehrer in Geistingen und Hennef, in: Beiträge zur Geschichte der Stadt Hennef, Band 17 (2023).
41. Jeismann/Lundgren: Handbuch der deutschen Bildungsgeschichte, Band III, München 1987.
42. Kistenich, Johannes: Schule im Rheinland zwischen Reformation und Revolution, Köln 1999.
43. Klein, H.: Festschrift zum 100-jährigen Bestehen der Schule Lichtenberg, Archiv der Stadt Hennef, Inv.Nr. U-439.
44. Kölner Verein für Ferien-Kolonien: Verteilungsplan 1914, im Archiv der Stadt Sankt Augustin, ME/R11.
45. Kölnische Zeitung, div. Artikel.
46. Königliche Cabinetsorder über zeitgemäße Reformen im Schulunterricht, 1. Mai 1889
47. Kraul, Margret: Höhere Mädchenschulen. In: Handbuch der deutschen Bildungsgeschichte, Band 4: 1870 – 1918 : von der Reichsgründung bis zum Ende des Ersten Weltkriegs. Herausgegeben von Christ Berg. 1991, S. 279 – 303.
48. Kratz, Michael: Das Redemptoristenkloster in Geistingen, 1903-2006, in: Beiträge zur

Geschichte der Stadt Hennef, Neue Folge Band 5, Hennef 2011.

49. Kuhlemann, Frank-Michael, Modernisierung und Disziplinierung. Sozialgeschichte des preußischen Volksschulwesens 1794–1872, Göttingen 1992.
50. Ländliche Fortbildungsschule, Archiv des Rhein-Sieg-Kreises, LSK 1524.
51. Link, Robert: Die Entwicklung des Hennefer Schulwesens, ein geschichtlicher Überblick, in: Siegburger Zeitung vom 19.12.1935.
52. Link, Robert: Die Entwicklung des Hennefer Schulwesens bis zum Beginn des 20. Jahrhunderts, in: Beiträge zur Geschichte der Gemeinde Hennef, Hennef 1972.
53. Lehrerliste Eichholz, Archiv der Stadt Hennef, U-441.
54. Lexikoneintrag zu »Mädchenschulen«. Meyers Großes Konversations-Lexikon, Band 13. Leipzig 1908, S. 34-38, 1905.
55. Lohbeck, Lucas: Das höhere Schulwesen in Preußen im 19. Jahrhundert, Marburg : Tectum Verlag, 2005..
56. Lundgren, Peter: Sozialgeschichte der deutschen Schule, Teil I, Göttingen 1980.
57. Mittler, Mauritius: Das Bödinger Memorienbuch. Respublica-Verlag, Siegburg 1971.
58. Müller, Peter: Heimatkunde des Kreises Sieg, Siegburg 1898, Neudruck Honnef, 1981.
59. Ortssatzung betreffend die gewerbliche Fortbildungsschule in Hennef, 1905, in: Gewerbliche Fortbildungsschulen, Archiv des Rhein-Sieg-Kreises, LSK 0383.
60. Private Höhere Mädchenschule Hennef, Landesarchiv NRW Abt. Rheinland, Landratsamt Siegkreis BR 0043, Nr. 96.
61. Pützstück, Friedhelm: „Die Brölschule hat geschichtlichen Wert“: In: Beiträge zur Geschichte der Stadt Hennef, Neue Folge Band 3, Hennef 2009.
62. Redlich, Otto: Zur Kirchenpolitik Herzogs Wilhelm V., in: Zeitschrift des Bergischen Geschichtsvereins Band 42, 1909.
63. Ruebenberge.de/Landwirt-

schaftliche Winterschule seit 1866.

64. Rupprath/Müller-Grote: Zeittafel zur Hennefer Geschichte, Hennef 2015.
65. Rutt, Theodor: Land an Sieg und Rhein, Bonn 1960,
66. Sauer, Michael: Volksschulbildung in Preußen, die Seminare und Präparandenanstalten vom 18. Jahrhundert bis zur Weimarer Republik, Köln 1987.
67. Schindling, Anton: Bildung und Wissenschaft in der frühen Neuzeit 1650 – 1800, München 1994.
68. Schulchronik der Schule Eichholz, Archiv der Stadt Hennef, U-440.
69. Schulchronik der Schule Rott, Band I, Archiv der Stadt Hennef, H-100.
70. Schulchronik der Schule zu Söven, Archiv der Stadt Hennef, H 101.
71. Schulchronik der Schule zu Westerhausen, Archiv der Stadt Hennef, H-104
72. Schulchronik Dondorf, Archiv der Stadt Hennef, H-21.
73. Schul-Chronik für die Deutsche Volksschule zu Blankenberg, Archiv der Stadt Hennef, H-514.
74. Schulz, Christoph: Historische Schule Westerhausen, Die Schulchronik 1852 – 1954, Hennef 2000.
75. Sieg-Bote, div. Artikel dieser Zeitung
76. Siegburger Kreisblatt, div. Artikel
77. Siegburger Zeitung, div. Artikel
78. Stumm, Johann Adam: Chronik von Hennef, Hennef in alter Zeit Zusammenstellung aus Annalen und nach persönlichen Erfahrungen von Johann Adam Stumm, Hennef 1927, bearbeitet von Ralph Hühnermann, Hennef 2022, liegt als Abschrift bei Herrn Hühnermann und im Archiv der Stadt Hennef vor.
79. Übersicht des Elementarschulwesens im Kreise Sieg, Siegburg 1863, Archiv der Stadt Hennef, U-304
80. Unterhaltung der landwirtschaftlichen Winterschule in Hennef, Archiv des Rhein-Sieg-

Kreises, LSK 2717.

81. Walterscheid, Dr. J.: Aus alten Bödinger Schulakten, Heimatblätter des Siegkreises, 1939, Heft 1, Siegburg, S.
82. Wesoly, Kurt: Schulische Bildung im Bergischen Land. In: Gorißen, Sassin, Wesoly: Geschichte des Bergischen Landes, Bielefeld 2014.
83. Wiedereinrichtung einer Wanderhaushaltungsschule für den Siegkreis sowie Unterhaltung, Betrieb, Lehrpersonal, Archiv des Rhein-Sieg-Kreises, LSK 1447.
84. Wikipedia: Kloster Geistingen
85. Winterschule Hennef, Archiv des Rhein-Sieg-Kreises: Landratsamt Siegkreis, LSK 3188.
86. Wochenblatt für den Siegkreis, div. Artikel
87. Wittmütz, Volker: Die preußische Elementarschule im 19. Jahrhundert, in: Themenportal Europäische Geschichte, 2007.
88. Wülfing, Fr.: Beschreibung und Mittheilungen über die Resultate der Verwaltung des Kreises Sieg, Siegburg 1862.
89. Zimmermann, Wilhelm: Die Anfänge und der Aufbau des Lehrerbildungs- und Volksschulwesens am Rhein, Köln 1953.

Anmerkungen

1 Veröffentlichung des IFO-Instituts vom 30.8.2023 und RND-Bericht ebenfalls vom 30.8.2023

2 Fischer, Helmut: Geschichte der Schule Blankenberg, in: Heimatblätter des Rhein-Siegkreises, 38. Jahrgang, Heft 96, Siegburg 1970, S.1.

3 Redlich, Otto: Zur Kirchenpolitik Herzogs Wilhelm V., in: Zeitschrift des Bergischen Geschichtsvereins 42, 1909, S. 260.

4 Wesoly, Kurt: Schulische Bildung im Bergischen Land, in: Gorißen, Sassin, Wesoly: Geschichte des Bergischen Landes, Bielefeld 2014, S. 624.

5 Rutt, Theodor: Land an Sieg

und Rhein, Bonn 1960, S. 172.

6 Wesoly, Kurt: a.a.O., S. 657.

7 Fischer, Helmut: Geschichte der Schule Blankenberg, S. 3.

8 Kistenich, Johannes: Schule im Rheinland zwischen Reformation und Revolution, Köln 1999, S. 41.

9 Vgl. Fischer, Helmut: Geschichte der Schule Blankenberg, in: Heimatblätter des Rhein-Siegkreises, 38. Jahrgang, Heft 96, Siegburg 1970, S. 8.

10 Lundgren, Peter: Sozialgeschichte der deutschen Schule, Teil I, Göttingen 1980, S.22.

11 Wesoly, Kurt: a.a.O., S. 627.

12 Wesoly, Kurt: a.a.O., S. 628.

13 Sieg-Bote, Ausgabe vom 22.10 1889.

14 Verordnung zur Einführung der Allgemeinen Schuklpflicht in Preußen von 1717, abgerufen bei https://commons.wikimedia.org/w/index.php?curid=3926012

15 Preußisches Generallandschulreglement, Abbildung abgerufen bei https://de.wikipedia.org/wiki/Generallandschulreglement

16 vgl. Wesoly, Kurt: a.a.O., S. 652.

17 Vgl. Kuhlemann, Frank-Michael, Modernisierung und Disziplinierung. Sozialgeschichte des preußischen Volksschulwesens 1794–1872, Göttingen 1992, S. 107f.

18 Vgl. Wittmütz, Volkmar: Die preußische Elementarschule im 19. Jahrhundert, in: Themenportal Europäische Geschichte, 2007 <www.europa.clio-online.de/searching/id/fdae-1436>.

19 Vgl. dazu Dillmann, Erwin: Institution Schule und mentalkultureller Prozess. In: Jahrbuch für Historische Bildungsforschung, Bd. 1, Weinheim 1993, S. 13–40.

20 Berg, Christa, Die Okkupation der Schule, Heidelberg 1973, S. 72.

21 Hennefer Volkszeitung (HVZ), 8.11.1913.

22 Königliche Cabinetsorder über zeitgemäße Reformen im Schulunterricht, 1. Mai 1889, zitiert nach SK vom 19.11.1890

23 HVZ, 10.11.1892.

24 HVZ, 22.12.1892.

Bildnachweis

Stadtarchiv Hennef:
Repro aller Abbildungen

Erika Rollenske

Der Verein für Europäische Städte-Partnerschaft Hennef e. V.

Geschichte und Geschichten

Die Geschichte eines Vereins beginnt immer dann, wenn Menschen mit gleichen Interessen sich regelmäßig zusammenfinden und ihren Treffen irgendwann eine offizielle Struktur mit gewählten Persönlichkeiten und einer Satzung geben. Ein Gesangsverein singt möglichst viele Jahre lang und belebt das Vereinsleben mit Konzerten, Musikprojekten und Konzertreisen. Zum Jubiläum schreibt dann jemand eine Chronik für die Nachwelt zur Freude jener, die viele Jahre ein gemeinsames Hobby ausgeübt haben.

Städtepartnerschaftsvereine sind anders: Sie werden von einer Gemeinde oder einer Stadt in Auftrag gegeben, vorausgesetzt, auch die Bedenkenträger der politischen Parteien haben ihre Zustimmung zu der Wahl einer geeigneten Partnerstadt erteilt. Die Stadt legt die Aufgaben des Vereins fest und sichert sich ihren Einfluss in der Satzung. Mit diesem Auftrag versehen, sorgen Städtepartnerschaftsvereine viele Jahre lang dafür, dass Hunderte von Menschen aus den verschiedensten Ländern und Gegenden Europas zueinander reisen, miteinander singen, tanzen, kochen, musizieren, Sport treiben, lernen, Länder und Kulturen erforschen und dafür ihr eigenes Zuhause für fremde Menschen öffnen. Zwar könnte man hierüber auch eine nach Jahren geordnete Aufzählung der Ereignisse verfassen, würde aber damit das Wesen des Vereins völlig verfehlen. Die Geschichte eines Städtepartnerschaftsvereins erzählt von Menschen, die immer wieder andere Häuser fremder Menschen besuchen, ihr Essen und ihre Betten probieren, sich über ihre Sitten und Traditionen wundern, viel über fremde Städte, Dörfer und Landschaften lernen, über die europäische Idee diskutieren, Unterschiede und Gemeinsamkeiten entdecken, gemeinsam feiern und miteinander trauern. Die Ereignisse der Vereinsgeschichte sind daher untrennbar verknüpft mit den Menschen, die sie erlebt haben. So soll auch die folgende Schilderung weniger aufzählen, als Schlaglichter auf das Leben und Erleben und die selbst geschaffenen Traditionen des Vereins für Europäische Städtepartnerschaft Hennef e.V. werfen, und viele seiner Mitglieder und Freunde zu Wort kommen lassen.[1] Hierzu habe ich Menschen in den vier Partnerstädten nach ihren Gedanken über Städtepartnerschaft gefragt. Natürlich gab es in den vergangenen 43 Jahren immer wieder herausragende Persönlichkeiten, die innovativ gewirkt, internationale Projekte initiiert und mit großem Engagement für das Gelingen der Partnerschaftsidee gearbeitet haben. Aber getragen wurde diese Gemeinschaft von Hunderten von Bürgerinnen und Bürgern aus Hennef, Banbury, Le Pecq und Nowy Dwór Gdański. Deshalb verzichtet die folgende Beschreibung auf Fotos mit Personen.[2]

Im Jahre 1980 begann für Hennef die Vorgeschichte der Vereinsgründung des Städtepartnerschaftsvereins in einem Pub in Banbury in England[3]:

"Every Friday evening eight of us in Banbury known as "The Battered Husband Club" would meet at a local pub to play Dominos. On this particular evening, a gentleman was sitting on his own, so we invited him to sit with us. He turned out to be German, and was in Banbury on business, he had never played Dominos, and he turned out to have an interest in singing, which we all had, and he turned out to be none other than Manfred Schwellenbach from Hennef. He said we should come and visit him in his country, which we did." Gareth Jeremy, Banbury(1)

Eine "Twinning association" gab es in Banbury schon, Ron Smith, John Portergrill, John Bell und Bob Griffith bemühten sich bereits seit einem Jahr um Ermont, eine mögliche Partnerstadt in Frankreich, und waren auch offen für eine Partnerschaft mit einer deutschen Stadt. „Twinning in Banbury began on the 26th of October 1978, at a public meeting held at the Post-Graduate Education Centre, and called on the initiative of Councillor Ron Smith, the then Mayor of Banbury. A Committee was formed with Ron Smith as Chairman and Bob Griffith as Secretary. … efforts had started to find a twin town in Germany and by October 1980 a firm contact had been made with Hennef." [4]

„They had been also negotiating with France, but in fact, they were very slow at making all the arrangements. So, in fact, we twinned with Hennef first."
Margot Bell, Banbury (2)

In Hennef hatte Ratsmitglied Hans Günter Hardt in der Datenbank des Rates der Gemeinden Europas schon nach einer möglichen Partnerstadt gesucht und Banbury war ihm aufgefallen. Ratsmitglieder der CDU und der CSWU beantragten im Gemeinderat, „dass man sich dem Wunsch des Rates der Gemeinden Europas, mit einer europäischen Stadt eine Partnerschaft einzugehen, nicht länger verschließen könne." [5] Man gründete eine Banbury – Kommission, die diese englische Stadt erkunden und dem Gemeinderat Bericht erstatten sollte. Anfang Mai 1981 kam der erste Besuch aus Banbury. Der Gegenbesuch erfolgte Ende Mai, und nachdem der einstimmige Beschluss der Twinning Association aus Banbury vorlag: „We resolve to form a twinning link with Hennef." [6], überzeugte die Kommission dann auch den Rat der noch jungen Stadt Hennef:

„Der Rat stimmt einer zwischen den beiden Partnerschaftsvereinen abzuschließenden Partnerschaft mit der Stadt Banbury grundsätzlich zu, wobei die ausschließliche Zuständigkeit dem eingetragenen Verein übertragen wird." [7]

Städtepartnerschaften als Träger von Aussöhnung und Frieden

Mit diesem Beschluss wurde die Stadt Hennef Teil einer europäischen Bewegung, die bereits 1951 mit der Gründung des Rates der Gemeinden und Regionen Europas (RGRE) begann. Annäherung und Versöhnung waren die Hauptmotive dieser ersten Kontakte zwischen den ehemaligen Kriegsgegnern. Dass die Bürgerinnen und Bürger Europas Frieden herstellen und bewahren wollten, zeigt schon eine der frühen Städtepartnerschaften zwischen Bonn und Oxford, die 1947 besiegelt wurde. Die ersten Schritte hin zu einem geeinigten Europa waren bereits mit der Gründung der Europäischen Wirtschaftsgemeinschaft 1957 getan, aber erst der Elysée – Vertrag, der deutsch-französische Freundschaftsvertrag, 1963 unterzeichnet von De Gaulle und Adenauer, gab den Anstoß zur Wiederaufnahme der deutsch-französischen Beziehungen auf kultureller, wirtschaftlicher und politischer Ebene. Die Jugend sollte Botschafter für Verzeihung und Aussöhnung sein. Beispiele waren die als „Versöhnung über den Gräbern" bekannten Aktionen der kirchlichen Jugendverbände auf den Soldatenfriedhöfen in Frankreich oder die Aufbauhilfen der Aktion Sühnezeichen Friedensdienste, zum Beispiel in den Trümmern der Kathedrale von Coventry. Die Idee des Verzeihungsprozesses trat bei der Jugend der Nachkriegszeit bei ihren Begegnungen mit den Nachbarländern sehr bald in den Hintergrund, für ihre Elterngeneration war Aussöhnung eines der Hauptmotive bei der Gründung von Städtepartnerschaften bis in die achtziger Jahre.

„Bei allem treibt mich auch der Wunsch an, zur Verständigung der Völker in Europe und, ganz konkret, zwischen Deutschen und Franzosen, zwischen Menschen in Hennef und Le Pecq beizutragen. Dazu gehört auch, Jugendliche für ein gemeinsames Europa und Frieden zu mobilisieren." Ulf Heilig, Le Pecq

« La création des jumelages décidée alors qu'il fallait soigner les plaies que les effroyables guerres avaient ouvertes entre nos deux pays, cicatriser tout cela fut une formidable décision. Puis l'élan fut donné pour l'ensemble des pays de l'Europe. Se connaître pour s'aimer, connaître la culture de l'autre pour s'apprécier et se comprendre : l'Europe des Peuples etc … » Marie-Christine Dupont, Le Pecq (3)

"Well, after I was mayor, I continued to be a member of the Twinning Association, because I believe that what they were doing is good for the culture of both towns." John Donaldson, Banbury (4)

„Dzięki tym spotkaniom realizujemy ideę wzajemnego poznania, zrozumienia i współpracy młodych osób z Polski i Niemiec. Udział w międzynarodowych spotkaniach rozwija osobowość i kompetencje międzykulturowe oraz językowe młodych ludzi. Służy wzajemnemu zrozumieniu, przezwyciężaniu uprzedzeń oraz wspiera wspólną odpowiedzialność za kształtowanie przyszłości wolnej Europy." Tadeusz Studzinski, Nowy Dwór Gdański (5)

Der RGRE – Rat der Gemeinden und Regionen Europas - definiert Städtepartnerschaften als förmliche, zeitlich und sachlich nicht begrenzte Partnerschaft, beruhend auf einem Partnerschaftsvertrag mit so gut wie keiner rechtlichen Bindung, andere bezeichnen sie als „Phänomen der ‚Diplomatie von unten'"[8]. In der Datenbank des RGRE suchen und finden sich Städte in ganz Europa und schließen vertragliche Freundschaft, oft aber werden eher zufällige informelle Kontakte zu Partnerschaften ausgebaut. Die heutige Zahl der Städtepartnerschaften in Europa wird auf insgesamt etwa 20 000 geschätzt.

Die Stadt als Träger der jeweiligen Städtepartnerschaft überträgt in der Regel einem eingetragenen Städtepartnerschaftsverein die konkrete Ausgestaltung des bilateralen Austauschs als Hauptaufgabe. „Die Partnerschaftsvereine in Deutschland sind meist als eingetragene Vereine organisiert und strikt getrennt von der kommunalen Ebene, wobei nicht selten Ratsmitglieder oder auch Bürgermeister gewohnheitsmäßig oder aber auch über die Vereinssatzung Mitglied des Vereins sind."[9]

In dem Entscheidungsprozess setzen „sich Kommunalpolitiker nicht ausschließlich zum Ziel, die westeuropäische Integration zu fördern, sondern sich mittels ihrer Städtepartnerschaftspolitik auch als ‚europäisch' und ‚weltoffen' zu profilieren."[10] Europa- und Bundespolitiker fordern, dass Städtepartnerschaften durch ihre Möglichkeiten der persönlichen Begegnungen einen „wichtigen Beitrag zur Konkretisierung eines Europas der Bürger"[11] leisten. Die Städtepartnerschaftsvereine sehen sich daher häufig in einer „Sandwich – Situation": einerseits die kommunale, nationale und internationale Forderung, die europäische Idee im Diskurs mit den eigenen Mitgliedern und den Gästen aus den Partnerstädten weiterzutragen und gleichzeitig dem Bedürfnis ihrer Mitglieder nach gemeinsamen Aktivitäten und Geselligkeit ohne politischen Überbau gerecht zu werden. Hier ist viel Feingefühl erforderlich, denn die Idee eines geeinten Europas, die den Gründern der Europäischen Gemeinschaft als starke Staatengemeinschaft nach innen und nach außen vorschwebte, hat heute für die Bürgerinnen und Bürger viel an Zauber verloren. „Während in Teilen der Politik, aber auch in der Wissenschaft die Vorstellung überwog, der europäische Einigungsprozess würde aufgrund der immer weitergehenden Verflechtung unterschiedlicher Lebensbereiche fast automatisch voranschreiten, stieß der Integrationsprozess in Teilen der Bevölkerung vermehrt auf Widerstand. … Europa braucht, so die zunehmende Erkenntnis, eine feste Verankerung in der Bevölkerung. Ohne eine breite Unterstützung und ohne das Vorhandensein eines europäischen Bürgersinns, der die Europäer mit dem europäischen Projekt verbindet, kann der europäische Einigungsprozess mittelfristig nicht gelingen.“ [12]

Aber für viele Bürgerinnen und Bürger sind die politischen Institutionen der EU weit entfernt von ihrer eigenen Lebensrealität, und ihre Entscheidungen werden mehr und mehr als Einschränkung der persönlichen Freiheit empfunden. Folglich entwickeln sich Europawahlen immer häufiger zu Protestwahlen. Im Europa der 2000er Jahre haben die Menschen außerdem durch ihre Reisen, internationale Geschäftsbeziehungen und die Medien ständig Kontakt mit anderen Ländern, technische oder sprachliche Hindernisse scheinen nicht mehr zu bestehen, und man bewegt sich im Alltagsleben und im Urlaub paneuropäisch. Gleichzeitig führt die Individualisierung unserer Gesellschaft weg von traditionellen Gruppenstrukturen, zum Beispiel in Vereinen.

"But talking to other associations in this country, the Lions, the Round Table, even the Masons – they all have the same problems. It doesn't seem impor-

tant to the people to belong to a group. I have been trying to talk to people – come and see, have a look, but it's difficult to get them interested. We have had stalls on open days or in the people's park. They say, 'Oh that's interesting, I take a leaflet', and then you never hear from them again." Catherine Jenkinson, Banbury(6)

„Die Gründungsmitglieder wurden von so etwas wie Pioniergeist angetrieben, und im Alltag der großen Politik erschien mir damals die deutsch-französische Freundschaft allgegenwärtig. Heute werden die guten deutsch-französischen Beziehungen, die „entente" als selbstverständlich vorausgesetzt, und gleichzeitig sind viele Menschen nicht mehr neugierig auf ihre Nachbarn." Ulf Heilig, Le Pecq

„Besonders bedauerlich finde ich, dass es für Schüler/innen und Jugendliche [in England] kaum noch Austauschangebote gibt. Generell sind außer den Freundschaftsfahrten nicht mehr so viele Austausche möglich. Dies hängt sicher auch damit zusammen, dass Vereins- und auch die Vorstandsmitglieder zunehmend älter werden. Unterbringung von Gästen und die Organisation von Besuchen werden überall schwieriger. Steigende Kosten spielen ebenfalls eine Rolle." Mia Will-Stößer, Hennef

„Für junge Leute ist der Verein nicht besonders interessant. Ein gemeinsames Europa ist für sie selbstverständlich. Die Vorstellung, dass man dafür was tun müsste, ist ihnen fremd." Leszek Paszkiet, Hennef

Wie können Städtepartnerschaften mit ihrer eindeutig pro-europäischen Zielsetzung diesem Wandlungsprozess begegnen?

Ihr „Kerngeschäft" ist es, die Bürgerinnen und Bürger ihrer Stadt für den analogen Mikrokosmos einer individuellen, ganz persönlichen Begegnung mit Gästen aus der Partnerstadt in der eigenen Wohnung und in der eigenen Familie zu begeistern. Sei es der Freundschaftsbesuch als alljährliches Ritual oder die Wettkämpfe von Sportvereinen oder das gemeinsame Singen der Chöre aus verschiedenen Ländern, sie alle haben eines gemeinsam: Hier finden individuelle Begegnungen statt von Menschen, die zunächst wenig mit Europa im Sinn haben. Über die gleichen Interessen und einen mehr oder weniger gelungenen sprachlichen Austausch erkennen sie allerdings eine gemeinsame Schnittmenge und gleichzeitig für sie tolerierbare Unterschiede. Bei manchen Menschen bleibt es bei dieser einen Begegnung, bei vielen anderen aber hinterlässt die Erfahrung mit dem „Fremden" nachhaltige Eindrücke und führt im Idealfall zu langanhaltenden Freundschaften über die Grenzen hinweg.

"And we've kept in touch for over 42 years now. We have been to each other's children's weddings, and that's just my very special German adoptive family." Jenny Tustian, Banbury(7)

„I think a lot of people in Twinning have made friends with people they hosted or have been staying with and had some wonderful relationships. That is totally outside any politics or anything, as friendship is a friendship. It's a shame that more people can't see that." Catherine Jenkinson, Banbury (8)

"And I think the most gratifying thing about it, and I think this is true of all the visitors, both from Hennef and other visitors, is how interested they are in finding out about how things work in this country, in this town and village, in the work that they're doing. And I think that's part of the Twinning mindset, people who get involved with twinning, are interested in finding out." Verna Wass, Banbury (9)

«Notre amitié est à un tel niveau que le temps ne peut rien changer.» Jean Pierre Godineau, Le Pecq (10)

„Wir haben sehr schöne Begegnungen gehabt. Gleichzeitig ist es schön, unter Gleichgesinnten zu sein, denen die Ziele eine ähnliche Herzensangelegenheit sind." Heike Zipper, Hennef

«Au fil de ces vingt années, des familles alpicoises ont créé des liens d'amitié avec nos amis hennefois comme eux ont créé des liens d'amitiés avec les familles alpicoises. Il n'est pas rare dans nos rues de voir, de temps à autres aux beaux jours, un véhicule avec une plaque allemande, commençant par 'SU', Ce

simple détail suffit à nous convaincre de poursuivre nos activités.» Roland Villermé, Le Pecq[13] *(11)*

"But for me, twinning is not about the political aspects of whether we're part of a larger group or not. It's about friendships and building those friendships. And that's the top and bottom of it." John Donaldson, Banbury (12)

„Uważam, że przez ostatnie 20 lat partnerstwo naszych miast się umocniło. Przy wymianach Mieszkańców widać silną więź i dwustronne przywiązanie. Wzajemne przyjazdy stały się pewnego rodzaju tradycją, którą pielęgnujemy. Zaobserwowałem także coraz więcej młodszych wiekiem ludzi, którzy angażują się w wymianę. Bardzo budujące jest to, jak przy autokarze żegnamy się, robiąc duże wspólne koło na znak braterstwa i śpiewamy, dziękując sobie za wspólne spędzone chwile." Zbigniew Ciechanowski, Nowy Dwór Gdański (13)

„Początkowo było to wzajemne poznawanie. Z biegiem lat i coraz większą ilością spotkań nawiązywały się bliskie znajomości a nawet przyjaźnie." Tadeusz Studzinski, Nowy Dwór Gdański (14)

„Szczególnym doświadczeniem podczas wszystkich naszych spotkań w ramach partnerstwa miast jest wzajemna życzliwość nie tylko osób biorących bezpośredni udział w wymianie, ale także postronnych osób czy sąsiadów rodzin goszczących. Pamiętam jak sąsiedzi naszych kwaterodawców (rodzina Weiss) chcieli nas poznać, porozmawiać, dowiedzieć się coś o Polsce i o współpracy pomiędzy naszymi stowarzyszeniami. Sami kwaterodawcy ofiarowali nam swój czas, włączali nas w swoje życie codzienne, pokazywali nam jak wygląda codzienne życie w Hennef." Rafał Ruszkowski, Nowy Dwór Gdański (15)

„Aus der Partnerschaft über den Verein und durch meine Leidenschaft für französische Sprache und Frankreich sind viele private Freundschaften entstanden, die mich inzwischen bis in die Pyrenäen führen. Regelmäßig bin ich auch privat in Le Pecq und Frankreich unterwegs. Das erleichtert auch die Planungen der Begegnungen auf

Vereinsebene und macht einfach Freude. Besonders schätze ich auch, dass es durch meine Arbeit in der Schule die Möglichkeit gibt, viele junge Menschen in die Begegnungen einzubinden." Trixi Glaser, Hennef

„Wichtig waren nicht nur die offiziellen Austauschaktivitäten mit Fahrten in die Partnerstädte und dem Kennenlernen der jeweiligen Region, sondern vor allem die privaten, freundschaftlichen Verbindungen, die aus diesen Reisen entstanden und gewachsen sind. Diese Freundschaften bestehen bis heute und setzen sich in Banbury auch mit der jüngeren Generation der Familie fort. Wir haben gemeinsam Urlaub gemacht, und zu jeder Reise nach England gehört ein privater Besuch in Middleton Cheney. Von unserer französischen Freundin schmücken einige Bilder unsere Wände." Mia Stößer, Hennef

Es wäre aber „naiv zu glauben, durch eine einzelne Begegnung würden alle Menschen systematisch pro-europäische Werte wie Solidarität und Toleranz ausbilden und ein paneuropäisches Zusammengehörigkeitsgefühl würde sich quasi von selbst einstellen."[14] Die Städtepartnerschaftsvereine haben hier die besondere Aufgabe, solche Begegnungen zu wiederholen, sie mit den Partnerstädten zu gemeinsamen Ritualen auszubauen und immer wieder für neue Gruppen erfahrbar und erlebbar zu machen. Auch wenn der europäische Gedanke bei so einer Bürgerbegegnung manchmal nur in der Begrüßungsansprache der Bürgermeister angesprochen wird, so vermitteln die persönlichen Kontakte doch das Gefühl, nicht nur Hennefer, sondern irgendwie auch Europäer zu sein.

„Entscheidend ist, dass sich auf allen Seiten immer wieder Menschen finden, die bereit sind, sich für die Ziele der Völkerverständigung zu engagieren und die erkennen, dass sie durch ihr Engagement – neben aller Arbeit – einen Mehrwert für ihr Leben erhalten." Martina Quadt-Lubitz, Hennef

„…oder meine erste Le Pecq Fahrt im April 2009, wo ich gebeten hatte, für uns eine Familie zu finden, die kein Deutsch und kein Englisch spricht, weil

mein Sohn Dominik Französisch lernen wollte. Die Familie Argoud wurde für uns gefunden. Dann bricht sich Dominik 2 Tage vor der Reise beide Hände. So haben wir uns am Freitagabend über zwei Stunden mit den Händen und Fremdsprachen, die die Gegenseite nicht verstand, unterhalten. Bis ich gesagt habe: wir gehen schlafen, weil mir von der Unterhaltung die Hände wehtun." Leszek Paszkiet, Hennef

Die Arbeit des Vereins und seine Aktivitäten brauchen ein finanzielles Polster. In Hennef beschloss der Stadtrat die Zahlung eines jährlichen Zuschusses aus dem städtischen Haushalt. Rund 5000 € stehen dem Verein neben den Beiträgen der Mitglieder zur Verfügung.

„Ich habe mich am Anfang gewundert, dass uns auch die Stadt Hennef unterstützt. Ich dachte, die Stadt ist reich, wenn sie Geld fürs Essen, Trinken und Feiern ausgibt. Im Laufe der Jahre habe ich die Erfahrung gemacht, dass das das bestangelegte Geld ist. Mit so wenig Geld so viel an Verständigung zu erreichen, schafft keine staatliche Stelle. Die Leute, die bei solchen Treffen zusammenkommen und mitmachen, werden nie rechtsextreme, ausländerfeindliche Ansichten haben." Leszek Paszkiet, Hennef

Die Partnerschaftsvereine in Frankreich und Polen werden projektorientiert unterstützt, der Verein in Banbury erhält keine Zuschüsse. Zahlreiche europäische Institutionen bieten finanzielle Zuschüsse für die Durchführung von Partnerschaftsprojekten an, mit mehr oder weniger Ansprüchen an eine proeuropäische und politische Ausrichtung der Begegnungen. Die Bandbreite der Förderung reicht von niedrigschwelligen Angeboten für konkrete Projekte, zum Beispiel vom Deutsch-Französischen oder Deutsch-Polnischen Jugendwerk, bis zu den hoch anspruchsvollen Erwartungen des Programms „Europa für Bürgerinnen und Bürger" (CERV), sich nicht nur gegenseitig zu besuchen, sondern vor allem Projektarbeit zu europolitischen Themen durchzuführen. Allen gemeinsam ist die Forderung, die Arbeit der Städtepartnerschaftsvereine nicht auf den privaten Bereich zu beschränken, sondern im Gegenteil, das Bewusstsein für ein gemeinsames Europa zu stärken und eine positive Darstellung in der lokalen und regionalen Öffentlichkeit mit möglichst großer Breitenwirkung zu erreichen.

Gleichzeitig stehen Städtepartnerschaftsvereine in der Kritik. Man sieht den Alterungsprozess der Verantwortlichen, wenig jugendlichen Nachwuchs, wenig Interesse für dauerhaftes ehrenamtliches Engagement. Und manche Kommunen fragen angesichts des Stillstands in ihren Städtepartnerschaften nach dem Sinn der freiwilligen Ausgaben des jährlichen Zuschusses aus dem Haushalt.

«Les jumelages ont aujourd'hui un petit côté vieillot qui n'attire pas les jeunes générations et trouver une nouvelle formule n'est pas évident d'autant que le système éducatif en France ne nous donne pas d'accès direct aux collèges et lycées. De plus le manque de motivation des Académies quant à l'étude de l'allemand n'aide pas…» Roland Villermé, Le Pecq (16)

«Je ne pense pas que le caractère du jumelage ait changé. Nous prenons toujours autant de plaisir à retrouver nos amis de Hennef.» Odile Stoffel, Le Pecq (17)

«Je pense que le caractère du jumelage n'a pas trop changé surtout de votre côté, car plusieurs jeunes sont arrivés pour prendre la relève. Malheureusement du coté alpicois cela est beaucoup plus difficile car les jeunes français veulent beaucoup moins s'impliquer dans quelque association que ce soit.» Bernard Cluzeaud, Le Pecq (18)

„Die jungen Menschen haben heute viel mehr Kontakte als früher, reisen privat und mit der Schule viel mehr, als das früher der Fall war. Sie gehören einer Generation an, die nicht mehr aus eigenem Erleben z.B. im Krieg oder der Nachkriegszeit die Wichtigkeit der Völkerverständigung und des unmittelbaren Kontakts wahrnimmt." Trixi Glaser, Hennef

„Dzięki tym spotkaniom realizujemy ideę wzajemnego poznania, zrozumienia i współpracy młodych osób z Polski i Niemiec. Udział w międzynarodowych spotkaniach

rozwija osobowość i kompetencje międzykulturowe oraz językowe młodych ludzi. Służy wzajemnemu zrozumieniu, przezwyciężaniu uprzedzeń oraz wspiera wspólną odpowiedzialność za kształtowanie przyszłości wolnej Europy." Tadeusz Studzinski, Nowy Dwór Gdański (19)

Andere werfen den Vereinen vor, dass sie nach dem langen Prozess von Aussöhnung und Friedensbemühungen der ersten zwanzig Jahre die Partnerschaft im Europa von heute als ideologiefreie Zone betrachten und dabei aktuelle politische Zerwürfnisse und Konflikte in Europa ignorieren. Das mag in bestimmten Phasen der historischen Entwicklung sogar ratsam sein. So hat man nach dem Brexit in den deutsch-englischen Partnerschaften den Austritt aus der EU bedauert, ist aber nicht in die politische Diskussion eingestiegen. Und während der PIS-Regierung in Polen haben die meisten Partnerschaften den Focus auf die Pflege der deutsch-polnischen Freundschaft gelegt und die Landespolitik höchstens in privaten Gesprächen thematisiert.

Aus all dem folgt aber, dass Städtepartnerschaftsvereine heute ihr Selbstverständnis überdenken müssen. Der Spagat zwischen den Forderungen der EU, Projektarbeit zu pro-europäischen Themen zu betreiben und dem Bedürfnis der Teilnehmer nach gemeinsamen Aktionen auf der Basis von persönlicher Freundschaft, die nachhaltige Bindung von Jugend und Familien an die Städtepartnerschaft, die Gewinnung von neuen Mitgliedern, die Präsenz in den sozialen Medien und in der lokalen Öffentlichkeit sind Herausforderungen, die ein Verein allerdings nur gemeinsam mit seinen europäischen Partnern angehen kann.

„Es wird eine Aufgabe sein, Nachwuchs zu gewinnen und sich auch weiter zu vernetzen und einige Aktivitäten auch an eine jüngere Generation anzupassen. Aber ich bin sicher, dass Menschen zunehmend erkennen werden, dass nichts über die unmittelbare Begegnung geht, um sich zu verstehen und zu verständigen in einem gemeinsamen Europa. Die aktuelle politische Situation zeigt das deutlich und ist ein

Ansporn für uns, uns in den Städtepartnerschaften weiter zu engagieren.“ Trixi Glaser, Hennef

„Ich denke, der Verein könnte sich enger mit anderen Partnerschaftsvereinen verständigen und Synergien nutzen. Es sollten weitere Fördermöglichkeiten aufgetan werden.“ Heike Zipper, Hennef

Hennef - Banbury 1981

Von solchen Hemmnissen konnte vor 43 Jahren in Hennef und in Banbury keine Rede sein, denn hier und dort herrschte Aufbruchstimmung. Die ersten Ideen für den Austausch lagen auf dem Tisch: eine Klasse der Volkshochschule wollte gerne nach Banbury reisen, und auch die Schulen standen in den Startlöchern. Aber zuerst

die Formalitäten: Eine Satzung wurde erstellt, der Verein nannte sich „Europäischer Städtepartnerschaftsverein Hennef (Sieg) e.V., und am 7. September 1981 traf man sich zur Gründungsversammlung in der Aula der Akademie der Berufsgenossenschaften auf dem Steimelsberg. Franz-Peter Raderschad wurde zum Vorsitzenden gewählt, Irmhild von Eycken-Lehnert und Matthias Schwellenbach waren seine Stellvertreter. [15]

Schon zwölf Tage später kam der feierliche Moment mit der Unterzeichnung der Partnerschaftsurkunde, integriert in eine Kulturwoche mit zahlreichen Veranstaltungen, Musik, Theater, Kunstausstellungen, Diskussionsabenden.

Weil die Stadt Banbury 1981 keinen eigenen Stadtrat hatte, sondern unter der Verwaltung des Cherwell District stand, konnte die Partnerschaftsvereinbarung nur zwischen der Twinning Association Banbury und dem Europäischen Städtepartnerschaftsverein Hennef/Sieg im Einvernehmen mit dem Council Cherwell District und dem Rat der Stadt Hennef geschlossen werden. Ihr Ziel war, „ein Fundament für das zukünftige Verständnis, die Achtung und die Freundschaft zwischen der Bevölkerung von Banbury und Hennef für alle Zeiten" zu legen. [16]

Man mag sich darüber wundern, dass die Partnerschaftsurkunde vom „Europäischen Städtepartnerschaftsverein" spricht. Erst im November 1981 teilte das Amtsgericht Siegburg dem Vorsitzenden mit, „dass unter dem von Ihnen gewählten Namen eine Eintragung im hiesigen Vereinsregister nicht erfolgen kann. Entgegen der vorliegenden Rechtsprechung „dürfte ein Verein mit der von Ihnen gewählten Bezeichnung einen Umfang und Geltungsbereich vorspiegeln, den er zumindest derzeit nicht hat. …Eine mögliche Bezeichnung des Vereins wäre beispielsweise: ‚Verein für europäische Städtepartnerschaft Hennef e.V.', da sich in diesem Falle die Bezeichnung ‚europäisch' nicht auf den Umfang, sondern auf den Zweck des Vereins beziehen würde." [17] Prompt kam der Verein den Anforderungen des Amtsgerichts nach, änderte den Namen und weitere Teile der Satzung wie gewünscht, kam aber überein, dass aus Sparsamkeitsgründen die alten Briefbögen noch aufgebraucht werden sollten.

Den Herbst 1981 könnte man als „heißen Herbst“ bezeichnen. Von überall her, sowohl in Hennef als auch in Banbury, kamen Wünsche nach Austausch und Begegnungen. Lange Listen mit Adressen Hennefer Schülerinnen und Schüler auf der Suche nach Briefkontakten gingen auf den Weg an die Schulen in Banbury, wo Bob Griffith, Gareth Jeremy und Philipp Shaw als Lehrer tätig waren und auch schon die ersten Reisen nach Hennef planten. Pit Raderschad in Hennef und Irene Scott in Banbury organisierten den Schüleraustausch zwischen der Kopernikus-Realschule und der Banbury School.

„Unsere Vorstandssitzungen haben wir zum Teil im Klein's Eck gemacht, das war so intensiv und so toll – denn die, die damals dabei waren, die waren 100 Prozent dabei. Partnerschaft war ein groß geschriebenes Wort mit Riesenlettern und alle waren begeistert und haben sich damit identifiziert, die konnte man jederzeit ansprechen, denn für Hennef war das ja vollkommen neu.“ Pit Raderschad, Hennef

Großmundig versprach der Städtepartnerschaftsverein, wahrscheinlich in launiger Bier- und Apfelkornrunde mit englischen Gästen: „Dem ersten Hennef – Banbury Brautpaar spendieren wir das Schlafzimmer.“ Tatsächlich feierten Andrew Harrison aus Banbury und Nicole Meurer aus Hennef-Dambroich, das Maikönigspaar des Jahres 1993, im Sommer 1998 ihre Hochzeit. Gudrun Schwellenbach als stellvertretende Vorsitzende musste bekennen, dass das Versprechen mit dem Schlafzimmer nicht eingehalten werden konnte, überreichte aber ein großzügiges Geldgeschenk.

Hans Günter Hardt meldete als „Protektor des Männergesangvereins 1874 Geistingen e.V.“ [18] für Juni 1982 50 Sänger an, die in Banbury mehrere Konzerte aufführen und dort einen „gemütlichen Rheinischen Abend mit

Tanz" veranstalten wollten. Banbury möge bitte auch die Unterbringung in Familien prüfen. Man hat den Eindruck, dass die Partner in Banbury sich ein wenig überrumpelt fühlten, da für den gleichen Zeitraum mehrere Austauschpläne mit den Schulen beider Städte bestanden und außerdem zur gleichen Zeit ein Chor aus der französischen Partnerstadt angemeldet war. Der Sekretär der Twinning Association, Bob Griffith, hatte in seiner Antwort an Hennef noch einige Fragen:

„I would like to know more about this choir.

1) What sort of songs do they sing?

2) Do they need a band to play the music?

3) Do the 50 singers bring 50 ladies with them?

4) Does a 'Gemütlichen Rheinischen Abend mit Tanz' need 50 pretty young girls? (I don't think I can find 50 spare girls)." [19]

Ärger gab es in der nächsten Vorstandssitzung des Vereins, da der Vorstand nicht über die Reiseabsichten des MGV Geistingen informiert war. Man war sich nicht einig darüber, ob und wie weit eine Kontrollfunktion des Vereins für alle Projekte wichtig war oder ob man auch Privatinitiativen zulassen sollte. Stadtdirektor Moss wandte aber ein, dass es für den Rechenschaftsbericht des Vereins wichtig sei, möglichst zahlreiche eigene Aktivitäten oder zumindest eine Beteiligung vorweisen zu können. Man kann heute sagen, dass es diese Diskussion über die gesamten 43 Jahre immer wieder gegeben hat, da in Hennef und den Partnerstädten Sportvereine, Pfadfinder und Musikgruppen gerne ihre Begegnungen unabhängig von den Partnerschaftsvereinen planten, dann aber beim Vorstand einen Zuschuss beantragten. Heute hat der Verein eine Regelung getroffen, die den Austauschpartnern bekannt ist: Die Aktivitäten sollen beim Vorstand angemeldet, dann selbstständig durchgeführt werden, und sobald ein Abschlussbericht für die Homepage des Vereins vorliegt, gibt es einen Zuschuss, der auf Jugendbegegnungen beschränkt ist.

Die Hennefer hatten bei ihren ersten Besuchen eine Einladung zum Karneval ausgesprochen. Dazu schrieb ihnen Bob Griffith: „I am asking people who want to visit Karneval to contact me. So far, I have about a dozen but I expect some more. … If there are enough people, I would like to bring a bus.“ [20]

Hier fühlten sich die Hennefer wiederum ein wenig überrumpelt, denn man war noch auf der Suche nach Gastfamilien für künftige Projekte. Karneval blieb aber von da an für die Gäste aus England ein Dauerbrenner. 1983 marschierte der Städtepartnerschaftsverein mit Philip Shaw und sieben Musikern zum ersten Mal im Rosenmontagszug mit, die Damen im langen Kleid und großem Hut, Stockschirm mit Rüschen und rot-weißer Schärpe mit den Farben der Stadt Hennef, die Herren im schwarzen Anzug und schwarzen Hüten mit aufgeklebtem Union Jack, Stockschirm und Zeitung. Matthias Schwellenbach, der inzwischen den Vorsitz im Partnerschaftsverein innehatte, organisierte die Teilnahme und mit seiner Frau Gudrun auch die Kostüme.

"I can remember we used to take two town mayors across to the Carnival down and we actually lost one. We'd been in the parade, and we'd gone back to have some drinks somewhere and we suddenly realised we'd lost the mayor. And after a lot of searching around, we found out he'd been passing a house where they were having a party in the garage and decided to join." Ron Barnett, Banbury (20)

"I think for me, in my heart, a lot of my enjoyment was through Carnival. Because it's so colourful. It is unusual. Everybody has an attitude of enjoyment. And that comes across very strongly. But I think the thing that sticks in my mind was standing on the balcony of the Rathaus and watching all these vehicles go past one after another and the colours and the noise and yeah, is it that will always stay with me." John Donaldson, ehemaliger Bürgermeister von Banbury (21)

"Wow, was that fun!" Jenny Tustian, Banbury "So Carnival, for instance, absolutely intrigued us because we've never seen anything like that at all." Margot Bell, Banbury (22)

Im folgenden Jahr kamen dann schon 49 Jecken aus Banbury in Begleitung einer Dudelsackband, bei der der Schottenrock schon als Kostüm ausreichte. Die Caledonian Pipers hatte das Karnevalsfieber gepackt, sie zogen in den 1980er Jahren mehrmals mit dem Rosenmontagszug Dudelsack pfeifend durch Hennef. Immer mit dabei und im Zentrum aller Feiern, der allseits beliebte Eddie James aus Middleton Cheney mit seiner Trompete. Seither sind die Besuche zu Karneval fast in jedem Jahr ein Programmpunkt im Jahresplan.

„Każde wspólne spotkanie pozostawiło w mojej pamięci miłe wspomnienia. Bardzo miło wspominam pobyt w Hennef w 2005 roku podczas Karnawału. Wielokrotnie miałem okazję być w Niemczech w regionie Nadrenia Północna-Westfalia, ale nigdy nie byłem świadkiem takiego wydarzenia jak Karnawał, nie miałem nawet wyobrażenia, jak można się fantastycznie bawić podczas karnawału. To wydarzenie bardzo utkwiło mi w pamięci, pamiętam je do dziś." Rafał Ruszkowski, Nowy Dwór Gdański (23)

«Pendant plusieurs années, nous avons fait le déplacement à Hennef pour fêter le Carnaval, la cinquième saison de l'année en pays Rhénan : en train ou en voiture avec des retour au Pecq dans les tempêtes de neige. A l'arrivée en gare de Cologne, on reconnait les étrangers : ils ne sont pas déguisés ! Pendant la saison du Carnaval, on peut assister aux spectacles où alternent les prestations de groupes sportifs, très impressionnants, et les moqueries des chansonniers. On chante et on danse, on boit aussi beaucoup de Kölsch.» Odile et Michel Stoffel, Le Pecq (24)

Festtagsstimmung brachte auch die Banbury Operatic Society, die mit der Regisseurin Janet Bishop und dem musikalischen Leiter Philip Shaw seit 1984, zunächst regelmäßig alle zwei Jahre, eine Show nach Hennef brachte. Manchmal eine schmissige

Mischung von Operette, Musical und Pop Songs, manchmal eine aufwendige Operette. Ihre Aufführungen waren von Anfang an kulturelle Highlights in Hennef, grundsätzlich von einem Live–Orchester begleitet und oft mit fast unlösbaren technischen Problemen mit Ton und Beleuchtung verbunden, weil die englischen Stecker nicht in die deutschen Steckdosen passten. Vierzehn Shows haben die Sängerinnen und Sänger und die Tänzerinnen und Tänzer mit ihrer Crew und der Technik im Hintergrund seit 1984 nach Hennef gebracht. [21]

"Because I've had so many memorable trips over. How many? Quite a few. And our local operatic started offering our introductions over and over the three or four years of each other. And that, again, is part of my life, to be involved in music and drama. And Hennef itself is just a lovely area to visit." Jenny Tustian, Banbury (25)

Die Berichte in der Festschrift zum 10jährigen Bestehen des Vereins und der Städtepartnerschaft mit Banbury 1991 zeugen von der Vielfalt der Begegnungen der ersten zehn Jahre und von der Begeisterung auf beiden Seiten des Kanals. [22] Matthias Schwellenbach fasste es so zusammen: „Nach anfänglichen Startschwierigkeiten gestaltete sich die Partnerschaft ab 1983 sehr vielfältig mit Austauschprojekten ‚querbeet', wie z.B. auf den Gebieten Sport, Musik, Politik und allgemeine Besuche zum ‚bloßen' Kennenlernen. Im Durchschnitt der letzten Jahre kann man von 10 – 15 Austauschprojekten ausgehen, bei denen ca. 400 Personen entweder nach Banbury reisten oder Hennef besuchten. Dazu kommt der noch größere Kreis der jeweils betroffenen Gastfamilien." [23] Musik, sei es Chormusik oder die Konzerte von Orchestern hier und dort, bot für Gäste und Gastgeber immer wieder eindrucksvolle Erlebnisse.

"I think there is a festival every year, I can't remember exactly, but it was an enormous one with tents and beer and food, and it went on for… I remember the man tapping the first beer barrel at 12 noon, and we had a big band and a rock band with some Scottish dancers and Eddie James and his band. And we

played till about three or four next morning continuously, one band after another. And then on the Sunday morning there was a service in the refurbished church. And I say this now about the Germans, my experience as a professional musician: The Germans are a little bit compartmentalised. So, if you're a church musician, you're a church musician. The many of the musicians in the UK, in Britain, traditionally have had to do anything and everything. So, the same guys who the night before been blowing their socks off in the big band, in the big dance tent, certainly were there at 11:00 next morning playing as a brass ensemble in the church for the big service. And then we went back down to the festival and played till the finish late that afternoon. All the beer gone or whatever, I don't know… Philip Shaw, Banbury (26)

Zwei Ereignisse seien stellvertretend für die vielen Aktivitäten erwähnt: die Einweihung des neugestalteten Marktplatzes im Hennefer Zentrum mit der roten englischen Telefonzelle als besonderem Blickpunkt. Im September schrieb Matthias Schwellenbach an British Telecom: „We are opening our new market place in November and we thought it a good idea to have one of the old British telephone boxes placed there to remind the people of Hennef of their twin town. We are grateful that you let us have such a telephone box free of charge. Our firemen are going over to Banbury with a lorry."[24] Da ein solches Geschenk an die Stadt mit seinem Wert im städtischen Guthaben verbucht werden musste, schickte John Bell eine „Rechnung" hinterher: *„With regard to the old Telephone Kiosk, that British Telecom has kindly donated through the Banbury Twinning Association to Hennef, West Germany, we are informed that its scrap value is £10.00 (Ten Pounds)"*[25] 10 Jahre später, als hier mehr und mehr der gelben Telefonzellen abgebaut wurden, verschwand auch der rote „Telephone Kiosk". 2000 entdeckte der Verein, dass die Telefonzelle ein trauriges Dasein auf dem Bauhof fristete und setzte sich für ihren heutigen Standort als Bücherschrank im Foyer des Rathauses ein.

1988 folgte ein neues britisches Geschenk, als der Platz vor dem Hennefer Bahnhof als „Banbury – Platz" eingeweiht wurde: die rote „Postbox", die immer noch als regulärer Briefkasten funktioniert, obwohl das Postministerium sich gesträubt hatte: „Wo kämen wir denn hin, wenn jeder einen Kasten aufstellen und ihn zum Briefkasten erklären würde"[26] Erst der Postminister erteilte die Erlaubnis der gelben Post an den roten Kasten. Noch heute zögert so manch einer lange, bevor er der fremdartigen Kiste seine Post anvertraut. Das Gegenstück zum Banbury-Platz ist der „Hennef Way" in Banbury, die mehrspurige Zufahrtsstraße in die Stadtmitte.

1991, zum Anlass von 10 Jahren Städtepartnerschaft, besiegelte Tony Tallents, Chairman des District Council auch die Freundschaft des Cherwell District mit der Stadt Hennef, begleitet vom neuen Vorsitzenden der Twinning Association, Ron Barnett.

"I loved it. I've made so many wonderful friends and enjoyed so much that I was more than happy to spend a lot of my spare time involved in organising both trips to and from both towns. … it's just the sheer friendship with hospitality and warmth that the Hennef people show when you go there. And I can't describe any one specific incident in that respect because there are so many. Every time I've gone, somebody new has come into my life as a new friend, and that's just been wonderful." Ron Barnett, Banbury (27)

Gemeinsam mit Stadtdirektor Karl Kreuzberg und Bürgermeister Eyermann und begleitet von der Hook Norton Brass Band unterzeichnete Tony Tallent eine Freundschaftserklärung als Pakt auf Verwaltungsebene. Seit 1973 hatte Banbury keinen eigenen Town Council mehr, und man hoffte auf die ideelle und auch finanzielle Unterstützung der Banbury Twinning Association durch den Cherwell District.

In diesem Jubiläumsjahr gaben sich die Chöre und Orchester und zum Schluss die Operatic Society aus Banbury und Hennef förmlich die Klinke in die Hand, Sportler reisten von einem Turnier zum anderen. Unvergessen bleibt allerdings die Aufführung von „Dinner for One“ auf dem Marktplatz in Stadt Blankenberg. Dicht drängte sich die Menschenmenge um die Festtafel zu Miss Sophie's 90. Geburtstag. 2012, zum 60. Thronjubiläum der englischen Königin, boten die Gäste aus Banbury das Spiel noch einmal auf dem Hennefer Marktplatz, und wieder konnten die Zuschauer fast alle Texte mitsprechen.

1992 reisten Karl Kreuzberg, Hans Welbers und Matthias Schwellenbach zur dortigen Unterzeichnung der Freundschaftserklärung, und der Banbury Guardian jubelte: „Twinning concert was just wunderbar!“ [27] Hennefer Sänger und Musiker aus Banbury hatten gemeinsam Haydns „Schöpfung“ aufgeführt.

Das zweite Jahrzehnt der Städtepartnerschaft Hennef – Banbury war längst nicht mehr so stürmisch wie das erste, aber viele Begegnungen im Sport, zu wichtigen Anlässen wie dem Remembrance Day im November oder zu Karneval, Projekte der Textilkunst oder die „Burns Night“ in Hennef fanden weiterhin statt und machten die Beziehung stabil. Zu erwähnen seien noch die vielen jungen Menschen aus Hennef, Banbury und später Le Pecq, denen der Städtepartnerschaftsverein ein mehrwöchiges Praktikum oder einen längeren Schulbesuch in der Partnerstadt vermittelte. Es war nicht immer einfach, eine Unterkunft für mehrere Wochen in einer Gastfamilie zu finden, aber die positiven Erfahrungen der jungen Leute wogen die Anstrengung auf.

Hennef – Banbury 1981 – Le Pecq sur Seine 1997

Inzwischen hatten die Hennefer ihre Fühler nach einer weiteren Partnerstadt ausgestreckt. Die sollte in der Nähe liegen, und es traf sich, dass bereits seit 1983 sportliche Dreiecks-Kontakte zwischen dem HTV Hennef – Banbury und Stein in den Niederlanden bestanden. Die Badminton-Mannschaften aus den drei Städten waren mehrmals gegeneinander angetreten und die Pokale gingen mal in die eine und mal in die andere Stadt.

Hennef

Banbury

Le Pecq
Sur Seine

Eine kleine Delegation schaute sich das holländische Städtchen an, aber man kam überein, dass man doch lieber nach einer französischen Partnerstadt suchen wollte.

Über die Datenbank des Rates der Gemeinden Europas fand man Kontakt zu dem Städtchen St Nicolas-les-Arras im Pas de Calais in Nordfrankreich. Gegenseitige Besuche machten die Unterschiede klar: St Nicolas, mehr oder weniger ein Ortsteil von Arras, mit etwa 6000 Einwohnern entsprach nicht den Vorstellungen. Die zweite Option war Orly im Süden von Paris. Die Delegation, die im Januar 1996 nach Hennef kam, war von den Aussichten, Hennef als Partnerstadt zu gewinnen, sehr angetan. Herzlich war auch der Empfang der Hennefer Delegation, Emil Eyermann und Hans Joachim Tonndorf in Orly, aber bald wurden den Hennefern die großen Unterschiede im Städtebild, in der sozialen Struktur und auch in den Grundauffassungen über eine Partnerschaft klar. Obwohl man sich sehr willkommen fühlte, konnte in Orly eine Unterbringung in Familien, wie sie in Hennef bei den Begegnungen der Partnerstadt üblich war, nicht umgesetzt werden. Die Delegation verabschiedete sich und bat um Bedenkzeit, weil sie noch eine weitere Option, Le Pecq, ins Auge gefasst hatte, die auf dem Rückweg nach Hennef praktisch am Weg lag.

Dort hatte Josselyne Mausset bereits im Rathaus vorgesprochen. Sie wollte mit Hilfe ihrer deutschen Arbeitskollegen ihre Heimatstadt Le Pecq bei der Suche nach einer Partnerstadt in Deutschland unterstützen und hatte schon das Rathaus in Hennef kontaktiert und Informationen ausgetauscht. Allerdings wollte Bürgermeister Alain Gournac gerne ein paar Bedingungen erfüllt haben:

«Il fallait trouver une amitié près d'une grande ville, voire une capitale de la Fédération, près d'un fleuve ou une rivière, un accès par avion ou TGV, et des infrastructures intéressantes.» Marie Christine Dupont, Le Pecq (28)

Nach den Erfahrungen mit St. Nicolas und Orly suchte Hennef wiederum eine Partnerstadt, die nicht zu weit von Hennef entfernt, von der Größe mit Hennef vergleichbar war, Schulen mit Deutschunterricht und eine Vielfalt an Vereinsleben hatte.

Am 21. Juni trafen Emil Eyermann und Hans Joachim Tonndorf in Le Pecq ein, gespannt, ob denn dieser Kontakt erfolgreich sein würde.

«Nous nous étions organisés pour qu'Alain Gournac puisse les recevoir ce matin -là et je me souviens d'une scène formidable. Je les attendais dans le hall de notre mairie, et j'ai vu arriver Joachim les bras ouverts et s'exclamant dans un français parfait « Mais c'est un paradis ici» ! Emil, plus réservé, leva les yeux au ciel en me disant « oui, oui, Orly ce n'est pas du tout possible !» Marie Christine Dupont, Le Pecq (29)

«Elu maire du Pecq le 13 Septembre 1991, j'ai souhaité immédiatement un jumelage avec une ville allemande ayant des points communs avec notre ville. Mon équipe municipale et moi tombons très vite amoureux de Hennef.» Alain Gournac, Le Pecq (30)

In der Festschrift zu 20 Jahre Städtepartnerschaft Hennef – Le Pecq[28] werden die vorsichtigen Schritte auf beiden Seiten bis zum Partnerschaftsvertrag geschildert. Aus Hennef wurde sehr schnell gemeldet: „Le Pecq soll unsere neue Partnerstadt werden.“, aus Le Pecq hieß es bald: „Hier sind wir richtig. Wir schließen einen Freundschaftsvertrag.“

«Alain Gournac décida qu'une délégation de notre ville se rendrait à son tour visiter Hennef, afin d'étudier la possibilité d'un jumelage entre les deux villes. C'est ainsi qu'il me proposa (en tant que responsable de l'opposition), d'accompagner le premier adjoint Robert Pelletier et Josselyne Mausset à Hennef pour une rencontre avec les représentants de celle-ci. Après un trajet sans soucis nous sommes arrivés à Hennef où nous avons été reçus au Rathaus par le maire et le conseil municipal ; l'après- midi fut consacré à la visite de la ville et de ses nombreux hameaux, le soir nous étions invités à une soirée de carnaval.... Le lendemain autre surprise nous avons dû défendre le Rathaus menacé par la population mé-

contente de la gestion de la ville et de l'augmentation des impôts ; c'était bien entendu un jeu !!! Lors de notre retour vers Le Pecq nous avons convenu que ce jumelage devait se faire, et cela dure depuis 27 ans…» Michel Stoffel, Le Pecq (31)

«Une délégation française constituée de Robert Pelletier et de Michel Stoffel pour la Mairie et moi-même, Josselyne Mausset visita Hennef les 1er et 2 février 1997. C'était alors les fêtes de carnaval en Rhénanie et nous nous retrouvâmes tous les trois au balcon de la mairie de Hennef, un verre de schnaps à la main en train de repousser les assauts de soldats de Napoléon à coup de pommes…, situation bizarre, mais c'était drôle et l'ambiance de ce qu'allait être le jumelage était donnée.» Josselyne Mausset, Le Pecq (32)

In Le Pecq wurde daraufhin der Partnerschaftsverein „Amis de Hennef" gegründet mit Josselyne Mausset als Vorsitzender, so dass wie gewünscht, die Städtepartnerschaft durch die beiden Vereine in Hennef und Le Pecq mit Inhalten gefüllt werden konnte.[29]

Wie gut die Aussicht auf eine französische Partnerstadt bei der Hennefer Bevölkerung ankam, zeigt der Mitgliederzuwachs von über 20 Mitgliedern bis Ende 1997, die Mitgliederzahl hatte zwei Jahre später die 200 schon überschritten. Außerdem bot der Partnerschaftsverein einen französischen Sprachkreis an, um die Besuche in Le Pecq sprachlich vorzubereiten.

„Seit 2017 sind meine Frau und ich in den 16 km entfernten Wohnort Levallois-Perret umgezogen. Wir sind trotzdem Mitglied des Vereins geblieben und ich bin weiterhin Mitglied des Büros und veranstalte seit mehr als 14 Jahren einmal im Monat einen Stammtisch für 8 -12 Teilnehmer, Mitglieder, die gerne Deutsch sprechen und sich über deutsche Geschichte informieren wollen." Olaf Brückner, Le Pecq

«Et pour améliorer ma connaissance de la langue allemande je participe aux cours de conversation en allemand animés deux fois par mois par Christiane Stegemann.» Marie-Paul Sauvestre (33)

Zur Ratssitzung am 18. November 1996 erhielten die Ratsmitglieder ausführliche Informationen über die neue Partnerstadt, ihre Infrastruktur und ihr kulturelles Leben. Jede einzelne Anforderung der Stadt Hennef an Le Pecq konnte erfüllt werden, und so lautete der Beschluss:

„Der Rat der Stadt Hennef (Sieg) beschließt:
Der Rat der Stadt Hennef (Sieg) begrüßt eine Städtepartnerschaft mit der französischen Stadt Le Pecq und stimmt der möglichen Auswahl von Le Pecq zur Partnerstadt durch die Mitgliederversammlung des Vereins zu." [30]

Eine Woche vor der geplanten Zeremonie der Urkundenunterzeichnung in Hennef wurde der Hennefer Verein geschockt durch den plötzlichen Tod von Matthias Schwellenbach.

Am 8. Juni 1997 unterzeichneten Emil Eyermann und Alain Gournac die Partnerschaftsurkunde in Hennef, für die beiden Vereine Josselyne Mausset und Gudrun Schwellenbach in Vertretung ihres verstorbenen Mannes. Am 27. September folgte dann die Unterzeichnung in Le Pecq, schon begleitet von einer Gruppe Hennefer Schülerinnen und Schüler des Gymnasiums Hennef, die den bis heute aktiven Austausch mit dem Collège Pierre et Marie Curie begonnen hatten.

Der Generalanzeiger schrieb über die Zeremonie in Le Pecq:

„Unter dem Beifall der etwa 200 Gäste im Festsaal des Hôtel de Ville umarmten sich Gournac und Eyermann. Das französische Stadtoberhaupt lobte in seiner Rede die schnell wachsenden Verbindungen: ‚Der Motor ist voll angelaufen.' … Als sich Bürgermeister Eyermann aufs Podium stellte, scherzte er über sich selbst: ‚Wie die Ratsmitglieder bemerken, brauche ich noch nicht einmal das Mikrofon niedriger zu stellen.' Damit spielte er nicht nur auf seine Statur an, sondern betonte gleichzeitig das Ziel beider Städte, gleichberechtigte Partner zu sein. Gournacs Hennefer Kollege sprach von einem ‚Glücksfall' und sah daneben die Chance für ‚Freundschaft und Brüderlichkeit'." [31]

Und die Rhein-Sieg-Rundschau titelte: „Sonne strahlte passend zur Partnerschaftsfeier – Hennefer schwärmten von der Gastfreundschaft und den Speisen in Le Pecq.“ [32]

Die Mitgliederversammlung am 10. Oktober 1997 wählte Hans-Joachim Tonndorf, den bisherigen Geschäftsführer, dank seiner Frankreichkenntnisse und französischen Sprachkenntnisse zum neuen Vorsitzenden des Städtepartnerschaftsvereins.

In den vergangenen Jahren hatte der Verein viele neue Mitglieder gewonnen, dadurch auch neue Gastgeberfamilien für englische oder französische Gäste. Man wollte aber von den Mitgliedern nicht nur Einsatz fordern, sondern ihnen auch ein touristisches und kulturelles Erlebnis anbieten. Deshalb startete der Verein 1997 ein neues jährliches Ritual: die Tagesfahrt ins benachbarte Ausland. Lüttich, Tongeren, Maastricht, Luxemburg, Arcen hießen die ersten Ziele, die von einer kleinen Gruppe geplant wurden und auf die sich jedes Mal so viele Mitglieder stürzten, dass es regelmäßig Wartelisten gab. Bei der Planung für den Ausflug 2015 allerdings gingen dem Vorbereitungsteam die gut erreichbaren Ziele in den Nachbarländern aus. Unter dem Motto: „Auch Deutschland hat schöne Ziele“ besuchen die Mitglieder seitdem interessante Ziele in nicht zu ferner Umgebung von Hennef. Ein wichtiges Ziel allerdings war immer der letzte Rastplatz am Abend. Beim ersten Mal hatte der Busfahrer Übelkeit vorgetäuscht und war im Wald verschwunden, während als Überraschung Tische für das Abendpicknick mit Baguette, Käse und Wurst und Wein gedeckt wurden. Seitdem warteten die Mitreisenden immer schon auf das gemütliche Ende des Ausflugs.

Frankophil präsentierte sich der Verein auf dem Hennefer Weihnachtsmarkt 1997 und ließ die Besucherinnen und Besucher nicht nur Banbury Cake und Whisky Marmelade wie im Jahr vorher, sondern diesmal frische Austern und Muscadet probieren. „Für viele Mutige der erste Versuch und dann nach Überwindung spontanes Lob: ‚Das schmeckt ja wie das frische Meer.'"[33]

Besucherinnen und Besucher, ob in Hennef oder Le Pecq, waren begeistert und drängten im folgenden Jahr nach Le Pecq: Sportarten wie Tennis, Schwimmen, Fußball, Radfahren, Gesang mit den Gesangsvereinen MGV Hanftal und Weingartsgasse, Kunst und Textilgestaltung, Besuch aus Le Pecq zum Karneval und zur Herbstmesse, 50 Gäste aus Hennef in Le Pecq. Zusammen mit den Begegnungen mit Banbury weist der Jahresplan 1998 insgesamt 17 Veranstaltungen aus, und das blieb auch in den folgenden Jahren so. Als Kernveranstaltung galt jeweils der Freundschaftsbesuch, jährlich wechselnd in Hennef oder in der jeweiligen Partnerstadt. Darum herum gruppierten sich sportliche, musikalische und künstlerische Aktivitäten über das ganze Jahr, die dann jeweils die Vereine der beiden Städte als Mitveranstalter einbezogen. Der Suche nach Gastfamilien fiel dadurch eine viel wichtigere Rolle zu als in den Jahren zuvor.

«Dès la création du jumelage avec Hennef, nous sommes, Marie-Thé et moi devenus adhérents. Dans le club des randonneurs de la Maison pour Tous, et sous l'influence de Jeanne Lebeau, nous étions plusieurs à avoir le désir de participer au jumelage de notre ville avec une ville d'Europe. Depuis 1998, nous sommes restés fidèles à ce choix et nous n'y avons pris que du plaisir.» Jean-Pierre Godineau, Le Pecq (34)

Viele Mitglieder fragten immer wieder nach, wohin sie denn als Gastgeber ihre Gäste führen könnten, also dachte sich der Vorstand ein weiteres jährliches Ritual aus: die Herbstwanderung, die manchmal auch zur Winterwanderung wurde. Seit 1999 lud der Verein zu gemeinsamen Wanderungen in der näheren Umgebung ein und dann zum Aufwärmen bei einer gemütlichen Kaffeetafel, jedes Jahr mit neuen Zielen: Stadt Blankenberg, Schloss Homburg, Schloss Birlinghoven, die Grube Bindweide im Westerwald oder der Waagenwanderweg in Hennef. Die Winterwanderungen waren nicht immer von Traumwetter begleitet, man erinnert sich an zwei Stunden Regen und Kälte in der Wahner Heide, aber dann - beste Stimmung beim Flammkuchen am Kachelofen im Heidekönig.

Mit der Partnerschaft Hennef – Le Pecq begann auch die Geschichte des Marché de Noël in Le Pecq, seit 1998 jedes Jahr am 1. Sonntag im Advent. Das fing ganz vorsichtig an. Die Hennefer wussten zwar, dass Weihnachtsschmuck, Adventskränze, Stollen und Lebkuchen für die Franzosen noch Neuland waren, aber ein Weihnachtsmarkt in der Salle des Fêtes war für die Alpicois etwas Neues. Würden die Leute kommen? Umso verblüffter war das kleine Team, das mit eigenen Autos angereist war, dass keine zwei Stunden nach der Eröffnung am Sonntagnachmittag schon alles ausverkauft war, selbst die Dekoration, mit der man den Stand geschmückt hatte. Ebenso heftig war der Ansturm auf den Stand mit Stollen, Lebkuchen und Marzipan. Von nun an wussten die Hennefer: Das wird eine Serie, und tatsächlich ist der Marché de Noël zur Tradition geworden. Jahrelang pflegte Ende November eine Gruppe aus Le Pecq mit einem Lieferwagen in Hennef einzutreffen und kaufte riesige Mengen an Weihnachtsschmuck und Stollen. Auf dem Rückweg hielt man dann noch in Aachen und versorgte sich mit Printen und Lebkuchen. Das geht heute über Online-Bestellungen. Die Hennefer brachten Pyramiden, Adventskränze und Gestecke mit. Die Globalisierung machte aber auch vor den Adventstraditionen nicht halt, nach und nach gab es rund um Le Pecq immer mehr Weihnachtsmärkte. Die Nachfrage nach Weihnachtsschmuck sank, aber die Besucherströme kamen weiterhin, auch weil sich inzwischen alle drei Partnerschaftsvereine Le Pecqs beteiligten.[34] Ab 2003 boten dann Hiltrud und Klaus Heyer einen Bastelstand für Kinder an – seit über 20 Jahren Engel in allen Variationen. Der Hennefer Verkaufsstand wandelte sich in das Café Allemand, das in jedem Jahr erfolgreich mit bis zu 20 selbst gebackenen Kuchen aus Hennef ausgestattet wird, und bei dem die Gäste sogar das Geschirr kaufen. Und besonders geschätzt wird unser Team von Schülerinnen und Schülern aus Hennef, das sich jedes Jahr wieder im Café und am Bastelstand engagiert.

„2003 fand dann zum Weihnachtsmarkt mein Engel-Workshop erstmalig statt." Hiltrud Heyer, Hennef

„Schülerinnen und Schüler, die beispielsweise bei unserem Projekt „Marché de Noël" in Le Pecq an der Seite von erwachsenen Vereinsmitgliedern mitarbeiten, sind jedes Mal – obwohl sie viel arbeiten mussten - begeistert, wenn sie zurückkommen. Sie organisieren in der französischen Partnerstadt das „Café Allemand", helfen französischen Kindern beim Basteln der Weihnachtsdeko oder verkaufen deutsche Adventskränze und transportieren so ein Stück deutscher Kulturtradition nach Frankreich." Martina Quadt-Lubitz, Hennef

«Aujourd'hui, le Marché de Noël a une notoriété qui ne se dément pas que ce soit au Pecq ou dans les communes avoisinantes. Notre marché est devenu un lieu de rencontre incontournable pour les Alpicois qui chaque année nous sont fidèles. C'est aussi l'occasion de faire une sortie familiale après le repas dominical.» Josselyne Mausset, Initiatorin des Marché de Noël (35)

«Même s'il n'y avait plus rien à vendre à 16h, cette manifestation fut un grand succès qui ne s'est pas démenti depuis. J'y ai trouvé les gâteaux variés, les Stollen encore peu connus en France, le vin chaud et plein de petits objets de décoration très bon marché. Ce fut une véritable découverte car à ce moment-là, ces objets n'avaient pas encore envahi nos boutiques. J'eus l'occasion de participer aux achats de plusieurs Marchés de Noël, les visites restent pour moi un merveilleux souvenir.» Odile Stoffel, Le Pecq (36)

„In der Jahreschronik 2000 schreibt Jans-Joachim Tonndorf: „Wieder ist ein ‚Geschäftsjahr'… erfolgreich zu Ende gegangen. In diesem Zeitraum wurden 21 Projekte mit Erfolg durchgeführt – 6 in Frankreich, 5 in England und 10 in Hennef, wobei aufwendige Veranstaltungen wie Z.B. der erste Besuch von 40 Gästen aus Le Pecq, die Reise des Jugendorchesters Allner/allgemeine Fahrt nach Banbury und die ‚Triennale der Textilkunst' in der Meys Fabrik besonders viel Zeit und Aufwand beanspruchten." [36]

Hennef – Banbury 1981 – Le Pecq 1997 – Nowy Dwór Gdanski 2001

Schon im Frühjahr 1996, als Hennef gerade die Suche nach einer französischen Partnerstadt gestartet hatte,

nahm Dr. Sigurd van Riesen, gebürtig aus dem Dorf Freienhuben bei ehemals Tiegenhof, jetzt Nowy Dwór Gdański, über den Verein Tiegenhof – Kreis Großes Werder e.V. Kontakt auf zu Bolesław Klein, dem Vorsitzenden des Klub Nowodworski, der schon im Herbst 1996 Hennef besucht hatte. Im Juli 1997 fuhr Stadtdirektor Karl Kreuzberg im Rahmen einer privaten Reise nach Nowy Dwór Gdański und fand beim dortigen Bürgermeister ein großes Interesse an einer Partnerschaft vor. Gleichzeitig fanden die Gründungszeremonien der neuen Partnerschaft mit Le Pecq statt, und so ergab sich aus einem gemeinsamen Gespräch mit Hans-Joachim Tonndorf: „Der Städtepartnerschaftsverein schließt für die Zukunft nicht aus, dass er mit einer osteuropäischen Stadt eine Städtepartnerschaft begründen wird. Derzeit ist jedoch der Aufbau der Städtepartnerschaft mit Frankreich und die Pflege der Städtepartnerschaft mit England vorrangiges Ziel des Partnerschaftsvereines. Aufgrund der vielfältigen Aktivitäten lässt sich momentan ein weiterer Kontakt mit einer osteuropäischen Stadt nicht verwirklichen. Herr Dr. van Riesen bekundet sein Interesse, als Mitglied des Städtepartnerschaftsvereins eine Art Freundschaftskreis Nowy Dwor ins Leben zu rufen und diesen Freundeskreis zu betreuen. … Herr Tonndorf klärt parallel dazu ab, welche ostdeutschen Kommunen für Städtepartnerschaften mit Hennef in Frage kommen. Zu diesem Zweck soll der Rat der Gemeinden Europas kurzfristig eingeschaltet werden.“ [37]

In einem weiteren Gespräch mit dem Vorstand des Städtepartnerschaftsvereins wurde klargestellt, dass der Verein die Aktivitäten zwar begrüßte, sich wegen der hohen Arbeitsbelastung mit Banbury und Le Pecq aber nicht daran beteiligen konnte und auch keine Art Arbeitsgruppe „Ost“ innerhalb des Vereins einrichteten wollte.

Unter dem Vorsitz von Sigurd van Riesen bildete sich der Deutsch-Polnische Freundeskreis, der schon im Oktober 1998 nach Krakau reiste und anschließend Nowy Dwór Gdański besuchte. Zum Gegenbesuch kam eine 25köpfige Gruppe aus Nowy Dwór

Gdański im August 2000 mit Bürgermeister Piorkowski nach Hennef und hatte große Erwartungen. Kurz zuvor hatte der Vorstand des Städtepartnerschaftsvereins festgestellt, dass es „keine Bestrebungen gibt, mit einer osteuropäischen Stadt eine Städtepartnerschaft anzustreben. Die Kontakte und die Entwicklung der freundschaftlichen Beziehungen zu Nowy Dwór Gdański werden sehr positiv gesehen.“ [38] Bürgermeister Karl Kreuzberg aber machte in seiner Begrüßungsrede im Rathaus Hennef schon Nägel mit Köpfen: „Wir möchten die inzwischen entstandenen freundschaftlichen Beziehungen gerne weiter vertiefen und zu einer offiziellen Partnerschaft zwischen den Städten entwickeln, wenn wir gemeinsam bei einem weiteren Jahr guter Beziehungen gemeinsam davon überzeugt sind., dass wir als Partner zueinander passen. Ich denke, das wird so sein.“ [39] Folglich stimmte die Mitgliederversammlung des Städtepartnerschaftsvereins kurz danach mehrheitlich für diese dritte Partnerschaft, und der Ausschuss für Schule, Kultur und Städtepartnerschaften empfahl dem Rat der Stadt Hennef:

„Dem Beschluss der Mitgliederversammlung des Vereins für Europäische Städtepartnerschaft Hennef e.V. vom 29.08.2000, eine Städtepartnerschaft mit der polnischen Stadt Nowy Dwór Gdański (Tiegenhof) zu begründen, wird zugestimmt.“ [40]

Ganz unabhängig von den städtischen Bestrebungen hatte sich bereits eine Schulpartnerschaft zwischen der Gesamtschule Meiersheide in Hennef und der Gesamtschule in Nowy Dwór Gdański entwickelt. Beide Schulen besuchten einander zum ersten Mal im Herbst 2000.

Gemeinsam planten der Städtepartnerschaftsverein und der Deutsch-Polnische Freundeskreis ein vielfältiges Programm zur Einstimmung auf die neue Partnerschaft: Kunst und Theater, ein Orgelkonzert, ein Kochkurs und polnische Küche in Hennefer Restaurants.

Im Juni 2001 wurden die Mitglieder des Freundeskreises aufgefordert, dem Städtepartnerschaftsverein beizutreten, da nach einer Satzungsänderung Sigurd van Riesen als dritter Stellvertreter in den Vorstand gewählt werden sollte. Aber nicht alle wollten sich einem Verein anpassen.

Am 11. August 2001 wurde die Partnerschaftsurkunde in Polen unterzeichnet, einen Monat später fanden die Festlichkeiten in Hennef statt. Nach und nach verschwand der Ortsname Tiegenhof und wurde durch Nowy Dwór Gdański ersetzt. [41]

„Z partnerstwem obydwu miast związany jestem od samego początku jego istnienia. Motorem zawiązania partnerstwa był Bolek Klein. On zainteresował mnie tym problemem. Uczestniczyłem we wszystkich rozmowach wstępnych zmierzających do zawiązania partnerstwa. Byłem uczestnikiem pierwszej wizyty delegacji nowodworskiej do Hennefu na zaproszenie burmistrza Karla Kreuzberga. Uczestniczyłem w uroczystościach podpisywania umowy o partnerstwie miast w Nowym Dworze Gdańskim oraz w Hennef. Wspierałem Bolka w działaniu na rzecz partnerstwa obu miast. W roku 2002, jak zostałem burmistrzem Nowego Dworu Gdańskiego zaktywizowałem swoją działalność na rzecz partnerstwa pomiędzy Nowym Dworem Gdański a Hennefem." Tadeusz Studzinski, Nowy Dwór Gdański (37)

„Am Anfang war ich geblieben, weil ich Fuß in Hennef fassen und neue Leute kennenlernen wollte, dann habe ich gesehen, wie wichtig die Arbeit ist und wie sie die Menschen auf beiden Seiten verändert. Genauso wie unsere Hilfstransporte nach Polen. Durch Entstehung der gegenseitigen Kontakte verändert sich die schmale Sichtweise der Leute aus Polen und aus Deutschland. Der Pole wird plötzlich nicht mehr als der faule Mensch, der noch klaut gesehen, der Deutsche wird plötzlich nicht als der bösartige Mensch, der nur zerstören kann, gesehen." Leszek Paszkiet, Hennef

Die Annäherungen zwischen Nowy Dwór Gdański und Hennef waren in den ersten Jahren lange nicht so stürmisch wie man sie von Banbury und le Pecq kannte. Immerhin richtete man neben dem englischen und dem französischen Stammtisch nun auch einen polnischen Stammtisch ein. Jeweils kleinere Delegationen schickte man zunächst in die polnische Partnerstadt. Die Begeisterung aber, mit der sie nach der Rückkehr von den Festlichkeiten bei den Werdertagen und vor allem von der Gastfreundschaft und der Herzlichkeit des Empfangs berichteten, war so ansteckend, dass sich nach und nach immer mehr Kontakte und Begegnungen ergaben. Das lag nicht zuletzt an dem riesigen, nimmermüden Engagement von Bolek Klein, dem Vorsitzenden des Klub Nowodworski. Wollte man in Hennef ein sportliches Treffen mit Mädchen - Fußballmannschaften planen, zog Bolek über die Dörfer und gründete eine Mädchenmannschaft. Hatte man für den Besuch aus Nowy Dwór Gdański eine Gesamtzahl von 40 Personen verabredet, brachte Bolek noch „vier Freunde, die man nicht zu Hause lassen konnte“ zusätzlich mit. Mit ihm zusammen förderte Tadeusz Studzinski, der inzwischen zum Bürgermeister gewählt worden war, die Partnerschaft von Anfang an.

„Bei dem Rückblick auf die Entwicklung unserer Städtefreundschaft denke ich immer wieder an unseren unermüdlichen ‚Motor‘ Bolek auf polnischer Seite. Mit ihm ist alles schnell und reibungslos vorangekommen. Alle Bevölkerungsgruppen, sei es die Chöre, die Schulen, Musikgruppen oder Sportvereine wurden mit einbezogen. Bei den vielen gegenseitigen Besuchen sei es in Nowy Dwór Gdański oder in Hennef, ist es niemals schwer gefallen, schnell miteinander ein vertrauensvolles Verhältnis aufzubauen; die fehlenden Sprachkenntnisse wurden durch Herzlichkeit bei gemeinsamen Liedern, gutem Essen und Tanz gut überbrückt. Diese jüngste Städtepartnerschaft von Hennef zeichnet sich bis heute durch besondere Aktivitäten und tief verwurzelte Kontakte und Freundschaften aus.“ Sigurd van Riesen, Hennef

Die ehemals sozialistischen Staaten taten sich mit der Gründung von autark agierenden Vereinen in den ersten Jahren schwer, denn das hieß, weitgehend auf staatliche Kontrolle verzichten. Und auch die Vereine mussten erstmal ihre Rechte kennenlernen und ihr Selbstbewusstsein entwickeln. Ein Partnerschaftsverein wurde in Nowy Dwór Gdański daher erst 2010 gegründet, Harry Lau wurde der erste Vorsitzende.

„Die Partnerschaft mit Polen ist ebenfalls lebhaft und war dies meines Wissens schon immer. Die Austausche zwischen Polen und Deutschland finden jährlich statt und es kommen nach wie vor viele Erstbesucher aus Polen. Den sprachlichen Schwierigkeiten kann man heute mit Übersetzungsprogrammen abhelfen und viele der jüngeren polnischen Besucher können sich problemlos auf Englisch verständigen. Das hilft, Gastfamilien zu finden, die bereit sind polnische Besucher aufzunehmen.“
Martina Quadt-Lubitz, Hennef

Noch in demselben Jahr der Gründung der polnisch-deutschen Städtepartnerschaft schlossen der Żuławy Sportverband und der Stadtsportverband Hennef einen eigenen Freundschaftsvertrag ab, der die Sportjugend beider Städte zusammenführen sollte. Bis heute gibt es jährlich in beiden Städten erfolgreiche Treffen jugendlicher Sportler, zunächst mit dem Schwerpunkt Fußball. Aber im Laufe der Jahre haben fast alle Sportarten die Begegnungen zu spannenden Turnieren genutzt, das Zusammensein ist dabei wichtiger als das Gewinnen. Manchmal sind auch die Jugendlichen aus der Partnerstadt in Tschechien dabei, manchmal in Hennef die Sportler aus Le Pecq oder Banbury. Erwähnt sei das erste internationale Fußballturnier in Hennef 2003, zu dem sich englische, französische und polnische junge Fußballspieler trafen und das seitdem zu einer Tradition werden geworden ist. Nach einer Unterbrechung durch die Pandemie lebten die Turniere 2023 wieder auf.

In Le Pecq hatte Josselyne Mausset inzwischen den Vorsitz an Brigitte Penin abgegeben, als Jochen Tonndorf mich im Frühjahr 2003 fragte, ob ich an seiner Stelle den Vorsitz im Partnerschaftsverein übernehmen könne. Ich hatte gerade die Schulleiterstelle an der Kopernikus-Realschule in Hennef angetreten und wollte ablehnen, aber Jochen Tonndorf stand bald eine Herztransplantation bevor, und er wollte den Verein in sicheren Händen haben. „Ich mache die Arbeit weiter, aber du nimmst den Titel,“ versprach er. Im September 2003 mussten wir seinen Tod betrauern, sein Körper hatte das neue Herz nicht angenommen. In meiner Trauerrede sagte ich über ihn: „Was ihn geleitet hat in all den Jahren war eine Idee, die Idee von einem menschlichen und friedlichen Miteinander in Europa, nicht – oder nicht nur – auf der Ebene der Bürgermeister oder der Politiker. In seiner Vorstellung lag die Chance zur Freundschaft zwischen ehemals verfeindeten Nationen in der Begegnung von einzelnen Menschen oder Gruppen mit einem gemeinsamen Ziel oder Hobby. Und er stellte sich die Aufgabe, diese Idee mit Leben zu füllen und andere dafür zu begeistern.“ [42]

Das Jahr endete mit einem Großprojekt: Zum seinem 25jährigen Bestehen und zur Aufführung des „Elias“ von Mendelssohn-Bartholdy hatte der Madrigalchor Hennef die „Choral Society Banbury“ eingeladen. 140 Sängerinnen und Sänger führten ein eindrucksvolles Konzert in der Klosterkirche in Geistingen auf. Einen Monat später reisten über 50 Sängerinnen und Sänger nach Banbury, um dort das gleiche Werk in englischer Sprache aufzuführen. Die erste Probe mit den übermüdeten Hennefern eröffnete die Dirigentin Sue Freestone mit: „And now – fire!!“ Das hieß nicht nur auf Englisch singen, sondern auch doppeltes Tempo. Ein Erlebnis!

„Fast jeden Monat ein Großereignis“ titelten die Zeitungen nach dem Neujahrstreffen des Städtepartnerschaftsvereins zu Beginn des Jahres 2004. Zwei davon sollen hier erzählt werden.

Le Pecq hatte für Mitte Juni 2004 zum großen Fest eingeladen. Die Stadt wurde 1300 Jahre alt, urkundlich besiegelt durch König Childebert. Der Musikverein Allner und eine große Delegation aus Hennef nahmen an der Festparade teil, gekleidet in mittelalterlich anmutende geliehene Kostüme. Die Gäste aus „Outre-Rhin“ hatten 150 Liter Kölsch und gravierte Halbliterkrüge mitgebracht und verbrachten ein rauschendes Fest auf der Festwiese. Das Gastgeschenk, eine Stele vom Hennefer Steinmetz Edmund Heller, wurde im Frühjahr 2005 bei heftigem Schneetreiben im Park Jean Moulin aufgestellt. Mit der Inschrift gratulierte Klaus Pipke, Bürgermeister von Hennef: „Pour les 1300 ans de la Ville du Pecq - Félicitations des Citoyens et Citoyennes de la Ville de Hennef. "

Während sich eine Gruppe im „mittelalterlichen" Frankreich amüsierte, liefen die Vorbereitungen für das große Benefizkonzert auf dem Hennefer Marktplatz. Unsere Besucher in Nowy Dwór Gdański hatten gesehen, dass sich das Land auf dem Weg in die EU befand, dass es aber noch viele sehr bedürftige Bereiche gab, zum Beispiel das Projekt „Schulessen für alle Kinder" oder das dringend notwendige Rehabilitationszentrum für Kinder mit Behinderung. Die 14 Chöre des Hennefer Stadtverbandes und das Blasorchester Uckerath bereiteten sich auf ein großes Chorfest auf dem Hennefer Marktplatz vor. Dazu waren der Chor „Lutnia" aus Malbork in Polen und die Tanzgruppe „Morris Men" aus Banbury gekommen. 600 Sängerinnen und Sänger traten ohne Gage auf, die Initiative Kunst spendete einen Teil des Erlöses ihrer Ausstellung, 110 gestiftete Kuchen wurden verkauft, und auch der Erlös der Getränkestände wurde gestiftet. Am Ende des Tages konnte Bürgermeister Karl Kreuzberg dem polnischen Bürgermeister Tadeusz Studzinski 8000 Euro überreichen.

Wie wichtig für uns alle der Beitritt Polens in die EU war, erörterten einen Monat später bei einem Besuch von 50 polnischen Gästen Vertreter aus Hennef und Nowy Dwór Gdański und die Europa Abgeordnete Hieronimy in einer Podiumsdiskussion in der Meys Fabrik. Am Abend erzählten Schauspieler aus Nowy Dwór Gdański aus der Sagenwelt des Werder, von Nymphen, Rittern und verlorenen Königskindern, als sich Gäste und Gastgeber auf dem Grillplatz in Heisterschoß trafen.

„Najmilej wspominam daty 1 maja 2004 = wejście Polski do Unii Europejskiej. ...

Po wstąpieniu w roku 2004 Polski do Unii Europejskiej szerzej otworzyła się możliwości rozwijania partnerstwa między naszymi miastami. Organizacje pozarządowe zaczęły odgrywać kluczową rolę w budowaniu indywidualnych, międzyludzkich więzi ponad granicami. Wspólne inicjatywy organizacji pozarządowych z Hennef i Nowego Dworu Gdańskiego służyły nie tylko wzajemnemu poznaniu się, lecz także wymianie doświadczeń i podejmowaniu ponadgranicznych działań. Wspólne opracowywanie projektów oraz wspólne uczestnictwo w organizowanych spotkaniach i odbywających się z tej okazji imprezach kulturalno-rekreacyjno-sportowych (np. wspólne gotowanie) oraz wspólne spędzanie czasu i zamieszkiwanie u rodzin były działaniami urzeczywistniającymi partnerstwo i spełniającymi znamiona integracji europejskiej." Tadeusz Studzinski, Nowy Dwór Gdański (38)

Der Jahresplan 2005 nennt 17 Veranstaltungen: Fußballturniere in Hennef und Le Pecq, Englisch- und Polnischkurse, Tagesfahrten und Wanderungen, Reisen nach Le Pecq und Nowy Dwór Gdański. Das größte Projekt aber war für ganz Hennef eine Première: die Europawoche vom 30. April bis zum 8. Mai 2005. 10 Tage lang feierte Hennef Europa. „Die Europawoche wurde unter der Leitung der Stadt und einem ehrenamtlichen Hauptverantwortlichen unter Einbeziehung von Stadtsportbund, Verband der Hennefer Chöre, Jugendamt einschließlich Kindergärten, aller Oberstufen der Hennefer Schulen, Künstler, Heimatvereine und anderer Organisationen, selbstverständlich an führender Stelle der Städtepartnerschaftsverein, zu einem der größten Ereignisse in Hennef mit mehr als 1500 Teilnehmern gestaltet. Insgesamt fanden über 70 Veranstaltungen statt. Um diese großen Veranstaltungen zentral und für alle Bürger erreichbar durchzuführen, wurde der Marktplatz mit einem Festzelt überspannt und eine große Bühne errichtet."[43] Herausragende Programmpunkte waren das festliche Europakonzert der Hennefer Chöre, die Podiumsdiskussion der Hennefer Schülerinnen und Schüler mit Europa Abgeordneten und Politikern über die ganze Spannbreite europäischer Jugendthemen, die Fortsetzung des Podiumsgesprächs mit Politik und Wirtschaft am Abend in der Meys Fabrik, der Kindertag mit vielfältigen Aktivitäten für Kinder jeden Alters, der Familientag mit einem musikalischen Familientreffen auf dem Markt. Die Europawoche endete mit den Europaläufen am Sonntag, die sich seitdem zu einem feststehenden jährlichen Event entwickelt haben. Unsere polnischen Freunde liebten die Europawoche und kamen immer gerne mit Musik-, Tanzgruppen und Läufern, die dann auch mehrmals den Siegerpokal mit nach Hause genommen haben.

2005 trafen sich unter der Schirmherrschaft des Städtepartnerschaftsvereins 120 Jugendliche aus allen vier Partnerstädten, um in einem dreitägigen Planspiel die Entscheidungswege der europäischen Institutionen zu durchlaufen und zuletzt in einem „Parlament" die Entscheidung über ein aktuelles kontroverses europäisches Thema: „Was ist Schokolade?" zu entscheiden. Der Verein hatte zum „Tag der Partnerschaft" eine französische Tanzgruppe, eine polnische Musikgruppe und die Band „Spank the Monkey" aus Banbury geladen, die das Publikum auf dem Marktplatz unterhielten – leider bei strömendem Regen. Keinen Schutz durch ein Großzelt hatten die Künstlerinnen und Künstler aus allen vier Partnerstädten, die sich in Hennef und den Außenorten zum Malen verteilen wollten. [44] Das Resümee lautete: „Insgesamt bleibt festzustellen, dass die Europawoche für die Größenordnung einer Stadt mit 44000 Einwohnern einen außergewöhnlichen Erfolg darstellt und das Gefühl für Europa verfestigt hat.... Das Motto ‚In Vielfalt geeint' wurde in dieser Woche mit den Mitteln einer Kleinstadt voll umgesetzt." [45]

«Chaque année, Hennef organise une semaine de l'Europe sous la forme de rencontres sportives ou culturelles. Les villes jumelées avec Hennef y sont invitées.

C'est l'occasion de découvrir dans une ambiance festive et détendue d'autres personnalités et d'autres cultures. La réunion des chorales fut un grand moment de travail collectif.

Les négociations des délégations des jeunes à propos de l'appellation « Chocolat» se révélèrent très intéressantes. » Odile Stoffel, Le Pecq (39)

"Apart from our visits, usually in the autumn, we also came one time to Europawoche. Which I think is in June. Yes. And so we came at a very different time. But this was wonderful because we did things in your marketplace, and we were doing open air events. I really, really enjoyed that." Janet Bishop, Banbury Operatic Society, Banbury (40)

Der Städtepartnerschaftsverein hatte für die erste Europawoche einen großzügigen Zuschuss von der EU bekommen. Dadurch fand sie auch in Brüssel Beachtung, und allen vier Partnerstädten wurden im Herbst 2007 die „Goldenen Sterne der Europäischen Kommission" verliehen.

«L'autre grand événement : la remise des Etoiles d'or à Bruxelles ! intense et inoubliable !» Marie-Christine Dupont, Le Pecq (41)

10 Jahre lang war die Europawoche ein festliches Ereignis im städtischen Leben von Hennef, der Städtepartnerschaftsverein war stets Mitveranstalter und holte in jedem Jahr interessante Tanz- und Musikgruppen auf den Marktplatz. Über die Jahre blieb zwar der Titel „Europawoche", die europäischen Themen aber machten nach und nach Platz für Sommerfest und Party.

Das Jubiläumsjahr 2006 – 25 Jahre Verein für Europäische Städtepartnerschaft, 25 Jahre Twinning Hennef – Banbury, fünf Jahre Partnerschaft mit Nowy Dwór Gdański versprach wieder viele gemeinsame Begegnungen. Besuch zum Jubiläum kam im Mai aus Nowy Dwór Gdański, im September aus Le Pecq, aber die Feierlichkeiten zum Jubiläum zogen sich über das ganze Jahr hin, im Juni mit einem Picknick im Kurpark und einem Konzert der Hook Norton Brassband, dann mit einem fulminanten Auftritt der Operatic Society im Oktober, und sie endeten mit der Aufführung von Händels „Messias" in St. Mary's Church in Banbury im November. „Messiah from Scratch" das hatten die Hennefer Sängerinnen und Sänger noch nie erlebt: Man nimmt seine Messiasnoten mit, kauft eine Sängerkarte, irgendjemand hat ein Orchester, einen Dirigenten und Solisten bestellt, man gesellt sich dem Sopran, Alt, Tenor oder Bass zu, hustet die Kehle frei, und dann wird der Messias gesungen – ohne Probe „from scratch". Die Hennefer hatten natürlich nicht glauben können, dass das funktioniert und hatten, echt deutsch, schon ein halbes Jahr vorher einen Projektchor gegründet, um gleichberechtigt am Konzert teilnehmen zu können. Sie mussten lernen, dass man das Chorsingen in England viel lockerer nimmt, denn als am nächsten Tag in der Methodistenkirche das „Halleluja" noch einmal gesungen werden sollte, hieß es: „Beginning and end will be ok, and in the middle - let's see what happens."

Im Zentrum des Jubiläumsjahres stand aber „Der Bild-Teppich der Partnerschaft", „The Twinning Tapestry", „La Tapisserie du Jumelage", „Gobelin Partnerstwa" nach dem Vorbild des gestickten Bildteppichs von Bayeux, der die Eroberung Britanniens durch die Normannen zeigt. Schon 2004 entstand die Idee, wichtige Ereignisse und besondere Merkmale der Partnerstädte in einer künstlerisch gestalteten Form festzuhalten und zum 25jährigen Jubiläum zu präsentieren. Ein Wandteppich sollte als Gemeinschaftsarbeit entstehen auf dem Hintergrund einer gemeinsamen Idee, aber mit ganz verschiedenen bildlichen Darstellungen, so verschieden wie unsere Partnerstädte in England, Frankreich und Polen. Gudrun Schwellenbach übernahm die Projektleitung und hatte zunächst die Aufgabe, die Freunde in den Partnerstädten für ihre Idee zu begeistern und sie zum Mitmachen zu bewegen. Seit dem Frühjahr 2005 entwickelten Schulkinder und Künstlerinnen und Künstler in den vier Partnerstädten Bildfolgen, die dann auf ein fünf Meter langes und 70 cm hohes Tuch aus Leinen gestickt wurden.

Mehr als 20 Meter gestickter Wandteppich konnten im September 2006 der Hennefer Öffentlichkeit präsentiert werden. Bürgermeister Klaus Pipke dankte den Stickerinnen und Gudrun Schwellenbach als Ideengeberin für dieses großartige und einmalige Werk. Auf dem Hennefer Teil sieht man markante Gebäude der Stadt, aber auch die Darstellung von Traditionen und wichtigen Ereignissen. So ähnlich sind auch die Darstellungen auf dem Teppich aus Banbury, in Le Pecq gestalteten Künstler die Ansichten auf ihre Stadt an der Seine, und der Teppich aus Nowy Dwór Gdański erzählt Sagen aus dem Werder. Nach der Reise des gesamten Wandteppichs durch alle Partnerstädte wurde er 2007 wieder geteilt und an die Partnerstädte zur Ausstellung, zum Beispiel in den Rathäusern von Banbury und Le Pecq, zurückgegeben. Der Hennefer Bildteppich befindet sich heute in einer Vitrine in der Aula der Gesamtschule Hennef/West. Der Städtepartnerschaftsverein Hennef unterstützte die Idee von Anfang an, aber die hohen Kosten des Projekts ließen den Vorstand zeitweise befürchten, dass die Grenzen des Möglichen erreicht seien.

Die Serie der Jubiläen setzte sich 2007 fort – 10 Jahre Partnerschaft mit Le Pecq. Passend zum Termin der Hennefer Europawoche traf das „Théatre Musical du Pecq“ in Hennef ein, begleitet von Monsieur le Maire Alain Gournac und einer großen Reisegruppe. Meine Rede bei der Geburtstagsfeier in der Meys Fabrik endete: „Die ersten 10 Jahre des gemeinsamen Weges von Hennef und Le Pecq sind wie im Flug vergangen und schon voller intensiver Erinnerungen. Ich wünsche uns allen eine ebenso spannende Zukunft. Ich glaube das ist der Beginn, nein - die Fortsetzung einer wunderbaren Freundschaft.- Les 10 premières années du chemin commun de Hennef et Le Pecq ont filé à toute allure et sont déjà pleines de souvenirs intenses. Je souhaite un avenir captivant pour nous tous et je crois que c'est le début – non – la poursuite d'une amitié merveilleuse."

Gemeinsam begab man sich dann zum neu ernannten „Place Le Pecq" und die Bürgermeister enthüllten den Wegweiser, der die Himmelsrichtung und die Entfernung von Hennefs drei Partnerstädten zeigt. 2011 konnten die Hennefer dann im Parc Corbière in Le Pecq die „Promenade de Hennef" mit eröffnen.

Beim Gegenbesuch im Oktober erlebten die Alpicois etwas Einmaliges: Die Hennefer wurden begleitet vom Tanzcorps der Westerwaldsterne aus Uckerath, die beim abendlichen Diner Tanz und Akrobatik zeigten. Einige Franzosen versuchten sich sogar mit dem Wort „Spitzebötzjer", als die Tänzerinnen und Tänzer bei der Eröffnung der „Esplanade de l'Europe" auftraten.

„Schließlich ist mir auch die tolle 10-Jahresfeier im Jahr 2007 mit dem Besuch der Westerwaldsterne in Le Pecq in lebhafter Erinnerung geblieben. Nachdem ich die Tanztruppe anlässlich der Karnevalssitzung der KG Bierth im Februar dieses Jahres wiedergesehen habe, überlege ich schon, wie und wann wir diese tolle Truppe wieder einladen können." Ulf Heilig, Le Pecq

2009 verließ Brigitte Penin Le Pecq und übergab den Vorsitz an Goulven Calvez, der sich aber aus Altersgründen als Übergang betrachtete. Seit 2011 ist Ulf Heilig, aus Duisburg stammend, aber seit 1996 in Le Pecq wohnend, Vorsitzender der „Amis de Hennef".

Jedes Jahr entwickelten Hennefer Vereine oder Einzelpersonen neue Ideen zum internationalen Austausch, 2008 war es der Radclub CITO 1906 e.V., der eine Sternfahrt nach Le Pecq startete und zur Europawoche mit den Partnern aus dem französischen Radclub wieder in Hennef eintraf. Zwei Jahre später machte sich der „Funrunner" Heinz Jäckel aus Hennef auf zu einem mehrtägigen Lauf in die französische Partnerstadt. Für einen guten Zweck sammelte er unterwegs Spenden, die dem Bürgermeister Gournac überreicht wurden, nachdem man ihm beim Einlauf in die Stadt einen großartigen Empfang bereitet hatte. 540 Kilometer, fand Heinz Jäckel, waren zu wenig, so lief er die ganze Strecke wieder zurück, um exakt beim Fest der Europawoche auf dem Hennefer Marktplatz einzutreffen. Der Lauf in die Partnerstadt regte ihn an, im folgenden Jahr die 1140 Kilometer nach Nowy Dwór Gdański zu laufen, in 18 Etappen, täglich 55 Kilometer. Diesmal sollte der Spendenerlös an den Hennefer Kinderschutzbund und an zwei polnische Grundschulen gehen. Ein Laufteam lief ihm entgegen, so dass er mit seiner Entourage unter großem Jubel auf der Bühne der Werdertage begrüßt wurde. Es war dann unter anderem der Ärmelkanal, der ihn an seinem geplanten Lauf nach Banbury hinderte.

2009, als das „Vokalensemble Hennef" zum gemeinsamen Konzert mit dem Chor „Impromptu" nach Banbury fuhr und auch beim Canal Day auftrat, wurde es schon von der neuen Vorsitzenden Catherine Jenkinson begrüßt, die Ron Barnett abgelöst hatte.

„Natur, Kultur, Klima über Grenzen hinweg" nannte sich das Europa-Projekt des Partnerschaftsvereins zur Europawoche 2010. Vorstandsmitglied Sigurd van Riesen hatte die Umweltgruppe „Salwinia" aus Nowy Dwór Gdański und weitere Teilnehmer aus Le Pecq und Banbury eingeladen, aus Hennef kamen die Agenda 21 und der Ökumenische Umweltkreis. Alle Teilnehmerinnen und Teilnehmer präsentierten Bilder und Medien aus ihren Arbeitsbereichen und diskutierten in einem Workshop zu Themen wie Müllentsorgung, Gewässerreinhaltung, blühende Landschaften, Vögel und Bienen. Drei Wanderungen führten die Gäste zum Thema Natur- und Denkmalschutz in die Umgebung von Hennef. Am Ende stand eine gut besuchte Podiumsdiskussion in der Meys Fabrik zu den erarbeiteten

Themen. Der Umfang dieses Projekts war möglich, weil die EU es mit einem Zuschuss gefördert hatte.

2011 war wieder ein Jubiläumsjahr – 10 Jahre Städtefreundschaft Hennef - Nowy Dwór Gdański, natürlich in beiden Städten gefeiert. Im Juni luden die die polnischen Partner Hennef zu den Werdertagen ein, und die Big Band „Heavy Tunes" der Gesamtschule Hennef gestaltete das Festkonzert.

„Dass diese Fahrt so beeindruckend verlaufen ist, liegt nicht zuletzt an der glänzenden Vorbereitung und der finanziellen Unterstützung sowohl beim Partnerschaftsverein in Hennef als auch insbesondere auf Seiten der engagierten polnischen Gastgeber, die nicht nur für perfekte Unterkunft, Verpflegung und Programm sorgten, sondern auch in Nowy Dwór alle jene Instrumente zur Verfügung stellten, die wir im Flugzeug nicht mitnehmen konnten, Tuba, Drumset, Verstärker, Piano. Der Besuch in Polen wird den Mitgliedern der Bigband und allen Mitreisenden sicherlich noch lange in allerbester Erinnerung bleiben." [47]

Im September 2011 konnten die Gäste aus Polen zusammen mit den Hennefern das Straßenschild „Nowy Dwór Gdański-Platz" enthüllen. Es war nicht so einfach, in Hennef eine passende Straße nach der polnischen Partnerstadt zu benennen, der Name „Nowy Dwór Gdański-Straße" für die neu bebaute alte Ladestraße wurde von den dortigen Geschäften abgelehnt: zu kompliziert, man wollte lieber „Alte Ladestraße" heißen. Nach der Fertigstellung des Horstmannsteges stellte man aber fest, dass der Platz davor noch keinen Namen hatte, und dann passte es: drei Partnerstädte und drei nach ihnen benannte Plätze nahe beieinanderliegend. Das Gegenstück, ein Wegweiser in die Partnerstädte in Deutschland, Tschechien und der Ukraine, befindet sich im Stadtzentrum von Nowy Dwór Gdański in Sichtweite des Rathauses. Das Jubiläum in Hennef wurde mit Musik des Bernsteinchores und Tanz gebührend gefeiert.

Die „Heavy Tunes" wollten nach ihren guten Erfahrungen in der polnischen Partnerstadt auch die englische ausprobieren. Zum Canal Day 2012 fuhren sie nach Banbury und unterhielten die Festbesucher mit Bigband - Klängen. Inzwischen war es in Banbury schwierig geworden, Gastfamilien zu finden, so dass der Hennefer Verein hohe Kosten für die Unterbringung der Jugendlichen in einem Hotel aufwenden musste. Die Konzertreisen nach Le Pecq oder Nowy Dwór Gdański erfreuten sich hingegen allgemeiner Beliebtheit und fanden regelmäßig statt: 2012 die Big Beats des Gymnasiums Hennef in Le Pecq, 2014 in Polen, 2013 das Blasorchester Uckerath und 2017 das Orchester des Gymnasiums Hennef in Polen, und jedes Jahr zur Fête au Pecq eine Musikgruppe aus Hennef.

Im Juli 2012 war Bolek Klein noch das Bundesverdienstkreuz für seine polnisch-deutsche Versöhnungsarbeit verliehen worden. Im Dezember erhielt Hennef die Nachricht von seinem Tod. Im Nachruf der Stadt, des Städtepartnerschaftsvereins und des Stadtsportverbands hieß es: „Durch seinen unermüdlichen persönlichen Einsatz hat er für eine dauerhafte Freundschaft zwischen den Bürgerinnen und Bürgern beider Städte gesorgt. … Es bleibt die Erinnerung an einen wunderbaren Menschen, der sich um die Aussöhnung zwischen Deutschland und Polen verdient gemacht hat.“

Schon seit einigen Jahren war es immer schwieriger geworden, die einst so aktive Städtepartnerschaft mit Banbury am Leben zu erhalten. Während es für die Hennefer kein Problem gewesen wäre, mit großen Gruppen nach England zu reisen, kamen von dort nur noch kleine Delegationen, zum Beispiel 2013 sechs Personen, darunter drei ehemalige Bürgermeister, zu einem Golfturnier mit dem Golfclub Hennef. Die Hennefer legten wiederum Wert darauf, in Banbury bei öffentlichen Veranstaltungen wie dem Canal Day oder dem Remembrance Day Präsenz zu zeigen. Auch der rege Austausch von Sportgruppen beschränkte sich ab 2010 auf Le Pecq und Nowy Dwór Gdański. In Hennef wurde die Entwicklung mit Sorge betrachtet, aber man gab sich auf beiden Seiten Mühe, den Kontakt nicht abreißen zu lassen und wenigstens einige kleine Projekte im Jahr mit wenigen Personen durchzuführen.

Zur 10. Europawoche in Hennef 2014 gelang es wieder, alle vier Partnerstädte in Hennef zu vereinen. „Europa singt in Hennef" hieß das internationale Chorfestival, zu dem sich 220 Sängerinnen und Sänger aus den vier Partnerstädten in Hennef trafen.

„Aus Banbury begrüßen wir den Chor „Impromptu", aus Le Pecq den Chor „Contrepoint", aus Nowy Dwór Gdański den Kirchenchor „Sursum Corda" und den Schulchor „Blue Singers" des Liceums. Vier Chöre aus Hennef erwarten die Gäste: der Chor „Querbeet", die Kirchenchöre Liebfrauen-Warth und Uckerath, das Vokalensemble Hennef und der Schulchor des Gymnasiums Hennef. In unserem großen Chorkonzert werden alle acht Chöre einen kleinen Ausschnitt aus ihrem Repertoire präsentieren. Im Zentrum unseres Festivals steht aber unser gemeinsames Programm, das „O Fortuna" aus den Carmina Burana von Carl Orff, das wir in einem fünfstündigen Workshop unter der Leitung unserer Konzertdirigentin Lin Lin erarbeiten." [48]

60 Gastfamilien beherbergten die 100 Gäste aus den Partnerstädten, die sich mit den Hennefer Sängerinnen und Sängern am Samstagmorgen zu einem Workshop trafen und dann am Abend mit großer Stimmgewalt das „O Fortuna" erklingen ließen. Auch am nächsten Morgen auf der Rheinschifffahrt nach Linz wurde weiter gesungen, und am Nachmittag überraschten alle das Hennefer Publikum auf dem Marktplatz mit einem Flashmob: Von den vier Ecken des Marktplatzes erklang die Europahymne auf Deutsch, Englisch, Französisch und Polnisch.

Das Chortreffen hatte nachhaltige Wirkung. Ein Jahr später fuhr das Vokalensemble Hennef zu einem gemeinsamen Konzert mit „Contrepoint" nach Le Pecq, 2016 traf sich der Chor mit „Impromptu" aus Banbury in Hennef zur Feier des 35jährigen Bestehens der Partnerschaft und im Herbst 2016 fuhr das Vokalensemble zum Erntedankfest nach Nowy Dwór Gdański und traf dort den Kirchenchor „Sursum Corda" wieder.

«Le festival des chorales en 2014 : j'ai aimé la rencontre et le travail collectif avec des chorales d'autres pays. Nous étions à la fois concentrés et heureux d'être là. La croisière musicale sur le Rhin grâce à l'accordéoniste de Nowy Dwór qui fit chanter tout le monde dans la bonne humeur. Les choristes de Contrepoint étaient ravis de leur voyage ; ils étaient étonnés que je connaisse tant de monde à Hennef.» Odile Stoffel, Le Pecq (42)

2015 war wieder ein Besuch in der polnischen Partnerstadt geplant, und der Hennefer Vorstand überlegte, wie man durch gemeinsame Aktivitäten die sprachlichen Grenzen überwinden könnte. Mit dem Singen war es ja im Vorjahr schon gelungen. Ein „Feinschmeckertreffen", bei dem gemeinsam nach deutschen und polnischen Rezepten gekocht wurde, war die Idee hinter dem Treffen in der Lehrküche der Berufsschule. Rezepte und Einkaufslisten wurden im Voraus nach Nowy Dwór Gdański geschickt, und mit Schürze und Kochmütze ausgestattet, mit einem Lärmpegel wie in den Stoßzeiten in der Küche eines Sternerestaurants, kochten, rührten, formten - und naschten - Polen und Deutsche Rote-Bete-Suppe, rheinischen Sauerbraten und Schinken in Brotteig, polnische Klöße und schwäbische Spätzle und ein Joghurtdessert mit Früchten. Die Zufriedenheit und die Stimmung beim Festessen waren großartig. „Smacznego" – guten Appetit – konnten danach alle sagen.

Große Freude herrschte 2016 in Hennef, denn Catherine Jenkinson hatte es möglich gemacht, Gastgeber für 22 Gäste zu finden, die zum Canal Day nach Banbury fuhren und ein fröhliches Wochenende auf dem Festgelände des Canal Day und mit dem Besuch des Museums von Bletchley Park verbrachten. Immerhin feierten Banbury und Hennef 35 Jahre Städtepartnerschaft und im Juni sangen die Chöre „Impromptu" und Vokalensemble Hennef gemeinsam ein Konzert in Hennef.

2017 konnte schon wieder ein Jubiläum gefeiert werden: 20 Jahre Städtepartnerschaft Hennef – Le Pecq. Roland Villermé und ich hatten dazu eine Ausstellung vorbereitet, die den 20jährigen Weg der „Jumelage“ illustrieren und, da zweisprachig, in beiden Städten gezeigt werden sollte.

«Plaisir, je ne sais pas mais fierté surement lorsque que nous avons réussi – avec toi – à organiser les rencontres des 2 Conseils municipaux lors de la célébration des 20 ans du Jumelage, à Hennef, puis au Pecq…» Roland Villermé, Le Pecq (42)

Eine Premiere war die gemeinsame deutsch-französische Ratssitzung in der Meys Fabrik. Schon Monate vorher hatten Hennefer Ratsmitglieder mit ihren Kolleginnen und Kollegen in Le Pecq Themen ausgetauscht, und mit Spannung erwarteten alle das Treffen der beiden Stadträte. Die Meys Fabrik war gut besucht mit weiteren Gästen aus Le Pecq und aus der polnischen Partnerstadt, weitere Gäste und die Gastgeberfamilien verfolgten aufmerksam die Reden der beiden Bürgermeister, Madame le Maire Laurence Bernard und Klaus Pipke. Sprachbarrieren wurden durch Simultanübersetzung überwunden und man stellte fest, wie ähnlich doch die Probleme in der kommunalen Politik und Verwaltung sind.

Ebenso feierlich war dann das Gegenstück der gemeinsamen Ratssitzung im Oktober im Ratssaal der Mairie von Le Pecq und natürlich die festlichen Diners und die Ausflüge, hier zum Rhein und dort nach Versailles.

Das verabredete Prinzip der kleineren Projekte mit Banbury erwies sich als realistisch, 2018 besuchte eine kleine Gruppe aus Banbury unser Stadtfest und begab sich zu einer vergnüglichen Weinprobe an die Ahr, 2019 durfte eine kleine Gruppe aus Hennef in und um Banbury wunderbare englische Frühlingsgärten bewundern.

Eine ungewöhnlich lange Zeit – 8 Jahre – war seit dem letzten Auftritt der Banbury Operatic Society in Hennef vergangen. Im Februar 2019 kamen sie mit ihrer mitreißenden Show „An

Evening in Vienna" wieder. Das Live-Orchester, die Tänzerinnen und Tänzer, das Ensemble mit seinen Melodien von Léhar, Offenbach und Strauß brachten das Hennefer Publikum zum Mitsummen, Klatschen und Schunkeln. Diese Aufführungen forderten das Engagement des Partnerschaftsvereins immer bis an seine Grenzen heraus, der Erfolg und die Begeisterung der Hennefer Öffentlichkeit waren die Anstrengungen immer wert.

Auf der Mitgliederversammlung 2019 übergab ich nach 16 Jahren die Aufgaben der Vorsitzenden an Martina Quadt-Lubitz, die bisher die Kontakte mit Frankreich gepflegt hatte.

Die Winterwanderung 2020 nach Stadt Blankenberg konnte noch stattfinden, dann erfasste die Pandemie die ganze Welt und verbot alle zwischenmenschlichen Begegnungen. Die 11 geplanten Projekte für 2020 tragen den Vermerk: „Wegen Corona abgesagt". Die Zeit der Verunsicherung begann: Würden die Städtefreundschaften stabil bleiben? Würden die Mitglieder davonlaufen? „Wir trotzen der Pandemie digital!" beschloss man in Hennef. Schon im Sommer wurden einzelne kurze Videobotschaften als Grüße an die Partnerstädte verschickt, im Laufe des Jahres lernten die Vorstände in Hennef und in den Partnerstädten, „Zoom" als Ort der Begegnung zu akzeptieren, und zu Weihnachten verschickten alle Städte Videobotschaften, die ermutigen sollten und doch ein bisschen traurig klangen.

Immerhin war 2021, das zweite Jahr der Pandemie, ein bedeutendes Jubiläumsjahr: 40 Jahre Verein für Europäische Städtepartnerschaft Hennef, 40 Jahre Twinning mit Banbury, 20 Jahre Partnerstwo mit Nowy Dwór Gdański. Eigentlich – eines der zentralen Worte während der Pandemie – hätte man sich und die Partnerstädte in Hennef mit einem großen Fest feiern wollen. Stattdessen musste man auch hier eine digitale Lösung finden, statt einer analogen Festschrift wurde ein Film über 40 Jahre Städtepartnerschaftsverein jeweils bei den Akteuren zu Hause gefilmt und zu einer filmischen „Festschrift" zusammengefügt.

Die zentrale Jubiläumsfeier gestaltete der Städtepartnerschaftsverein aus dem Hennefer Rathaus als Zoom-Webinar. Quer durch Europa feierte jeder für sich und doch waren alle Partnerstädte zugeschaltet und überbrachten ihre Glückwünsche und Grüße. Damit man sich auch zuprosten konnte, hatte Hennef rechtzeitig vorher Hennefer Bier in die Partnerstädte geschickt. In Hennef war man jetzt wieder mutiger, sobald das Versammlungsverbot aufgehoben war, lud der Verein die Mitglieder zu einem Jubiläumspicknick in den Kurpark ein. Es war schon merkwürdig, am Eingang die Impfpässe der Teilnehmerinnen und Teilnehmer kontrollieren zu müssen, aber wie glücklich waren alle, sich nach so langer Zeit wieder gemütlich auf der Kurparkwiese zum Picknick und zu entspannten Gesprächen niederlassen zu können und dabei die Geburtstagstorte und das eigens für den Anlass gebraute „Banbury Ale“ zu probieren.

Ein besonderes Geburtstagsprojekt war die „Wand der Partnerstädte“ am Abgang zum Hennefer Bahnhof. Zwei Graffiti – Künstler hatten sich mit Fotomotiven aus den Partnerstädten beschäftigt und einige davon an der Wand des Treppenaufgangs in eine Graffiti-Galerie der Partnerstädte verwandelt. Außerdem, um die Präsenz der Partnerstädte auf den nach ihnen benannten Plätzen in Hennef zu vertiefen, hatte die Stadt dort jeweils eine Infotafel mit Bildern und einer anschaulichen Beschreibung aufgestellt.

„Die Planungen sind im Augenblick nur vorläufig. Ergänzungen und Aktualisierungen erfolgen zeitnah im Laufe des Jahres. Die Durchführung aller Aktivitäten hängt von der jeweiligen aktuellen Pandemiesituation ab und findet unter den Bedingungen der zu diesem Zeitpunkt gültigen Coronaschutz-Verordnung statt.“ So ein Vorwort wie zum Jahresprogramm 2022 hatte es in 40 Jahren Städtepartnerschaftsverein noch nicht gegeben. Tatsächlich aber waren alle, auch die Partnerstädte in Frankreich und Polen wie aus einer Lähmung erwacht und stellten fest, dass sie in ihren Kontakten und Projekten nahtlos wieder dort ansetzen konnten, wo sie 2020 aufgehört hatten. In Banbury hatte Catherine Jenkinson nach 14 Jahren ihr Amt als Chairman weitergegeben an Verna Wass, aber die Pandemie hatte dort einen spürbaren Einbruch in den Vereinsaktivitäten bewirkt.

In Hennef war man fest entschlossen, das Vielfach - Jubiläum als große Feier mit allen zusammen nachzuholen und plante ein Festwochenende im Juni 2022 mit vielen Gästen, den Bürgermeistern der drei Partnerstädte und viel Musik. Inzwischen war nämlich noch ein weiteres Jubiläum hinzugekommen: 25 Jahre Jumelage Hennef - Le Pecq.

Als dann am 24. Februar 2022 die schockierende Nachricht des russischen Angriffs auf die Ukraine kam, fühlten sich etliche Vereinsmitglieder an Besuche in Polen erinnert, wo sie die Bürgermeister, aber auch Sportler und Chöre der polnisch - ukrainischen Partnerstadt Sarny kenngelernt hatten. Schnell kamen die Informationen nach Hennef, dass die Freunde in Polen schon Hilfsaktionen vorbereiteten. Die Hennefer beschlossen, sich diesen Aktionen anzuschließen und weitere Aktionen zu finanzieren und starteten einen Spendenaufruf, zunächst für Sachspenden, die von Hennef aus transportiert wurden. Dann aber kamen die ersten Hilferufe nach Medikamenten und Nahrungsmitteln. In Hennef war die Spendenbereitschaft groß, der Verein konnte ziemlich bald über 40 000 € auf dem Spendenkonto verbuchen. Wie groß das Engagement der Hennefer Bürgerinnen und Bürger war, zeigte sich Ende Mai bei der Aktion „Singen für den Frieden - #Stand with Ukraine“ auf dem Hennefer Marktplatz. Viele Menschen waren gekommen, um den zahlreichen Chören zuzuhören und die Sammelbüchsen des Vereins zu füllen. Nach über zwei Jahren Krieg hat die Spendenbereitschaft zwar nachgelassen, nicht aber das Engagement. Mit einem Benefizkonzert im Juni 2024 will der Verein daran erinnern, dass die Schrecken des Krieges noch größer geworden sind und dass wir weiter helfen müssen.

Das Jubiläumswochenende im Juni 2022 lockte 60 Gäste aus allen drei Partnerstädten nach Hennef. Man traf sich zum festlichen Abendessen, und allen war die Freude über das Wiedersehen anzusehen. In seiner Rede zum Festessen betonte Bürgermeister Mario Dahm die große Bedeutung von Städtepartnerschaften: „Städtepartnerschaften sind Säulen eines grenzenlosen Netzwerkes. Sie sind Orte des Dialogs und des Austausches. Sie sind Chancen, voneinander zu lernen und einander zu verstehen. … Sie bauen dort Brücken, wo andere Mauern errichten wollen. Sie suchen das Gemeinsame und betonen das Alltägliche. Wir wissen, dass wir die großen Herausforderungen nur gemeinsam meistern können: Die Frage von Krieg und Frieden, die aktueller ist denn je, die Frage des Klimawandels, die Frage von Migration und globaler Gerechtigkeit. … Städtepartnerschaften sind nicht im klassischen Sinne politisch. Und sie sind es doch in einem tieferen Sinne, indem sie den Wert von Gemeinschaft, Austausch und Dialog herausheben und mit Leben füllen. Kurz gesagt: Wir brauchen Städtepartnerschaften auch in Zukunft.“ [49]

Einen ganzen Rheindampfer füllten die Gäste am Samstag, als man sich zu einem Ausflug nach Remagen begab. Am Sonntag fand dann ein Matinee-Konzert in der Meys-Fabrik statt. Es traten auf „Śpiewacy z miasta nad Tuga“ aus Nowy Dwór Gdański, „Les Attrape rêves – Alienor Ducastel und Missonne“ aus Le Pecq sowie „5202 Stadtgeflüster“ aus Hennef, die den Saal zum Singen und Schunkeln brachten. „In Vielfalt vereint“ zu sein, das wieder zu spüren, war einer der tiefen Eindrücke, die die Gäste wieder mit nach Hause nahmen.

Nur eine Feier in einer Partnerstadt war zu wenig, so machte sich im September 2022 ein ganzer Bus auf in die französische Partnerstadt zu einem Wochenendbesuch mit wieder einmal beeindruckenden Erlebnissen. Mit der Europahymne verabschiedeten sich die „Amis de Hennef“ von den deutschen Freunden und waren sich einig: „Ça a fait du bien! – Das hat gutgetan, kommt bald wieder“.

Die polnische Partnerstadt wollte nicht nachstehen und lud 2023 ebenfalls zu einem Jubiläumsfest im Juni in

Nowy Dwór Gdański ein. Zwei Wochen vorher war es dem Stadtsportverband Hennef erfolgreich gelungen, nach allzu langer Coronapause junge Fußballer und Tischtennisspieler aus Hennef, Polen und Frankreich wieder zu einem Sportwochenende in Hennef zu vereinen.

Über 40 Hennefer starteten Anfang Juni 2023 nach Polen, darunter viele Erstbesucher. Nach dem Muster der deutsch-französischen Sitzung von 2017 traf man sich im Rathaus von Nowy Dwór Gdański zu einer deutsch-polnischen Ratssitzung, zu der auch eine Delegation aus der ukrainischen Partnerstadt kam.

Jacek Michalski, Bürgermeister von Nowy Dwór Gdański, und der Hennefer Bürgermeister, Mario Dahm, beschrieben in ihren Reden den Weg von Krieg und Vertreibung zur Versöhnung, von der Gründung der offiziellen Städtepartnerschaft zu herzlicher, dauerhafter Freundschaft zwischen den Menschen in beiden Städten. Frieden und Freundschaft unter dem Schirm der europäischen Gemeinschaft war die zentrale Botschaft der beiden Bürgermeister. … Dass sich dies in der Arbeit der Partnerschaftsvereine widerspiegelt, bekräftigten Tadeusz Studzinski für Nowy Dwór Gdański und Leszek Paszkiet für Hennef.

Wie zerbrechlich dieser Frieden sein kann, erfuhren die Gäste durch die ergreifende Rede des Bürgermeisters von Sarny, Ruslan Serpeninov. Der russische Angriff auf die Ukraine sei auch ein Angriff auf die europäische Gemeinschaft, seinem Land und seiner Stadt bringe dieser Krieg nur Zerstörung und Tod. Er und seine Landsleute seien mit der Vorstellung aufgewachsen, die Russen seien ihre Brüder. Heute wissen sie: Die Polen sind ihre Brüder und die Deutschen ihre Freunde. Sein tiefer Dank gehe an die polnische Partnerstadt und an Hennef für ihre Hilfsaktionen seit einem Jahr. Ohne diese Hilfe könnte Sarny nicht überleben. … In diesem sehr emotionalen Moment bekam die gemeinsame Partnerschaftserklärung, die von den Bürgermeistern, allen Ratsmitgliedern und den VertreterInnen der Partnerschaftsvereine unterzeichnet wurde, ihre tiefere Bedeutung über den reinen Wortlaut hinaus.[50] 2024 werden diese Gespräche in Hennef fortgesetzt.

Die Mitglieder des Partnerschaftsvereins und die Hennefer Ratsmitglieder erlebten drei Tage voller intensiver Eindrücke und ein großer Teil setzte die Reise mit einem zweitägigen Besuch in Krakau fort.

Der Besuch der Franzosen aus Le Pecq stand 2023 unter dem Motto „60 Jahre Elysée-Vertrag". Nach einem Ausflug in den Duisburger Hafen traf man sich im Hennefer Gymnasium, wo nach einem Vortrag über die Entwicklung der deutsch-französischen Beziehung junge Leute im gegenseitigen Interview fragten, wie es sich als Französin in Deutschland und als Deutscher in Frankreich lebt.

Nach einem Jahr Stillstand in der deutsch-englischen Städtepartnerschaft freuten sich sieben Vereinsmitglieder über ein Wochenende in Banbury. Ende Oktober 2023 reisten sie nach England, auch zum Besuch der neuesten Show der Banbury Operatic Society. Im Zentrum stand aber ein Gespräch mit dem Vorstand der Banbury Twinning Association und Besucherinnen aus deren französischer Partnerstadt Ermont und dem Bürgermeister über die Zukunft des Vereins und der Städtepartnerschaft. Hoffnungsvoll verabschiedeten sich die Besucher, denn Hennef möchte die über 40jährige Freundschaft nicht verlieren.

Hier endet die Wegbeschreibung des Vereins für Europäische Städtepartnerschaft Hennef e.V. und seiner Partnerstädte in England, Frankreich und Polen. Für deren gemeinsame Geschichte kann es lediglich „Stand April 2024" heißen, denn auch nach 43 Jahren sind Hennef und seine Partnerstädte „mittendrin".

Wie sieht die Zukunft aus? Lassen wir dazu die Vereinsmitglieder und ihre Freunde in Banbury, Le Pecq und Nowy Dwór Gdański zu Wort kommen:

"Personally, I think it is a most wonderful organization, and I would be

very sad if it stops. But it will never stop having friendship with people that you met." Catherine Jenkinson, Banbury (43)

"For me and the people of the UK, I don't think there has been any significant change in attitudes to other countries. But for me, twinning is not about the political aspects of whether we're part of a larger group or not. It's about friendships and building those friendships. And that's the top and bottom of it. I hope that things here will resolve themselves and things will progress and become a lot stronger again." John Donaldson, Banbury (44)

„Generell nimmt in unseren heutigen Gesellschaften das Engagement der Menschen in Vereinen ab. Die Zukunft der Städtepartnerschaft hängt stark davon ab, ob auf beiden Seiten auch vermehrt junge Leute angesprochen und mobilisiert werden können. Insgesamt haben wir eine gute Ausgangsposition für den weiteren Weg unserer Städtepartnerschaft und so bleibe ich optimistisch für die Zukunft." Ulf Heilig, Le Pecq

«L'avenir du jumelage est à mon avis encore bien assuré par les échanges pour apprendre la langue, les coutumes des deux pays, ainsi que les échanges pour les jeunes et d'autres activités pour les moins jeunes. Vive le jumelage !» Josselyne Mausset, Le Pecq (45)

«Le devenir de nos jumelages? ils vont s'éteindre avec nous ! Mais nous pouvons être fiers de ce que nous avons bâti, la Paix pendant 79 ans. Et malheureusement tout ceci est si fragile en ce moment… Ne faudra-t-il pas tout recommencer ?» Marie-Christine Dupont, Le Pecq (46)

„O przyszłości naszego partnerstwa miast myślę z optymizmem. Na podstawie naszej dotychczasowej, dwudziestoletniej działalności oraz podejmowanych inicjatyw jestem przekonany, że zapoczątkowane w roku 2001 przez naszych poprzedników a kontynuowane przez dwie dekady z wielkim zaangażowaniem, partnerstwo naszych miast będzie w dalszym ciągu kontynuowane przez naszych następców. Wspólne przebywanie i wspólna zabawa sprzyjają zawiązywaniu nowych,

prawdziwych przyjaźni. To bardzo ważne, bo z sąsiadami trzeba żyć dobrze." Tadeusz Studzinski, Nowy Dwór Gdański (47)

„W ciągu ostatnich 20 lat partnerstwo między naszymi miastami stało się silne i zacieśnione, co przynosi korzyści obu społecznościom. Wspólnie pracujemy nad rozwijaniem relacji partnerskich oraz wspieramy się nawzajem w różnych inicjatywach. Można śmiało powiedzieć, że partnerstwo między naszymi miastami jest przykładem udanej współpracy międzynarodowej. Ważne jest, aby kontynuować budowanie relacji opartych na współpracy, zrozumieniu i szacunku, aby osiągać wspólne cele i rozwijać nasze miasta razem." Rafal Ruszkowski, Nowy Dwór Gdański (48)

„Unser Verein ist zurzeit ein sehr lebhafter und aktiver Verein, insofern mache ich mir um die nächsten Jahre keine großen Sorgen. Es wird eine Aufgabe sein, Nachwuchs zu gewinnen und einige Aktivitäten auch an eine jüngere Generation anzupassen. Aber ich bin sicher, dass Menschen zunehmend erkennen werden, dass nichts über die unmittelbare Begegnung geht, um sich zu verstehen und zu verständigen in einem gemeinsamen Europa. Die aktuelle politische Situation zeigt das deutlich und ist ein Ansporn für uns, uns in den Städtepartnerschaften weiter zu engagieren." Trixi Glaser, Hennef

„Mit den Leuten, die heutzutage treibende Kraft des Vereins sind, habe ich keine Bedenken, dass der Verein sich gut und positiv weiterentwickelt. Die Mischung aus Jung und Alt, stimmt noch bei uns. Wir müssen dafür sorgen, dass junge Leute von uns angesprochen werden, bei einzelnen Aktionen mitmachen. Die Wahrscheinlichkeit, dass sie sich im Verein zum jetzigen Zeitpunkt stärker engagieren, ist klein. Aber wenn sie heute positive Erfahrungen mit dem Verein machen, ist die Wahrscheinlichkeit gegeben, dass sie in der Zukunft den Verein mitgestalten. Sie sind aber nicht die Haupt-Zielgruppe, die wir ansprechen. Das ist meinen Augen die Generation 50+, wo die Kinder aus dem Haus sind und die Leute sich nach neuen Herausforderungen umschauen." Leszek Paszkiet, Hennef

VESP

Verein für Europäische Städte-Partnerschaft Hennef e.V.

„Städtepartnerschaftsvereine sind m.E. wichtig, um einen Austausch zwischen einzelnen Völkern und Kulturen auch für Erwachsene möglich zu machen. Möglicherweise hat der ein oder andere in seiner Schulzeit einen Schüleraustausch mit einem anderen Land erlebt und dabei erfahren, wie wertvoll diese Erweiterung des eigenen Erfahrungshorizonts war. Ein Städtepartnerschaftsverein bringt die Menschen auch im Erwachsenenalter zusammen. Mit dem Verein reist man als Erwachsener möglicherweise in Länder, in meinem Fall war das Polen, in die man ohne das Angebot des Städtepartnerschaftsvereins nicht reisen würde. Es erweitert den Horizont, es eröffnet neue Erfahrungswelten, und das ist großartig. Für die Zukunft halte ich es für entscheidend für das weitere Bestehen des Vereins, an dem Konzept, Alt und Jung zu verbinden und die Jugend in städtepartnerschaftliche Projekte zu integrieren, intensiv weiterzuarbeiten." Martina Quadt-Lubitz, Hennef

Anmerkungen

1 Wer über die vielen Einzelprojekte des Vereins nachlesen möchte, sei auf die Jahres - Chroniken auf der Homepage www.partnerschaftsverein-hennef.de verwiesen. Zu allen hier beschriebenen Er-

eignissen gibt es dort unter „Archiv&Chroniken" ausführliche Berichte und Bilder.

2 Fotos, Videos und Filme findet man auf www.partnerschafts-verein-hennef.de

3 Informationen über die Partnerstadt möge man der Homepage der Stadt Hennef und des VESP entnehmen.

4 Derek Fairbairn in: 10 Jahre Verein für Europäische Städtepartnerschaft Hennef e.V., Festschrift, 1991, S. 19.

5 Sitzung des Gemeinderates Hennef vom 8.9.1980, Anlage Nr. 4 der Niederschrift.

6 Sitzungsvorlage zur Sitzung des Stadtrates vom 29.6.1981.

7 Sitzung des Stadtrates Hennef vom 29.6.1981, Beschluss Nr. 528.

8 Corinne Defrance, Tanja Herrmann, Pia Nordblom (Hrsg.): Städtepartnerschaften in Europa im 20. Jahrhundert, Göttingen 2020, S. 15.

9 Städte- und Gemeindepartnerschaften, A. Marchetti, P. Lerch, M. Piepenschneider (Hrsg.): Handreichungen zur politischen Bildung, Band 26, St Augustin, 2019, S. 22.

10 Ebda S. 33.

11 Städtepartnerschaften – den europäischen Bürgersinn stärken, Bertelsmann Stiftung / Deutsch-Französisches Institut, Gütersloh 2018, S. 57.

12 Ebda. S. 13.

13 In: Festschrift 20 Jahre Städtepartnerschaft Hennef-Le Pecq, S. 14B.

14 Ebda. S. 42/43.

15 10 Jahre Verein für Europäische Städtepartnerschaft Hennef e.V., Festschrift, 1991, S. 23.

16 Die Partnerschaftsurkunden aller Partnerstädte hängen gerahmt im Treppenaufgang zum historischen Ratssaal im alten Rathaus Hennef.

17 Schreiben des Amtsgerichts Siegburg vom 5.11.1981.

18 Schreiben Hans Günter Hardt an Eric J. Coulson vom 10.11.1981.

19 Brief Bob Griffith an Pit Raderschad vom 21.11.19.

20 Ebda.

21 Alle Berichte und die Plakate findet man in den Chroniken des Vereins auf www.partnerschaftsverein-hennef.de

22 10 Jahre Verein für Europäische Städtepartnerschaft Hennef e.V., Festschrift, 1991, S.79ff und auf http://www.partnerschaftsverein-hennef.de

23 10 Jahre Verein für Europäische Städtepartnerschaft Hennef e.V., Festschrift, 1991, S.25.

24 Brief an British Telecom, Oxford Store, 10. September 1985.

25 John Bell an "To whom it may concern", 9. September 1985.

26 Hennefer Stadtecho, Dezember 2002.

27 Banbury Guardian, 11. April 1991.

28 Festschrift 20 Jahre Städtepartnerschaft Hennef-Le Pecq auf www.partnerschaftsverein-hennef.de

29 Informationen zur Stadt LePecq gibt es unter www.hennef.de und www.partnerschaftsverein-hennef.de

30 Sitzungsvorlage der Stadtratssitzung vom 18.11.1996, TOP 5, Anlage Nr. 3.

31 General-Anzeiger, Rhein-Sieg-Zeitung, 30. September 1997.

32 Rhein-Sieg-Rundschau, 29.9.1997..

33 Jahreschronik 1997, S. 16

34 Le Pecq hat für jede Partnerstadt einen eigenen Verein.

35 In: Festschrift 20 Jahre Städtepartnerschaft Hennef-Le Pecq, S. 6a.

36 Jahreschronik 2000, S. 3.

37 Gesprächsprotokoll vom 26.11.1997.

38 Sitzungsvorlage für den Ältestenrat der Stadt Hennef am 24.07.2000.

39 Begrüßungsrede Bürgermeister Kreuzberg am 11.08.2000.

40 Ausschuss für Schule, Kultur und Städtepartnerschaften am 24.01.2001.

41 Informationen zur Stadt Nowy Dwór Gdański gibt es unter www.hennef.de und www.partnerschaftsverein-hennef.de

42 Jahreschronik 2003, S. 4.

43 Jürgen Misselhorn: Schlussbericht über die Europawoche, in: VESP 2005 Chronik, S. 34

ff in www.partnerschaftsverein-hennef.de

44 Ausführliche Berichte hierzu in VESP 2005 Chronik, S. 26 ff. in www.partnerschaftsverein-hennef.de

45 Jürgen Misselhorn ebda. S. 40.

46 Aus dem Faltblatt zum Bild-Teppich, VESP 2005 Chronik, S. 17.

47 Bericht von Astrid Kröger-Schönbach, Orchesterleiterin, auf www.partnerschaftsverein-hennef.de

48 Einladung zum Konzert „Europa singt in Hennef", Jahreschronik 2014, www.partnerschafts-verein-hennef.de

49 2022 VESP Jubiläumsbericht auf www.partnerschaftsverein-hennef.de

50 Aus dem Reisetagebuch Polen auf www.partnerschaftsverei-hennef.de

Übersetzungen

(1) „Jeden Freitagabend trafen wir uns, bekannt als der „Club der geschlagenen Ehemänner" in einem Pub in Banbury und spielten Domino. An einem Abend saß dort ein Herr allein, so luden wir ihn ein, sich zu uns zu setzen. Es stellte sich heraus, dass er Deutscher und geschäftlich in Banbury war. Er hatte noch nie Domino gespielt, und es stellte sich heraus, dass er so wie wir sich für das Singen interessierte, und es war kein anderer als Matthias Schwellenbach aus Hennef. Er sagte, wir sollten kommen und ihn in seinem Land besuchen, und das taten wir." Gareth Jeremy, Banbury

(2) „Sie hatten auch schon mit Frankreich verhandelt, aber die ließen sich Zeit mit all den Vereinbarungen. Deshalb haben wir uns dann zuerst mit Hennef verpartnert." Margot Bell, Banbury

(3) „Die Gründung der Städtepartnerschaften wurde beschlossen, als es galt, die Wunden zu heilen, die die schrecklichen Kriege zwischen unseren beiden Ländern aufgerissen hatten, und all dies zu heilen war eine hervor-

ragende Entscheidung. Dann wurde der Anstoß für die Gemeinschaft der Länder Europas gegeben. Sich kennen, um sich zu lieben, die Kultur des anderen kennen, um einander zu schätzen und zu verstehen: das Europa der Völker usw.“ Marie-Christine Dupont, Le Pecq

(4) „Also, nach meiner Zeit als Bürgermeister, blieb ich weiter Mitglied der Twinning Association, denn ich glaube, das, was sie tun, ist gut für die Kultur beider Städte.“ John Donaldson, Banbury

(5) „Dank dieser Vereinbarung treffen sich sportliche Jugendliche aus Hennef und Nowy Dwór Gdański. Die Teilnahme an internationalen Begegnungen fördert die Persönlichkeitsentwicklung junger Menschen und ihre interkulturelle und sprachliche Kompetenz. Sie dient dem gegenseitigen Verständnis, überwindet Vorurteile und fördert die gemeinsame Verantwortung für die Gestaltung der Zukunft eines freien Europas.“ Tadeusz Studzinski, Nowy Dwór Gdański

(6) „Aber wenn man mit anderen Vereinen in unserem Land spricht, den Lions, dem Runden Tisch, sogar den Freimaurern – sie habe alle dieselben Probleme. Es scheint den Menschen nicht mehr wichtig zu sein, zu einer Gruppe zu gehören. Ich habe versucht, mit Leuten zu reden – kommen Sie und sehen sich alles an, aber es ist schwierig, sie zu interessieren. Wir hatten einen Stand am Tag der offenen Tür oder im People's Park. Sie sagen:'Oh, das ist interessant, ich nehme eine Broschüre mit.' Und dann hörst du nichts mehr von ihnen.“ Catherine Jenkinson, Banbury

(7) „Und wir sind seit über 42 Jahren in Kontakt geblieben. Wir waren bei den Hochzeiten unserer Kinder, und das ist eben meine besondere adoptierte deutsche Familie.“ Jenny Tustian, Banbury

(8) „Ich denke, viele Leute in den Partnerschaftsvereinen haben

sich mit Menschen, die sie zu Hause beherbergt haben oder bei denen sie untergebracht waren, angefreundet und haben wirklich wunderbare Beziehungen. Das ist total außerhalb von Politik oder anderen Dingen, denn Freundschaft bleibt Freundschaft. Es ist schade, dass nicht mehr Leute dies so sehen können." Catherine Jenkinson, Banbury

(9) „Und ich denke, die erfreulichste Sache dabei ist, und ich glaube, das zählt für alle Besucher, von Hennef oder andere Gäste, wie interessiert sie daran sind herauszufinden, wie die Dinge in diesem Land laufen, in dieser Stadt oder im Dorf oder in der Arbeit, die wir tun. Und ich denke, dass ist ein Teil von der Denkweise von Partnerschaft, Leute, die sich an der Partnerschaft beteiligen, sind interessiert, die Dinge zu entdecken." Verna Wass, Banbury

(10) „Unsere Freundschaft ist auf einem so hohen Niveau, dass die Zeiten nichts daran ändern können." Jean Pierre Godineau, Le Pecq

(11) „Im Laufe dieser 20 Jahre, haben die Familien aus Le Pecq freundschaftliche Bindungen zu unseren Hennefer Freunden hergestellt, so wie diese den Familien in Le Pecq freundschaftlich verbunden sind. Nicht selten sieht man in einer unserer Straßen von Zeit zu Zeit bei schönem Wetter ein Auto mit einem deutschen Nummernschild, das mit ‚SU' anfängt. Dieses kleine Detail genügt, uns davon zu überzeugen, dass wir unsere Aktivitäten fortsetzen müssen." Roland Villermé, Le Pecq

(12) „Für mich geht es bei Partnerschaft nicht um den politischen Aspekt, ob wir einer größeren Gruppe angehören oder nicht. Es geht um Freundschaft und darum, diese Freundschaften aufzubauen. Und das ist der Anfang und das Ende von allem." John Donaldson, Banbury

(13) „Ich glaube, dass sich die Partnerschaft zwischen unseren

Städten in den letzten 20 Jahren gefestigt hat. Eine starke Bindung und bilaterale Verbundenheit werden durch den Austausch von Bürgern deutlich. Gegenseitige Besuche sind zu einer Art Tradition geworden, die wir pflegen. Ich habe auch beobachtet, dass sich immer mehr jüngere Menschen an dem Austausch beteiligen. Es ist sehr ermutigend zu sehen, wie wir uns am Bus verabschieden, indem wir gemeinsam einen großen Kreis als Zeichen der Brüderlichkeit bilden und singen und uns für die gemeinsam verbrachte Zeit bedanken." Zbigniew Ciechanowski, Nowy Dwór Gdański

(14) „Am Anfang ging es darum, sich gegenseitig kennenzulernen. Im Laufe der Jahre und mit mehr und mehr Treffen wurden enge Bekanntschaften und sogar Freundschaften geschlossen." Tadeusz Studzinski, Nowy Dwór Gdański

(15) „Eine besondere Erfahrung bei allen unseren Städtepartnerschaftstreffen war die gegenseitige Freundlichkeit nicht nur der direkt am Austausch Beteiligten, sondern auch der Außenstehenden oder Nachbarn der Gastfamilien. Ich erinnere mich daran, wie die Nachbarn unserer Gastgeber (Familie Weiss) uns kennen lernen wollten, mit uns reden wollten, etwas über Polen und die Zusammenarbeit unserer Vereine erfahren wollten. Die Gastgeber selbst schenkten uns ihre Zeit, nahmen uns in ihren Alltag auf, zeigten uns, wie der Alltag in Hennef aussieht." Rafał Ruszkowski, Nowy Dwór Gdański

(16) „Die Partnerschaften bekommen heute so einen leicht ältlichen Anstrich, der die junge Generation nicht anzieht, und es ist schwer eine Lösung zu finden, denn das französische Schulsystem erlaubt uns keinen direkten Zutritt zu den Collèges oder Lycées. Es hilft auch nicht, dass die Schulen immer weniger an deutschem Sprachunterricht interessiert sind." Roland Viller-

mé, Le Pecq

(17) „Ich glaube nicht, dass der Charakter der Partnerschaft sich verändert hat. Wir treffen unsere Freunde in Hennef immer noch mit dem gleichen Vergnügen.“ Odile Stoffel, Le Pecq

(18) „Ich glaube, der Charakter der Partnerschaft hat sich vor allem von eurer Seite nicht verändert, denn es sind mehrere jüngere Leute dazugekommen, um die Ablösung zu übernehmen. Leider ist das hier in Le Pecq viel schwieriger, weil die jungen Franzosen sich nicht mehr in Vereinen engagieren, welche auch immer.“ Bernard Cluzeaud, Le Pecq

(19) „Durch diese Begegnungen verwirklichen wir die Idee des gegenseitigen Kennenlernens, Verstehens und der Zusammenarbeit zwischen jungen Menschen aus Polen und Deutschland. Die Teilnahme an internationalen Begegnungen entwickelt die Persönlichkeit und die interkulturelle und sprachliche Kompetenz junger Menschen. Sie dient dem gegenseitigen Verständnis, überwindet Vorurteile und fördert die gemeinsame Verantwortung für die Gestaltung der Zukunft eines freien Europas.“ Tadeusz Studzinski, Nowy Dwór Gdański

(20) „Ich erinnere mich, dass wir einmal zwei Bürgermeister mit zum Karneval genommen haben, und einen davon verloren haben. Wir waren im Karnevalszug und waren unterwegs, um irgendwo etwas zu trinken, und plötzlich stellten wir fest, wir hatten den Bürgermeister verloren. Wir haben überall gesucht und entdeckten ihn an einem Haus, wo sie eine Party in der Garage feierten, und er entschied sich dort zu bleiben.“ Ron Barnett, Banbury

(21) „Ich glaube für mich, in meinem Herzen, der Karneval hat einen großen Anteil an meinem Vergnügen. Weil er so bunt ist. Alle genießen es, und das wirkt sehr stark. Aber was am meisten in meinem Gedächtnis haften

geblieben ist, das war, wenn ich auf dem Balkon des Rathauses stand und all die Wagen beobachtete, die vorbeifuhren und die Farben und der Lärm, und yeah, das wird immer erhalten bleiben.“ John Donaldson, ehemaliger Bürgermeister von Banbury

(22) „Oh, war das ein Spaß!“ Jenny Tustian, Banbury “So Karneval, zum Beispiel, hat uns absolut fasziniert, denn wir hatten so etwas noch nie gesehen.“ Margot Bell

(23) „Jedes gemeinsame Treffen hat bei mir schöne Erinnerungen geweckt. Ich erinnere mich sehr gerne an den Karneval in Hennef im Jahr 2005. Ich hatte die Gelegenheit, viele Male in Deutschland in der Region Nordrhein-Westfalen zu sein, aber ich habe noch nie eine Veranstaltung wie den Karneval erlebt, und ich konnte mir nicht einmal vorstellen, wie fantastisch es ist, im Karneval Spaß zu haben. Dieses Ereignis ist mir sehr im Gedächtnis geblieben, ich erinnere mich noch heute daran.“ Rafał Ruszkowski, Nowy Dwór Gdański

(24) „Mehrere Jahre sind wir nach Hennef gefahren, um Karneval zu feiern, die fünfte Jahreszeit im Rheinland: im Zug oder im Auto mit Schneesturm auf der Rückfahrt. Bei der Ankunft auf dem Kölner Hauptbahnhof erkennt man die Fremden: Sie sind nicht verkleidet. Während der Karnevalszeit kann man Veranstaltungen besuchen, wo sich die Leistungen der sehr beeindruckenden sportlichen Gruppen abwechseln, und die spöttischen Lieder der Sänger. Man singt und tanzt und trinkt auch viel Kölsch.“ Odile et Michel Stoffel, Le Pecq

(25) „Denn ich habe so viele unvergessliche Reisen nach Hennef gemacht. Wie viele? Eine ganze Menge. Und unsere Operatic Society bot unsere Vorstellungen alle drei oder vier Jahre an. Und das ist auch ein Teil meines Lebens, immer der Musik und dem Schauspiel verbunden.

Und Hennef liegt in so einer schönen Umgebung.“ Jenny Tustian, Banbury

(26) „Ich glaube es gibt dort jedes Jahr ein Fest. Ich weiß es nicht mehr genau, aber es war riesig mit Zelten und Bier und Essen und es dauerte …Ich erinnere mich, dass das erste Fass mittags um 12 angezapft wurde, und wir hatten eine Big Band und eine Rock Band dabei mit einigen schottischen Tänzern und Eddie James und seine Band. Und wir spielten bis etwa drei oder vier Uhr am nächsten Morgen die ganze Zeit, eine Band nach der anderen. Und dann war am Sonntagmorgen eine Messe in der wieder aufgebauten Kirche. Und ich als professioneller Musiker muss das mal über die Deutschen sagen: Sie haben so eine Kästchen-Mentalität. Wenn du Kirchenmusiker bist, bleibst du Kirchenmusiker. Die große Mehrheit der Musiker in Großbritannien musste traditionell alles und jedes machen. Also waren dieselben Jungs von der Big Band, die sich am Abend vorher die Seele aus dem Leib gespielt hatten, um 11 Uhr da und spielten als Bläserensemble im Gottesdienst. Und dann gingen wir zurück zum Fest und spielten, bis es am späten Nachmittag zu Ende war. Und das Bier war wohl auch alle … ich weiß es nicht.“ Philip Shaw, Banbury

(27) „Ich liebte es. Ich habe so viele wunderbare Freunde getroffen und es hat mir so gut gefallen, dass ich sehr gerne viel von meiner Freizeit in die Organisation von Reisen in die und aus den Partnerstädten organisiert habe. Es ist eben die reine Freundschaft mit Gastfreundschaft und Wärme, die du in Hennef erlebst. Und ich kann gar nicht über ein einzelnes Ereignis sprechen, weil es so viele waren. Jedes Mal, wenn ich hingefahren bin, ist jemand Neues als Freund in mein Leben getreten, und das war wunderbar.“ Ron Barnett, Banbury

(28) „Es sollte eine Partnerstadt nahe

einer Großstadt, zum Beispiel der Hauptstadt der Bundesrepublik gefunden werden, nahe an einem Fluss, am Flugplatz und schnellen Zugverbindungen und mit einer interessanten Infrastruktur." Marie Christine Dupont, Le Pecq

(29) „Wir hatten uns getroffen, damit Alain Gournac sie an diesem Morgen empfangen konnte. Und ich erinnere mich an eine großartige Szene. Ich erwartete sie im Flur des Rathauses und sah Hans-Joachim mit offenen Armen ankommen und in perfektem Französisch ausrufen. ‚Aber das hier ist ein Paradies!' Emil war eher reserviert und hob seine Augen zum Himmel und sagte zu mir: ‚Ja, ja, Orly geht gar nicht.'" Marie Christine Dupont, Le Pecq

(30) „Seit ich am 13. September 1991 zum Bürgermeister gewählt wurde, hatte ich sofort eine Städtepartnerschaft mit einer deutschen Stadt gewünscht, die mit unserer Stadt einige Gemeinsamkeiten hatte. Meine städtische Mannschaft und ich haben uns sehr schnell in Hennef verliebt." Alain Gournac, Le Pecq

(31) „Alain Gournac entschied, dass eine Delegation aus unserer Stadt sich nach Hennef begeben sollte, um die Möglichkeit einer Partnerschaft zwischen unseren beiden Städten zu erkunden. Er schlug mir als Führer der Opposition vor, seinen Stellvertreter Robert Pelletier und Josselyne Mausset nach Hennef zu begleiten, um dort die Vertreter der Stadt zu treffen. Nach einer problemlosen Fahrt kamen wir in Hennef an, wo wir im Rathaus vom Bürgermeister und Stadtrat empfangen wurden. Der Nachmittag war dem Besuch der Stadt und der zahlreichen Dörfer gewidmet, am Abend waren wir zu einer Karnevalssitzung eingeladen… Die nächste Überraschung kam am nächsten Morgen – wir sollten das Rathaus gegen die Bürger verteidigen, die mit dem Management der Verwaltung und

dem Anheben der Steuern unzufrieden waren, das war natürlich ein Spiel!! Als wir nach Le Pecq zurückfuhren, waren wir uns einig, dass diese Partnerschaft geschlossen werden musste, und nun dauert sie schon 27 Jahre." Michel Stoffel, Le Pecq

(32) „Eine französische Delegation, bestehend aus Robert Pelletier und Michel Stoffel für das Rathaus und mir, Josselyne Mausset, besuchte Hennef am 1. und 2. Februar 1997. Es war die Karnevalszeit im Rheinland und wir fanden uns alle drei auf dem Balkon des Rathauses wieder, ein Glas Schnaps in der Hand, und wir sollten den Angriff der Napoleonischen Soldaten abwehren, die uns mit Äpfeln bewarfen, eine bizarre Situation, aber es war lustig und in dieser Atmosphäre wussten wir, es war alles klar mit der Partnerschaft." Josselyne Mausset, Le Pecq

(33) „Und um meine Deutschkenntnisse zu verbessern, nehme ich am Konversationskurs Deutsch teil, der zweimal im Monat von Christiane Stegemann angeboten wird." Marie-Paul Sauvestre

(34) „Seit der Gründung der Partnerschaft mit Hennef sind meine Frau Marie-Thé und ich Mitglieder. In unserem Wanderverein der Maison pour Tous und beeinflusst von Jeanne Lebeau, waren wir mehrere, die den Wunsch hatten an der Partnerschaft unserer Stadt mit einer anderen europäischen Stadt teilzunehmen. Seit 1998 sind wir dieser Wahl treu geblieben und es hat uns nur Freude bereitet." Jean-Pierre Godineau, Le Pecq

(35) „Heute ist der Weihnachtsmarkt in Le Pecq und in den Nachbarkommunen bekannt. Unser Weihnachtsmarkt ist ein unverzichtbarer Treffpunkt für die Alpicois, die uns jedes Jahr treu bleiben. Es ist außerdem die Gelegenheit zu einem Familienausflug nach dem Sonntagsessen." Josselyne Mausset, Initiatorin des Marché de Noël34

(36) „Auch wenn es um 16 Uhr nichts mehr zu verkaufen gab, war die-

se Veranstaltung ein großer Erfolg, der seitdem unverzichtbar ist. Ich habe die verschiedensten Backwaren entdeckt, die Stollen, die in Frankreich nur wenig bekannt waren, den Glühwein und die große Anzahl an Weihnachtsdekoration, die nicht teuer war. Das war eine echte Entdeckung, denn zu dieser Zeit gab es diese Dinge noch nicht in unseren Geschäften. Ich hatte mehrmals die Gelegenheit, bei den Einkäufen dabei zu sein, und diese Besuche sind für mich wunderbare Erinnerungen." Odile Stoffel, Le Pecq

(37) „Ich habe die Partnerschaft zwischen den beiden Städten von Anfang an miterlebt. Die treibende Kraft hinter der Gründung der Partnerschaft war Bolek Klein. Er hat mein Interesse an dem Thema geweckt. Ich war an allen Vorgesprächen zur Gründung der Partnerschaft beteiligt. Ich war Teil des ersten Besuchs einer Delegation aus Nowy Dwór Gdański in Hennef auf Einladung von Bürgermeister Karl Kreuzberg. Ich nahm an der feierlichen Unterzeichnung des Städtepartnerschaftsvertrages in Nowy Dwór Gdański und Hennef teil. Ich habe Bolek bei seinen Bemühungen um eine Partnerschaft zwischen den beiden Städten unterstützt. Als ich 2002 Bürgermeister von Nowy Dwór Gdański wurde, habe ich mich für die Partnerschaft zwischen Nowy Dwór Gdański und Hennef eingesetzt." Tadeusz Studzinski, Nowy Dwór Gdański

(38) „Meine schönsten Erinnerungen sind die an den 1. Mai 2004 = Polens Beitritt zur Europäischen Union. ... Nach dem Beitritt Polens zur Europäischen Union im Jahr 2004 eröffneten sich die Möglichkeiten für die Entwicklung von Partnerschaften zwischen unseren Städten in größerem Umfang. Nichtregierungsorganisationen begannen, eine Schlüsselrolle beim Aufbau individueller, zwischenmenschlicher Beziehungen über die Grenzen hinweg zu spielen. Ge-

meinsame Initiativen der Vereine aus Hennef und Nowy Dwór Gdanski dienten nicht nur dem gegenseitigen Kennenlernen, sondern auch dem Erfahrungsaustausch und der Durchführung von grenzüberschreitenden Aktivitäten. Die gemeinsame Entwicklung von Projekten und die gemeinsame Teilnahme an Kultur-, Freizeit- und Sportveranstaltungen (z.B. gemeinsames Kochen) sowie das gemeinsame Verbringen von Zeit und das Zusammenleben mit Familien waren Aktivitäten, die die Partnerschaft Wirklichkeit werden ließen und die Merkmale der europäischen Integration erfüllten." Tadeusz Studzinski, Nowy Dwór Gdański

(39) „Jedes Jahr organisiert Hennef eine Europawoche mit sportlichen und kulturellen Begegnungen. Die Partnerstädte von Hennef sind dazu eingeladen. Das ist die Gelegenheit, andere Menschen und andere Kulturen in einer festlichen und entspannten Atmosphäre zu entdecken. Das Chortreffen war auch ein großer Moment unserer gemeinsamen Arbeit. Und die Verhandlungen der jungen Leute zum Thema ‚Schokolade' waren eine interessante Entdeckung." Odile Stoffel, Le Pecq

(40) "Außer unseren Besuchen, die normalerweise im Herbst stattfanden, kamen wir einmal zur Europawoche, ich denke im Juni. Ja, da kamen wir zu einer ganz anderen Zeit. Aber das war wunderbar, denn wir traten auf eurem Marktplatz auf und machten eine Open-Air Aufführung. Das hat mir wirklich Spaß gemacht." Janet Bishop, Banbury Operatic Society, Banbury

(41) „Das andere große Ereignis: die Verleihung der Goldenen Sterne in Brüssel! Intensiv und unvergesslich!" Marie-Christine Dupont, Le Pecq

(42) „Das Chorfestival 2014: Ich habe besonders die Begegnung und die Zusammenarbeit mit den Chören aus den anderen Ländern geliebt. Wir waren gleichermaßen konzentriert

und glücklich, dort zu sein. Die Schifffahrt auf dem Rhein dank des Akkordeonspielers aus Nowy Dwór, der uns alle in bester Laune zum Singen brachte. Die Chormitglieder von ‚Contrepoint' waren begeistert von ihrer Reise, und sie wunderten sich, wie viele Leute ich in Hennef kannte." Odile Stoffel, Le Pecq

(42) „Freude und sicherlich auch Stolz haben mich erfüllt, als es uns – mit dir – gelungen ist, das Treffen der beiden Stadträte zur Feier des 20jährigen Jubiläums der Partnerschaft zu organisieren, erst in Hennef und dann in Le Pecq." Roland Villermé, Le Pecq

(43) „Ich persönlich denke, es ist eine großartige Organisation, und ich wäre sehr traurig, wenn es sie nicht mehr gibt. Aber die Freundschaft mit den Menschen, denen du begegnet bist, wird nicht aufhören." Catherine Jenkinson, Banbury

(44) „Ich glaube, dass meine Haltung und die der Menschen in UK gegenüber anderen Ländern sich nicht spürbar verändert hat. Ich hoffe, dass die Dinge hier eine Lösung finden und dass sie dann fortgeführt und sehr viel stärker werden." John Donaldson, Banbury

(45) „Die Zukunft der Partnerschaft ist nach meiner Ansicht gut gesichert durch den Austausch zum Spracherwerb, zu den Traditionen der beiden Länder und die Austauschmöglichkeiten für die jungen Leute und andere Aktivitäten für die weniger Jungen. Es lebe die Städtepartnerschaft!" Josselyne Mausset, Le Pecq

(46) „Die Zukunft der Partnerschaften? Sie werden mit uns zu Ende gehen! Aber wir können stolz darauf sein, was wir erstritten haben, den Frieden seit 79 Jahren. Und leider ist all das so fragil im Moment... Muss man nicht noch einmal von vorne anfangen?" Marie-Christine Dupont, Le Pecq

(47) „Ich denke mit Optimismus an die Zukunft unserer Städtepartnerschaft. Aufgrund unserer

bisherigen 20-jährigen Aktivitäten und Initiativen bin ich überzeugt, dass die Partnerschaft zwischen unseren Städten, die 2001 von unseren Vorgängern initiiert und zwei Jahrzehnte lang mit großem Engagement gepflegt wurde, auch von unseren Nachfolgern weitergeführt wird. Wenn man sich trifft und gemeinsam Spaß hat, entstehen neue, echte Freundschaften. Das ist sehr wichtig, denn wir müssen gut mit unseren Nachbarn zusammenleben." Tadeusz Studzinski, Nowy Dwór Gdański

(48) „In den letzten 20 Jahren hat sich die Partnerschaft zwischen unseren Städten gefestigt und vertieft, was beiden Gemeinschaften zugutekommt. Wir arbeiten zusammen, um Partnerschaften zu entwickeln und uns gegenseitig bei verschiedenen Initiativen zu unterstützen. Man kann mit Sicherheit sagen, dass die Partnerschaft zwischen unseren Städten ein Beispiel für eine erfolgreiche internationale Zusammenarbeit ist. Es ist wichtig, dass wir weiterhin Beziehungen aufbauen, die auf Zusammenarbeit, Verständnis und Respekt beruhen, um gemeinsame Ziele zu erreichen und unsere Städte gemeinsam zu entwickeln." Rafal Ruszkowski, Nowy Dwór Gdański

Übersetzungen:Erika Rollenske

Bildnachweis

Stadtarchiv Hennef:
Repro aller Abbildungen

Helmut Fischer†

Die Besetzung durch britische und französische Truppen 1918 – 1926 in Hennef

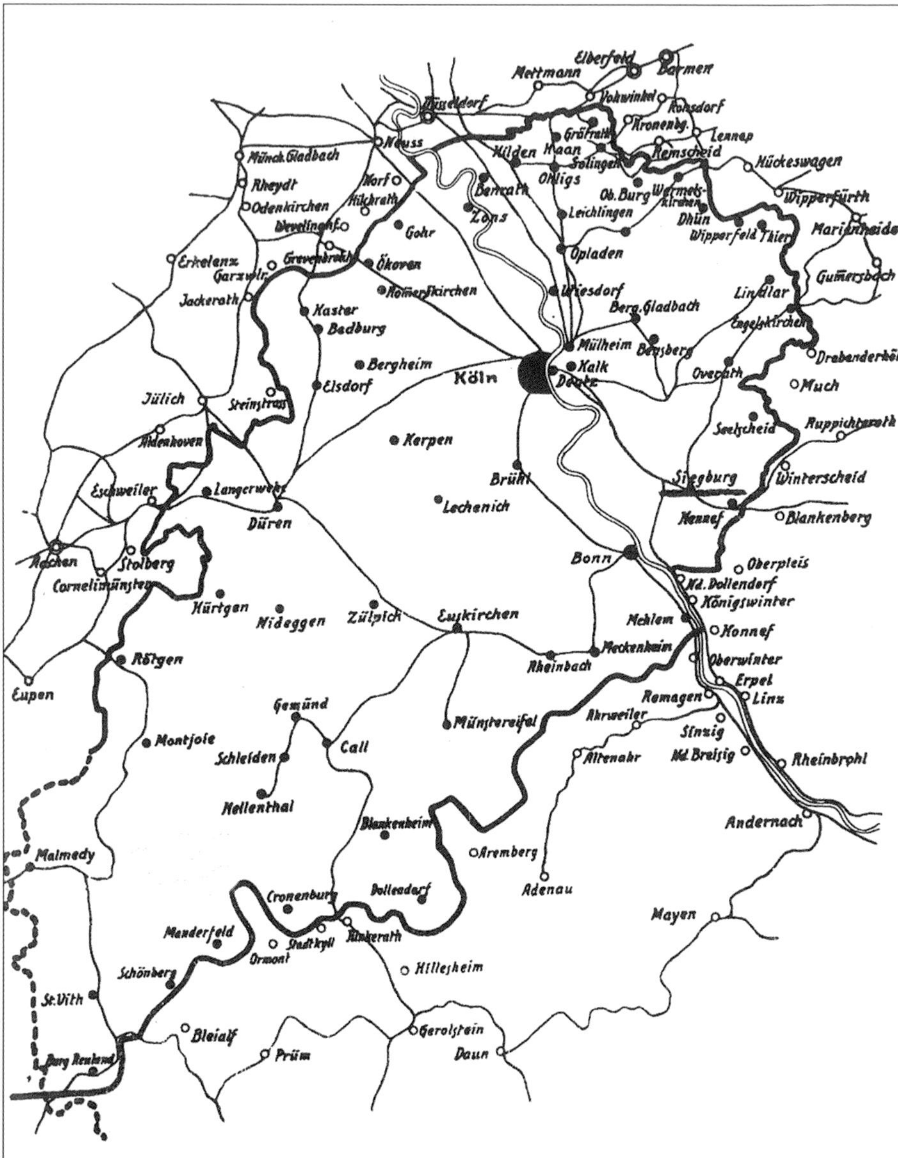

Karte der britisch besetzen Gebiete nach dem Waffenstillstand 1918.

Der große Umbruch in Hennef

Die unausweichliche militärische Niederlage des Deutschen Reiches im Herbst 1918 hat außerordentliche Folgen. Am 28. Oktober stimmt Kaiser Wilhelm II. einer Verfassungsänderung zu. Alle Bürger erhalten das Recht auf unmittelbare Mitwirkung durch allgemeine und geheime Wahlen nach den Grundsätzen des Verhältniswahlrechts. Jeder Wähler, ob Mann oder Frau, hat eine Stimme. Im Reich wird die Monarchie durch die parlamentarische Regierungsform abgelöst. In Wilhelmshaven und anderen norddeutschen Häfen meutern die Besatzungen gegen ein Auslaufen der Kriegsflotte. Die Matrosen fordern die Beendigung des Krieges und die Abdankung des Kaisers. Am 4. November bilden sich in Kiel Arbeiter- und Soldatenräte, welche die öffentliche Gewalt übernehmen. Der revolutionäre Funke springt sofort auf das Reich über. In Berlin kommt es am 9. November 1918 zu entsprechenden Aktionen. Friedrich Ebert wird zum Reichskanzler ernannt. Die *„Deutsche Republik“* wird ausgerufen. Kaiser Wilhelm flieht ins Exil in die Niederlande. Am 11. November 1918 wird der Waffenstillstand vereinbart [1].

Die Wirkungen dieser Ereignisse zeigen sich auch in der Bürgermeisterei Hennef. Am 9. November 1918 tritt in Siegburg ein Arbeiter- und Soldatenrat mit den Zivil- und Militärbehörden mit dem Ziel zusammen, über die Aufrechterhaltung von Ruhe, Ordnung und Sicherheit im Siegkreis zu beraten. Am 14. November fordert Landrat Hermann Strahl die Bürgermeister auf, wegen der durchziehenden deutschen Truppen und möglichen Ausschreitungen nun Arbeiter- und Soldatenräte zu bilden. Den Anordnungen des Arbeiter- und Soldatenrats des Siegkreises haben *„alle staatlichen, kommunalen und Privatbetriebe“* Folge zu leisten [2]. Die Auseinandersetzung darüber, ob die neue Republik der westlichen Demokratie oder dem sowjetischen Rätesystem angepasst werden soll, wird heftig besprochen. In Hennef ruft Bürgermeister Oskar Ungermann im Einvernehmen mit dem Arbeiter- und

Heimkehrende Soldaten auf der Frankfurter Straße.

Soldatenrat zur Bildung *„eines besonderen Sicherheitsdienstes durch Bürgerwehren“* auf. Angesprochen werden beurlaubte Soldaten zunächst für die Orte Hennef, Warth, Geistingen und Stoßdorf. Die Leitung der Wehr und die Dienstaufsicht übernimmt Sergeant Wilhelm Germscheid. Sein Stellvertreter ist Unteroffizier Wilhelm Klein. Es ist beabsichtigt, *„ständige Posten mit 8 Stunden Dienst“* und freiwillige Hilfsmannschaften aufzustellen. Auch in den übrigen Orten sollen, wie bereits in Weingartsgasse, freiwillige Wehren eingerichtet werden. Die landwirtschaftlichen Casinos in Hennef und Rott laden für den 17. November 1918 alle Landwirte *„zwecks Bildung eines Bauernrates“* ein[3]. Es gelingt, die Bauern für die neue Machtverteilung zu gewinnen. Am 20. November gibt Bürgermeister Ungermann die Zusammensetzung des Arbeiter-, Bürger- und Soldatenrates in der Bürgermeisterei Hennef bekannt. Der Rat besteht aus 1. Michael Feldmann, Hennef; 2. Engelbert Zimmermann, Hennef; 3. Hermann Hanten, Warth; 4. Anton Schüchter, Söven; 5. Wilhelm Germscheid, Hennef; 6. Edmund Frings, Hennef. Die Herren Feldmann, Hanten und Germscheid nehmen die Aufgaben von *„Obmännern“* wahr. Dem Sicherheitsausschuss gehören an Offiziersstellvertreter Wilhelm Lindlar, Warth, Feldwebel Edmund Frings, Hennef und Sergeant Wilhelm Germscheid, Hennef. Sämtliche Bürgerwehren der Bürgermeisterei Hennef unterstehen dem Offiziersstellvertreter Lindlar. Das Geschäftszimmer befindet sich im Gasthaus Naßhoven in Hennef[4]. Über die weitere Tätigkeit des Arbeiter-, Bürger- und Soldatenrats ist nichts bekannt.

Die Waffenstillstandsvereinbarungen sehen die Räumung Belgiens, Frankreichs und Elsaß-Lothringens durch die deutschen Streitkräfte vor. Die zurückkehrenden Truppen überqueren in Bonn den Rhein. Teile der 18. Armee ziehen im November 1918 durch Hennef[5]. Den aus dem Westen über den Rhein ins Reichsinnere zurückflutenden deutschen Soldaten folgen alliierte Besatzungseinheiten. Den strategisch wichtigen Rheinübergängen für die amerikanische, briti-

Bekanntmachung.

Der für die Bürgermeisterei Hennef gebildete

Arbeiter-, Bürger- und Soldatenrat

setzt sich aus folgenden Herren zusammen:

1. Michael Feldmann in Hennef
2. Engelbert Zimmermann in Hennef
3. Hermann Hanten in Warth
4. Anton Schüchter in Söven
5. Wilhelm Germscheid in Hennef
6. Edmund Frings in Hennef.

Die zu 1, 3 und 5 genannten Herren fungieren als Obmänner.

Ferner ist ein

Sicherheitsausschuß

für die Bürgermeisterei Hennef bestellt aus den Herren:

Offizierstellvertreter Wilh. Lindlar in Warth
Feldwebel Edmund Frings in Hennef
Sergeant Wilh. Germscheid in Hennef.

Sämtliche Bürgerwehren der Bürgermeisterei unterstehen dem Herrn Offizierstellvertreter Lindlar.

Das **Geschäftszimmer des Sicherheitsausschusses** befindet sich im Gasthause Raßhoven in Hennef.

Hennef, den 20. November 1918.

Der Bürgermeister: **Ungermann.**

Bildung eines Arbeiter- und Soldatenrates, HVZ vom 21.11.1918.

sche und französische Besatzungszone werden bei Koblenz, Köln und Mainz rechtsrheinische Brückenköpfe vorgelagert. Diese Bereiche haben einen Radius von 30 km sowie anschließend einen 10 km breiten neutralen Streifen vor dem unbesetzten Gebiet des Deutschen Reiches[6]. Zum Brückenkopf Köln gehören Teile der Bürgermeistereien Hennef und Lauthausen. Die Grenze berührt von Oberkassel am Rhein die Hennefer Ortschaften Scheurenmühle, Dambroich, Geistingen, Hennef und Weingartsgasse und die Lauthausener Ortschaften Happerschoß, Bröl und Heisterschoß. In der neutralen Zone liegt Blankenberg[7]. Am Ende der Woche vom 9. bis 14. Dezember wird die Besetzung des beschriebenen Teils der Bürgermeisterei Hennef *„durch fremde Truppen"* erwartet[8]. Es handelt sich um britische und kanadische Verbände. Die Kanadier besetzen am 13. Dezember 1918 bis zum 14. Januar 1919 die Grenzwache in Geistingen und werden durch britische Einheiten ersetzt[9]. Die Grenze des Brückenkopfs zur neutralen Zone wird durch Tafeln gekennzeichnet.

Unter der britischen Besatzung

Die britische Militärverwaltung erlässt am 14. Dezember 1918 über den Bürgermeister der Bürgermeisterei Hennef eine Verordnung, die bestimmte Einschränkungen für die Bevölkerung enthält. Bürgermeister Ungermann weist darauf hin, dass die Militärbehörde die in Privathäuser eingewiesenen Soldaten in großen Lagern unterbringen will. Er bittet die Bevölkerung, dafür Matratzen und Bettstellen bereit zu stellen. Angeordnet werden die Anbringung von Hauslisten mit den Namen der Bewohner an der Haustüre und die Anmeldung von Waffen im Rathaus. Die vorgeschriebenen Personalausweise sind bis zum 27. Dezember zu beschaffen. Ab 9 Uhr abends besteht eine Ausgangssperre. Der unterbrochene Güterverkehr auf der Eisenbahnstrecke Köln – Betzorf – Siegen soll alsbald wieder aufgenommen werden. Im Übrigen sind Verkehrsbestimmungen zu erwarten[10]. Die Einquartierung bewirkt durchaus Unzuträglichkeiten. So wendet sich der Schreiber eines Leserbriefs

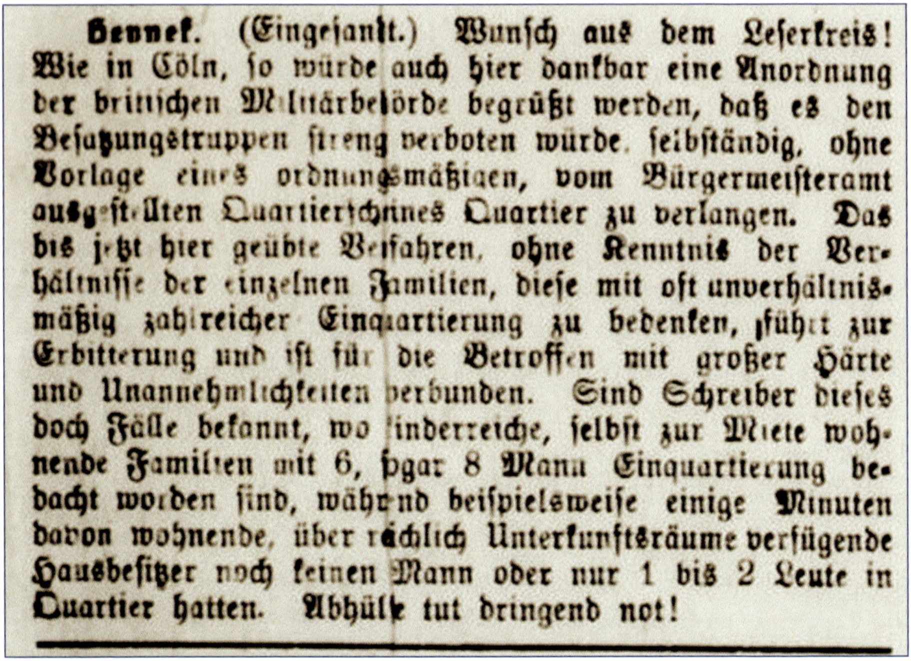

Hennef. (Eingesandt.) Wunsch aus dem Leserkreis! Wie in Cöln, so würde auch hier dankbar eine Anordnung der britischen Militärbehörde begrüßt werden, daß es den Besatzungstruppen streng verboten würde, selbständig, ohne Vorlage eines ordnungsmäßigen, vom Bürgermeisteramt ausgestellten Quartierscheines Quartier zu verlangen. Das bis jetzt hier geübte Verfahren, ohne Kenntnis der Verhältnisse der einzelnen Familien, diese mit oft unverhältnismäßig zahlreicher Einquartierung zu bedenken, führt zur Erbitterung und ist für die Betroffenen mit großer Härte und Unannehmlichkeiten verbunden. Sind Schreiber dieses doch Fälle bekannt, wo kinderreiche, selbst zur Miete wohnende Familien mit 6, sogar 8 Mann Einquartierung bedacht worden sind, während beispielsweise einige Minuten davon wohnende, über reichlich Unterkunftsräume verfügende Hausbesitzer noch keinen Mann oder nur 1 bis 2 Leute in Quartier hatten. Abhülfe tut dringend not!

Beschwerde eines Hennefer Bügers über unverhältnismäßige Einquartierungen, HVZ vom 4.1.1919.

an die Hennefer Volks-Zeitung gegen die Beschlagnahmung von Wohnungen ohne einen vom Bürgermeisteramt ausgestellten Quartierschein, vor allem wegen der damit verbundenen Ungerechtigkeiten. So seien kinderreiche Familien überfordert, Hausbesitzer mit reichlich Unterkunftsräumen jedoch kaum beansprucht worden[11]. Es wird um Abhilfe gebeten. Die britische Militärbehörde macht durchaus auf ihre Sonderrechte aufmerksam. Der Bürgermeister erklärt am 30. Januar 1919, dass alle britischen Offiziere von der männlichen Bevölkerung zu grüßen sind, und zwar von den Zivilisten durch das Abnehmen des Hutes und durch Uniformierte *„in militärischer Weise“*[12]. Ausdrücklich wird den Soldaten gestattet, in den Gewässern des besetzten Gebietes zu fischen, und zwar ohne Zustimmung des Eigentümers und nur mit der Angel. Den Tennis- und Fußballplatz auf der Sportwiese beansprucht die britische Verwaltung für ihre Zwecke. Nur dienstags, donnerstags und sonntags ist die Benutzung ab 6 Uhr abends für den Turnverein Hennef und den Fußballverein Viktoria Hennef – Geistingen nach der Bekanntmachung des Bürgermeisters erlaubt [13]. Schwierigkeiten zwischen den Angehörigen der Besatzung und den Bewohnern bleiben nicht aus.

Besatzungssoldaten und Bevölkerung scheinen aber schon bald zu einem erträglichen Verhältnis gefunden zu haben. Eine vermittelnde Rolle spielt der Sport. Ende März 1919 veranstaltet die 2nd Eastern Infanterie-Brigade zwischen Hennef und Buisdorf ein großes Pferderennen [14]. Im August 1919 tragen *„auf Einladung der Besatzungstruppen"* die erste Mannschaft der Fußballabteilung des *„hiesigen Sportvereins und eine Mannschaft der 10. Kompanie des 53. Manchester-Regiments"* ein Fußballspiel aus [15]. Der

Britische Besatzungstruppen paradieren durch Hennef.

Fußballclub Victoria Geistingen sucht die Unterbrechung des Spielbetriebs durch den Krieg zu überwinden.

Ein hoher britischer Befehlshaber besucht am 16. Mai 1919 Hennef. Der Herzog von Connaugt kommt zur 2. Brigade der Eastern Division und besichtigt die Quartiere und Arbeitsräume des 51. Bedfords Regiments. Anschließend sucht er das Brigadequartier in Schloss Allner auf[16]. Der Unterhaltung der Truppe dient ein Besuch der Concert Party *„The Live Rounds"* des 10th Royal West Kents. Das Orchester gibt ein Konzert vor dem 51st Bedfordshire Regiment[17]. Das Ende der britischen Besatzung steht allerdings bevor.

Unter der französischen Besatzung

Am 12. Februar 1920 übergibt die britische Regierung unter anderem den Brückenkopf Köln an die französische Armee. In Siegburg und die Umgebung rücken Soldaten eines Kolonialregiments ein, meistens Marokkaner[18]. Nachdem am 19. Januar 1919 Wahlen zur Nationalversammlung stattgefunden haben und am 20. Januar 1920 der Versailler Vertrag in Kraft getreten ist, kommt es zu entscheidenden politischen Spannungen. Bereits im Februar 1919 nimmt die Arbeiterschaft der Bürgermeisterei Hennef ihr Recht auf kommunalpolitischem Gebiet wahr und ruft eine *„Arbeiter – Vereinigung für die Bürgermeisterei Hennef"* ins Leben. Angesprochen werden Arbeiter aller Parteirichtungen, die im Gemeinderat angemessen vertreten sein wollen und die Vertretung des *„Kleinen Mannes"* zu übernehmen gedenken[19]. Dieses Vorhaben scheitert daran, dass der Oberkommandierende der verbündeten Besatzungstruppen entscheidet, die vorgesehenen Wahlen zur Erneuerung der Gemeindevertretungen in der Rheinprovinz vorläufig nicht zu gestatten[20]. Die Stimmung heizt sich auf. Die Ereignisse in Berlin schlagen bis nach Hennef durch. Als am 20. März 1920 rechtsradikale Kräfte unter General Walther von Lüttwitz und Wolfgang Kapp versuchen, die Regierungsgewalt in die Hände zu bekommen und Kapp zum Reichskanzler proklamiert wird, handeln wie anderswo auch die Hennefer Arbeiter. Am 15. März 1920 legen sie morgens um 8 Uhr die Arbeit nieder und begeben sich auf den Weg zum Marktplatz in Siegburg zu einer Demonstration mit Siegburger und Troisdorfer Kollegen. Dort endet der Demonstrationszug nach mehreren Reden wieder. Die Hennefer Arbeiter ziehen geschlossen zurück und lösen sich am Rathaus nach einer *„kurzen, mit einem Hoch auf die Nationalversammlung"* schließenden Ansprache auf. Die Veranstaltung trug, nach einem Zeitungsbericht, *„das Gepräge sittlichen Ernstes"*. Ruhestörungen oder sonstige Ausschreitungen waren nicht zu verzeichnen[21]. Nach wenigen Tagen ist der Versuch eines Staatsstreichs, der sogenannte Kapp-Putsch, gescheitert.

Die politische Unruhe setzt sich fort. Als am 16. April 1920 die sozialdemokratische Fraktion in der Bürgermeistereiversammlung beantragt, das Kaiserbild im Sitzungssaal zu entfernen und durch ein Bild des jewei-

Eine Massendemonstration gegen den Staatsstreich der Putschisten in Berlin

veranstalteten gestern Vormittag die Arbeiter der Siegburger, Hennefer und Troisdorfer Betriebe in Siegburg. Die Arbeiter der Hennefer Betriebe legten morgens 8 Uhr die Arbeit nieder, um sich am Amtsgericht zu sammeln, von wo aus sie in geschlossenem Zuge zum Marktplatz in Siegburg rückten. Nach mehreren von den dort errichteten Tribünen gehaltenen Ansprachen löste sich der Demonstrationszug auf. Die Hennefer Arbeiter zogen wieder geschlossen nach hier zurück und machten am hiesigen Rathause Halt, wo sich nach einer nochmaligen kurzen, mit einem Hoch auf die Nationalversammlung schließenden Ansprache auch diese Abteilung auflöste. Die ganze Veranstaltung trug das Gepräge sittlichen Ernstes und sind Ruhestörungen oder sonstige Ausschreitungen Dank der vorzüglich disziplinierten Haltung der Demonstranten nicht zu verzeichnen. Die Arbeit wurde heute morgen in allen Betrieben wieder aufgenommen.

Bericht über Massendemonstrationen gegen den Kapp-Putsch in Berlin, HVZ vom 16.3.1920.

ligen Reichspräsidenten zu ersetzen, entstehen viele Gerüchte. Friedrich Wolf, der Erste Vorsitzende des Deutschen Metallarbeiterverbandes, Ortsleitung Hennef, vermutet dahinter die Absicht, die Arbeiter von der Feier des 1. Mais fernzuhalten[22]. Der Antrag wird von der Mehrheit abgelehnt. Eine *„Maikomission"* ruft die Arbeiterinnen, Arbeiter, Beamten, Angestellten, Bürgerinnen und Bürger dazu auf, den 1. Mai, den Tag der Arbeit, *„würdevoll zu begehen"*. Der Deutsche Metallarbeiter – Verband und die Angestellten – Verbände haben ein Programm ausgearbeitet. Morgens um 6 ¾ Uhr beginnt der Tag mit einem gemeinschaftlichen Kirchgang. Von 2 Uhr an zieht ein Demonstrationszug von der Kirche in Warth über die Frankfurter Straße bis zum Amtsgericht, durch die Königstraße zur Kirche in Geistingen, am Kurhaus vorbei zum Gemeindesportplatz. Dort wird eine Festrede gehalten. Geschlossen begibt man sich zum Lokal Joseph Wingen zu einem Konzert. Es schließt sich ein Festball in den Sälen Wilhelm Schmitz und Joseph Wingen an. Das Konzert wird von einer Opernsängerin, einem Rezitator und einem Klavierspieler aus Köln gestaltet. Für die Musik zeichnet die Apitius – Kapelle aus Siegburg verantwortlich. Die Karten kosten 3 Mark, an der Kasse 4 Mark. Eine Dame hat freien Eintritt. „Jeder ist willkommen! Beteilige sich jeder an dem Demonstrationszug". Eine gewaltige Kundgebung ist ein Zeichen dafür, dass *„wir am 1. Mai 1920 unsere Rechte als arbeitendes Volk verlangen"*. Die Maikommission ruft deshalb: *„Proletarier aller Klassen u. Stände vereinigt Euch!"*[23]. Das politische Bewusstsein in der Bürgermeisterei Hennef macht sich bemerkbar.

Nach und nach verschärfen sich die Einwirkungen und Belastungen durch die französische Besatzungsmacht. Der Oberkommandierende der Rheinarmee ordnet an, dass *„mit Rücksicht auf jüngste Vorkommnisse und zur Vermeidung von Unordnung und Unruhen in den französisch besetzten Gebieten"* untersagt ist, deutsche Hymnen und Lieder von *„feindseligem oder aufreizendem Charakter"* sowohl in Bezug auf Frankreich oder die verbündeten Staaten zu singen. Genannt werden *„Die Wacht am Rhein"*, *„Deutschland, Deutschland über alles"*, *„Heil Dir im Siegeskranz"*, *„Siegreich wollen wir Frankreich schlagen"* usw. Außerdem ist es verboten, die Flaggen *„in den deutschen Landesfarben, den alten (schwarz-weiß-rot) oder den neuen (schwarz-rot-gold) in den Orten des französisch besetzten Gebietes zu zeigen. Jede Zuwiderhandlung wird als Widersetzlichkeit gegen einen militärischen Befehl betrachtet und bestraft"*[24]. Die erregte Stimmung in der Bevölkerung wird verstärkt durch die französische Forderung, die linksrheinischen Gebiete von Preußen und vom Deutschen Reich zu trennen. Der Wunsch im Rheinland nach größerer Autonomie und eine antipreußische Haltung beeinflussen die Stimmung[25]. Diese Einstellungen werden aber zunächst von den wachsenden wirtschaftlichen Schwierigkeiten überdeckt[26]. Die Wirtschaft ist infolge des verlorenen Krieges zerrüttet. Die Lebensmittelversorgung ist nicht mehr gesichert, so dass die Bürgermeistereiverwaltung die wöchentliche Verteilung von Nahrungsmitteln übernimmt[27]. Die Arbeiter der Hennefer Betriebe fordern im Juli 1920 höhere Löhne. Die Unternehmer lehnen dies mit dem Hinweis auf die wirtschaftlichen Gesamtverhältnisse ab und beantworten den Streik mit der Aussperrung der Arbeiter. Verschärft wird die Lage noch dadurch, dass man die Loslösung des Rheinlandes immer heftiger betreibt und das Gebiet der Oberhoheit von Frankreich unterstellen will. Dagegen setzen sich die politischen Parteien des Rheinlandes am 27. April 1922 mit einem *„Treuegelöbnis der Rheinlande"* zur Wehr. Sie sprechen sich eindeutig für den Verbleib der Rheinprovinz in Preußen und im Reich aus[28]. Kurz zuvor, am 1. April 1922, reiste Reichspräsident Ebert mit einem Sonderzug von Frankfurt über Gießen in das besetzte Gebiet ein und hielt sich eine Viertelstunde lang in der Grenzstation Hennef auf[29]. Die Behörden trafen Vorbereitungen zu einer kurzen Begrüßung.

Die rheinische Bevölkerung ist nicht für einen eigenen Staat zu gewinnen. Die französische Besatzung drangsaliert die Menschen auf unterschiedliche Weise. Als vom 11. bis

Der Hennefer Bürgermeister Oskar Ungermann.

16. Januar französisch-belgische Einheiten in das Ruhrgebiet einrücken, um die deutschen Reparationen zu erzwingen, stellt die Reichsregierung alle Lieferungen ein. Die Bevölkerung antwortet auf die Besetzung mit dem *„passiven Widerstand"*. Der *„Ruhrkampf"* wird zu einem nationalen Anliegen. Auch in Hennef regt sich, wie im ganzen Rheinland, der Widerstand. In Geistingen gedenkt man beim Stammtisch in der Gastwirtschaft Ortsiefer der bedrängten Ruhrbergleute, *„die in so hervorragender Weise der Besatzung gegenüber ihr Deutschtum vertreten"* und sammelt 10 880 Mark[30]. Behörden und staatliche Einrichtungen verweigern die Zusammenarbeit. Die Franzosen reagieren mit Härte und weisen Beamte und ihre Angehörigen aus dem besetzten Gebiet aus. Bürgermeister Oskar Ungermann wird ausgewiesen, weil er sich weigerte, *„Spezialordonanzen der Hohen Kommission"* auszuhängen[31]. Der Landrat des Siegkreises Hermann Strahl muss am 16. Februar 1923 Siegburg verlassen und wird gegen 10 Uhr abends mit einem Auto der Besatzung nach Hennef an die Grenze der Besatzungszone gebracht. Er begibt sich von dort in das unbesetzte Gebiet[32]. Am 18. März 1923 zieht eine Kompanie Franzosen in die Bürgermeisterei Uckerath ein. An der Wirtschaft Steger in Uckerath sperrt eine Kette die Frankfurter Straße. Reisende benötigen einen Pass. Bürgermeister Wilhelm Geilenkirchen protestiert und verlangt, die neutrale Zone zu verlassen. Er weigert sich, Quartiere für die Marokkaner-Kompanien und die Offiziere zu besorgen und bleibt bei dieser Haltung. Er wird verhaftet, in das Militärgefängnis in Bonn eingeliefert und vor ein Kriegsgericht gestellt[33]. Das Urteil lautet auf drei Jahre Gefängnis und 5 Millionen Mark Geldstrafe. Postverwalter Josef Laufs wird am 3. März 1923 verhaftet und zu 6 Monaten Gefängnis, 5 Millionen Mark Geldstrafe und Ausweisung verurteilt. Ebenso ergeht es Hauptlehrer Franz Limbach und seiner Familie, Sanitätsrat Dr. Packeiser, Oberlandjäger von Gruchalla, Obersekretär Josef Dahmen und Familie, Eisenbahnbeamter Fritz Dornbaum und Familie, Beigeordneter Schneidermeister Theo

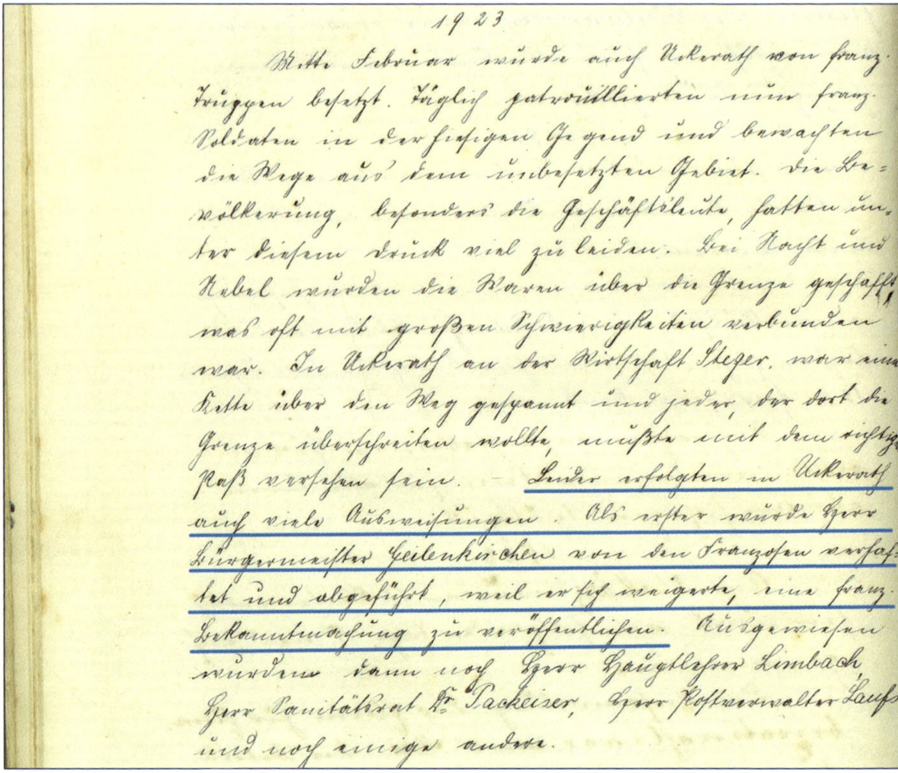

1923
Mitte Februar wurde auch Uckerath von franz.
Truppen besetzt. Täglich patrouillierten nun franz.
Soldaten in der hiesigen Gegend und bewachten
die Wege aus dem unbesetzten Gebiet. Die Be-
völkerung, besonders die Geschäftsleute, hatten un-
ter diesem Druck viel zu leiden. Bei Nacht und
Nebel wurden die Waren über die Grenze geschafft,
was oft mit großen Schwierigkeiten verbunden
war. In Uckerath an der Wirtschaft Steger, war eine
Kette über den Weg gespannt und jeder, der dort die
Grenze überschreiten wollte, mußte mit dem richtigen
Paß versehen sein. – Leider erfolgten in Uckerath
auch viele Ausweisungen. Als erster wurde Herr
Bürgermeister Geilenkirchen von den Franzosen verhaf-
tet und abgeführt, weil er sich weigerte, eine franz.
Bekanntmachung zu veröffentlichen. Ausgewiesen
wurden dann noch Herr Hauptlehrer Limbach
Herr Sanitätsrat Dr. Packeiser, Herr Postverwalter Laufs
und noch einige andere.

Bericht über die Verhaftung des Uckerather Bürgermeister Geilenkirchen in der Schulchronik von Süchterscheid.

Bergmann und Landwirt Johann Metz. Die Bürgermeisterei Uckerath ist besetzt. In Eichholz wird an der Frankfurter Straße eine Zollgrenze eingerichtet. Das Dorf wird zu einem Schmugglernest. Ab 8 Uhr ist aller Verkehr verboten[34]. Die gesamte Kreisverwaltung in Siegburg tritt in einen halbtägigen Streik.

Weitere Ausweisungen folgen. Am 25. Februar 1923 werden auf dem Bahnhof in Hennef der Bahnassistent Schmitt und der Telegrafist Löbach verhaftet und nach Bonn verbracht[35]. Den Postmeister Schmolke und Bürgermeister Ungermann ereilt am 5. März 1923 dasselbe Schicksal. Wegen Nichterfüllung eines dienstlichen Befehls wird der Leiter des Postamts zu 1 Jahr Gefängnis und 3 Millionen Mark Geldstrafe verurteilt[36]. Bürgermeister Wilhelm Geilenkirchens Familie muss innerhalb von drei Tagen ihre Wohnung verlassen[37]. Die Grenze des Brückenkopfs in Warth erlebt regelrechte Massenausweisungen aus den linksrheinischen Gebieten. Der Landrat Kaufmann aus Euskirchen wird auf der Landstraße hinter Warth ausgesetzt, marschiert noch am selben Abend bis Uckerath und findet dort freundliche Aufnahme[38]. Wie verlautet, müssen Ende April *„50 bis 60 Mann"*, das ist das gesamte Bahnpersonal von Euskirchen, über die Grenze wechseln[39]. Die französische Militärverwaltung verstärkt noch ihre Maßnahmen.

Die Franzosen besetzen im August 1923 das Dorf Stein in der unbesetzten Zone. Die in einer dortigen Scheune untergebrachte Post wird beschlagnahmt[40]. Der Bahnhof Blankenberg wird ebenfalls besetzt. Sämtliche Güter werden beschlagnahmt und nach Uckerath verbracht. Die Zollgrenze befindet sich in Stein[41]. Die Bedrückungen der Bevölkerung sind kaum erträglich und führen zu heftigen Reaktionen. Es kommt zu Angriffen auf Besatzungssoldaten. Im Juni 1923 berichtet der Beigeordnete Gustav Neuenfels, der den ausgewiesenen Bürgermeister Ungermann vertritt, vor der Bürgermeistereiversammlung von einem Vorfall besonderer Art. Einige Leute versuchten, einem französischen Posten das Gewehr zu rauben und flüchteten in Richtung Allner. Ein Offizier verfolgte die Angreifer mit einer Patrouille, und es kam zu einem Feuergefecht. Dieses Ereignis veranlasst den Beigeordneten, sich vorsichtig gegenüber den Angehörigen der Besatzung zu verhalten. Auf denjenigen, der den Anruf des Postens nicht beachtet, wird sofort geschossen[42]. Als Beispiel gilt ein Mann, der auf einem Feldweg über Warth hinaus in das unbesetzte Gebiet gehen wollte und von einem Streifschuss am Kopf getroffen wurde[43]. Wiederholt wird auf die Pflicht hingewiesen, einen gültigen Pass mitzuführen , da an der Grenze in Warth besonders scharf kontrolliert wird. Die Erneuerung des Passes ist rechtzeitig in Siegburg vorzunehmen[44]. Die Franzosen greifen unmittelbar in das alltägliche Wirtschaftsleben ein. Im April 1923 beschlagnahmen sie 150 Milchzentrifugen eines Hennefer Unternehmens[45]. Vor allem der Verkehr zwischen dem besetzten und unbesetzten Gebiet wird stark behindert.

Diese Beschränkungen haben ihre Ursache im sogenannten *„Ruhrkampf“* und der Weigerung, den Anordnungen der Besatzungsmacht zu folgen. Als die französische Militärverwaltung am 4. Mai 1923 vom Hennefer Bahnpersonal verlangt, beschlagnahmte Güterzüge nach Troisdorf zu leiten und die Beamten sich weigern, besetzen die Franzosen den Bahnhof. Ebenso verfahren sie bei der Rhein-Sieg-Eisenbahn. Daraufhin wird der Bahnverkehr eingestellt. Erst nach dem Eigreifen der Eisenbahndirektion Frankfurt wird der Zugverkehr wieder aufgenommen[46]. Am 15. Mai 1923 werden die Bahnhöfe Hennef, Siegburg und Lohmar vom Militär besetzt und der Zugverkehr unterbunden[47]. Der Eisenbahnverkehr unterliegt der Willkür der französischen Besatzungssoldaten.

Im Juni 1923 fährt kein Zug mehr zwischen Blankenberg und Siegburg, denn die Grenze zwischen dem besetzten und dem unbesetzten Gebiet verläuft in Warth etwa am Haus Ennenbach quer über die Frankfurter Straße zum Gleiskörper der Eisenbahn hin. Zwischen Blankenberg und Siegburg kommen wieder die beiseite gestellten Droschken für die Personenbeförderung zu ihrem Recht[48]. Nach langwierigen Verhandlungen ergibt sich eine Notlösung im Zugverkehr zwischen dem besetzten Bahnhof Hennef und dem außerhalb der Besatzungszone gelegenen Bahnhof Blankenberg. Es entsteht der *„Notbahnhof Warth“*. Vom 11. Juni 1923 an verkehren die bisher bis und ab Blankenberg geleiteten Personenzüge bis und ab Notstation Warth. Die Weiterfahrt ist mit der Rhein-Sieg-Eisenbahn von Hennef nach Beuel möglich. Eine Zolluntersuchung findet an den Bahnhöfen Warth und Hennef statt. Zwischen Blankenberg und Warth verkehren täglich fünf Zugpaare. Die Rhein-Sieg-Eisenbahn hält Anschlusszüge bereit[49]. Die Gepäckbeförderung vom Notbahnhof Warth zur Station Hen-

Nr. 550 K.

Ausweis

für Kuttenkeuler Margaretha aus

Gültig vom 28. Dezember 1918 bis 27.

für folgende Person:

Personalbeschreibung:

Größe: 1,59 m Gestalt: gesetzt Haar: blond

Augen: braun Gesichtsform: rund Bes. Kennzeichen: keine

Besetzte Gebiete Territoires occupés Occupied territory

Es wird hiermit bescheinigt, daß die Vorausgeführte tatsächlich die durch die Photographie dargestellte Person ist und die darunter befindliche Unterschrift eigenhändig vollzogen hat.

~~hat sich politisch nicht bemerkbar gemacht.~~

Hennef, den 28. Dezember 1918. Die Polizeiverwaltung. Der Bürgermeister:

Buchdruckerei Gebr. Daemisch, Siegburg

Ausweisdokument von Margaretha Kuttenkeuler aus dem Jahr 1918.

nef besorgt ein *„Taxiunternehmen eigener Prägung"*. Pfiffige Jungen stehen beim Einlaufen der Züge bereit, um das Gepäck auf ihren Leiterwagen zum Bahnhof der Rhein-Sieg-Eisenbahn zu befördern. Für ihre Dienste verlangen sie 5 – 1000 Mark je nach Umfang des Gepäcks[50]. Nach sechs Monaten gehört der *„Notbahnhof Warth"* am 13. Dezember 1923 der Vergangenheit an. Der durchgehende Verkehr wird zunächst von Betzdorf bis Hennef und einen Tag später bis Siegburg unter deutscher Verwaltung wieder eingerichtet[51]. Es dauert einige Zeit, bis sich nach der Freigabe der Strecke durch die Besatzungsbehörde der Zugverkehr normalisiert.

Der Alltag der Menschen ist in dieser Zeit von großer Not gekennzeichnet. Für die Speisung der bedürftigen Bevölkerung wird in Hennef eine Volksküche eingerichtet. Die Indus-

Hennefer Notgeld von August 1923, mit Unterschrift des Beigeordneten Gustav Neuenfels.

trie ist nicht mehr in der Lage, ihre Arbeiter zu beschäftigen. Auftragsmangel führt zu Entlassungen. Das Geld verliert an Wert. Die Inflation lässt den Geldumlauf in schwindelerregende Höhen klettern. Um den wirtschaftlichen Austausch noch in Gang zu halten, geben die Gemeinden und Städte sogenanntes Notgeld aus . Am 24. August 1923 beschließt die Bürgermeistereiversammlung die Einsetzung einer Kommission und den Druck von Ersatzwertzeichen. Man versucht mit allen Mitteln, in der sogenannten Inflationszeit soweit als möglich das Wirtschaftsleben zu fördern. 1924 endet diese schlimme Zeit[52]. Die wirtschaftlichen und sozialen Schwierigkeiten sind aber nicht beseitigt, sondern werden durch die politischen Ereignisse noch verstärkt.

Im Rheinland machen sich im Lauf des Jahres 1923 separatistische Bewegungen bemerkbar, die eine Loslösung der Rheinprovinz von Preußen und vom Deutschen Reich und die Gründung einer *„Rheinischen Republik"* unter der Oberhoheit von Frankreich anstreben. Die Separatisten, auch Frei- oder Sonderbündler genannt, bringen einige rheinische Gemeinde- und

Stadtverwaltungen in ihre Gewalt und versuchen, ihre Herrschaft mit bewaffneten Truppen zu erhalten. Sie ziehen plündernd durch das Land und verbreiten Furcht und Schrecken. Als sie in das Siebengebirge vordringen, regt sich der Widerstand, In den Dörfern bilden sich Selbstschutzeinheiten [53]. Es kommt zur sogenannten *„Schlacht bei Aegidienberg“*, in der 14 Sonderbündler und 2 Angehörige der Selbstschutzverbände am 16. November 1923 zu Tode kommen [54]. Ein Gefangener wird in das Gefängnis in Hennef gebracht. Zwei andere werden nach Eitorf abgeschoben. In der Gegend um Meisenbach und Kircheib beobachtet man einen Sonderbündlertrupp von etwa 65 Leuten. Kleinere Trupps von 20 bis 25 Mann werden bei Blankenberg und Uckerath festgestellt [55]. Zu einer blutigen Auseinandersetzung wie bei Aegidienberg kommt es nicht. Noch bis zum Ende des Jahres 1924 wird von Bestrebungen für die Rheinische Republik berichtet.

Das Ende der Besatzungszeit

Nach Verhandlungen zwischen den Alliierten und dem Deutschen Reich ändern sich nach und nach die Verhältnisse. Bürgermeister Geilenkirchen wird im März 1924 nach einem Jahr in Haft aus dem Gefängnis in Zweibrücken entlassen. Ihm wird die Genehmigung zur Wiedereinreise in das besetzte Gebiet erteilt, sein Amt darf er jedoch noch nicht ausüben [56]. Im September 1924 wird die Pass- und Zollkontrollstelle im Bahnhof Hennef aufgehoben. Die französischen Gendarmen verlassen Hennef am 7. September 1924 [57]. Auch Bürgermeister Ungermann nimmt am 15. September seine Tätigkeit mit Erlaubnis der Besatzungsbehörde wieder auf [58]. Wenige Erleichterungen kündigen die politischen Veränderungen an. Unter anderem gestattet die Besatzungsbehörde, zum Verfassungstag am 11. August 1925 die Häuser mit Reichs-, Landes- und Stadtfahnen sowie neutralen kirchlichen Fahnen zu beflaggen, mit den Landesfahnen des Staates Preußen aber nur in Verbindung mit der Reichsfahne [59]. Im Dezember 1925 und Januar 1926 wird die erste Zone des besetzten Rheinlands von den Besatzungstruppen geräumt. Am 19. Januar 1926 verlassen die Franzosen

Hennef mit dem Zug um 4.38 Uhr[60]. Die nationalen Gefühle brechen auf, und wie in Köln am 20. Februar 1926 findet in Hennef nach siebenjähriger Besatzung eine *„Befreiungsfeier“* an der Grenze des Kölner Brückenkopfs statt. Um Mitternacht verkünden die Glocken die *„Freiheit“*. Am folgenden Morgen versammeln sich die Gläubigen und die Schuljugend zu einem feierlichen Dankgottesdienst, in dem Pfarrer Professor Heinrich Hochköpper *„des wichtigen Ereignisses des Tages gedachte“*. Mit dem Ambrosianischen Lobgesang *„Großer Gott wir loben Dich“* und abermaligem Vollgeläute schließt die erhebende Feier[61]. Es gelingt auf den Konferenzen Im Haag, die Räumung des ganzen Rheinlandes, der ersten Zone bis zum 30.November 1929 und der zweiten Zone bis zum 30. Juni 1930 zu erreichen. Die Reichsregierung erlässt einen Aufruf an das rheinische Volk: *„Nach langen Jahren der Drangsal und des Harrens ist heute die Forderung aller Deutschen erfüllt: Die fremden Besatzungstruppen haben das Land am Rhein verlassen. Treue Vaterlandsliebe, geduldige Ausdauer und große Opfer haben den seit dem unglaublichen Ausgang des großen Krieges von fremden Truppen besetzten Gebiet das höchste Gut eines jeden Volkes, die Freiheit, wiedergewonnen“*[62]. In Hennef veranstaltet der Kameradschaftliche Verein *„Mit Gott für Volk und Vaterland“* am 1. Juli 1930 in den Räumen des Bahnhofshotels eine Befreiungsfeier. Der Vorsitzende Postmeister Basting führt *„in seiner kernigen Ansprache“* aus, wie der Versuch *„der Siegerstaaten, durch langjährige Besatzung weitere Teile unseres Vaterlandes abzutrennen, an der Treue der Bevölkerung gescheitert sei“*. Die Versammlung klingt *„begeisternd in dem Deutschlandlied“* aus[63]. Die politischen, sozialen und wirtschaftlichen Folgen der Niederlage sind indessen keineswegs überwunden.

Nach der Annahme und dem Inkrafttreten des Vertrags von Versailles am 10. Januar 1920 entspannte sich zwar die allgemeine politische Lage, in Hennef jedoch entstehen durch die Besatzung bis 1926 tiefgreifende Bedrängungen und schlimme Feindseligkeiten. Erst der endgültige Abzug der französischen Soldaten und die

Beseitigung der Einschränkung der Freiheitsrechte, der Einquartierungen, der abendlichen Ausgangssperre, der Versammlungsverbote, der Ausweis- und Grußpflicht ermöglicht wieder ein offeneres Leben[64]. Diese Vorgänge wirken bis in die folgenden Jahrzehnte nach.

Anmerkungen

1 Lademacher, Horst: Die nördlichen Rheinlande von der Rheinprovinz bis zur Bildung des Landschaftsverbandes Rheinland (1815-1953). In: Petri, Franz/ Dröge, Georg (Hrsg.) Rheinische Geschichte 2. Düsseldorf 1976, S. 684.

2 Balensiefen, Friedrich/ Fischer, Helmut: Hennefer Zeitung/ Hennefer Volks-Zeitung. Politik und Wirtschaft, Kultur und Alltag in einem Lokalblatt. Zweiter Teil 1914-1940. Hennef 1980. (Beiträge zur Geschichte der Gemeinde Hennef, 8) Nr. 9 S. 27. – Archiv der Stadt Hennef (AStH): U 420 Acta betreffend Arbeiter & Soldatenrat.

3 Hennefer Volks-Zeitung Nr. 136, 16. 11. 1918 HVZ).

4 Balensiefen/Fischer (Anmerkung 2), Nr. 10 S. 28.

5 Neu, Heinrich: Eine britische Armee am Rhein. Geschichte der englischen Besatzung des Bonner Raumes im Jahre 1918/1919. In: Ennen, Edith/

Höroldt, Dietrich (Hrsg.): Aus Geschichte und Volkskunde von Stadt und Raum Bonn. Festschrift Josef Dietz. (Veröffentlichungen des Stadtarchivs Bonn, 10). Bonn 1973, S. 449.

6 Dahms, Paul: A Piece of the Rhine. Amerikanische Besatzung im Brückenkopf Koblenz 1918 – 1923. Montabaur 2018, S. 23.

7 Balensiefen/Fischer (Anmerkung 2), Nr. 11 S. 27.

8 HVZ Nr. 146, 10. 12. 1918.

9 Döpgen, Heinz: Geschichte des Kreisgebiets von der Karolingischen Zeit bis zum Ende des Zweiten Weltkrieges, In: Kieras, Paul (Hrsg.): Der Rhein-Sieg-Kreis. Stuttgart 1983, S. 121-123.- Neu (Anmerkung 5), S. 471.- AStA : H 100 Schul-Chronik der Schule zu Rott.

10 Balensiefen/Fischer (Anm. 2), Nr. 12 S. 31.

11 HVZ Nr. 1, 4.1.1919.

12 HVZ Nr. 6, 1.2.1919.

13 HVZ Nr. 46, 26.5. 1919.

14 HVZ Nr. 35, 25.3.1919.

15 HVZ Nr. 96, 19.8. 1919.

16 Neu (Anmerkung 5), S.496.

17 Neu (Anmerkung 5), S. 499.

18 Neu (Anm. 5), S. 503.-Döpgen (Anmerkung 9), S. 121 -123.

19 HVZ Nr. 18, 13.2.1919.

20 HVZ Nr. 22, 22.2. 1919.

21 HVZ Nr. 27, 16.3.1920.

22 HVZ Nr. 44, 24.4. 1920.

23 HVZ Nr. 45, 27.4.1920.

24 Balensiefen/Fischer (Anm. 2), Nr. 14.

25 Theine, Burkhard: Separatistische Bewegungen im Rheinland während der Ruhrbesetzung. Wirtschaftsentwicklung und Rheinpropaganda im Jahr 1923 im Spiegel der zeitgenössischen Presse. In: Rheinische Vierteljahrsblätter 57 (1993), S. 257.

26 Balensiefen/Fischer (Anm. 2), Nr. 466 S. 395.

27 HVZ Nr. 80, 17.7.1920.- Herchenbach, Jochen: 100 Jahre SPD Hennef. Norderstedt 2018, S. 93.

28 Balensiefen/Fischer (Anmerkung 2), Nr. 15 S. 32.

29 HVZ Nr. 52, 1.4.1922.

30 HVZ Nr. 12, 27. 1. 1923.

31 HVZ Nr. 33, 17.3.1923.

32 Balensiefen/Fischer (Anmerkung 2), Nr. 17 S. 33.

33 HVZ Nr. 25, 27.2. 1923.- StAH: U 443 Schul-Chronik Süchterscheid.

34 Püttmann, Wilhelm: Aus Uckeraths dunklen Tagen. In: Geschichte von Uckerath, vervielfältigtes Manuskript 1951, S. 44-46.- StAH : U 440 Schulchronik der kath. Volksschule Eichholz.

35 Balensiefen/Fischer (Anmerkung 2), Nr. 18 S. 33.

36 Balensiefen/Fischer (Anmerkung 2), Nr. 19 S. 33; Nr. 21 S. 34.

37 HVZ Nr. 32, 7.4.1923; Nr. 41, 29.4. 1923.

38 Balensiefen/Fischer (Anmerkung 2), Nr. 22 S. 34.

39 HVZ Nr. 41, 28.4.1923.

40 Balensiefen/Fischer (Anmerkung 2), Nr. 23 S. 34.

41 Balensiefen/Fischer (Anmerkung 2), Nr. 24 S. 34.- StAH: H 514 Schul-Chronik für die Deutsche Volks-Schule zu Blankenberg.

42 Balensiefen/Fischer (Anmerkung 2), Nr. 26 S. 35.

43 Balensiefen/Fischer (Anmerkung 2), Nr.27, S. 25.

44 Balensiefen/Fischer (Anmerkung 2), Nr. 28, S. 35.

45 Balensiefen/Fischer (Anmerkung 2), Nr.166 S. 146.

46 Balensiefen/Fischer (Anmerkung 2), Nr. 228 S.201.

47 Balensiefen/Fischer (Anmerkung 2), Nr. 229 S. 201.

48 Balensiefen/Fischer (Anmerkung 2), Nr. 230 S. 201.

49 Balensiefen/Fischer (Anmerkung 2), Nr. 231, S. 201.

50 Balensiefen/Fischer (Anmerkung 2), Nr. 232 S. 202.

51 Balensiefen/Fischer (Anmerkung 2), Nr. 233 S. 202.

52 Fischer, Helmut: Das Hennefer Notgeld. In: Heimatblätter des Rhein-Sieg-Kreises 73 (2005), S. 175-183.- Fischer, Helmut: Von der Ersparniskasse zum Allfinanzunternehmen. Die hundertjährige Geschichte des Sparkasse Hennef 1905-2005. Hennef 2005, S. 65-72.

53 Stockhausen, Anton: Separatistenkämpfe im Siebengebirge

vor 70 Jahren. In: Heimatblätter des Rhein-Sieg-Kreises 60/61 (1992/93), S. 199-210.-Scheuren, Elmar/Trapp, Christoph: Separatisten im Siebengebirge, die „Rheinische Republik" des Jahres 1923 und die „Schlacht bei Aegidienberg" (16./17. November 1923). Königswinter 1993.

54 Gast, Karl: Aegidienberg im Wandel der Zeit. Oberpleis 1964, S. 219.

55 Balensiefen/Fischer (Anmerkung 2), Nr. 16 S. 32.

56 HVZ Nr. 30. 6.3.192; Nr. 71, 17. 6. 1924.

57 Balensiefen/Fischer (Anmerkung 2), Nr. 30 S. 36.

58 HVZ Nr. 116, 13.9.1924.

59 HVZ Nr. 116, 10.8.1925.

60 Balensiefen/Fischer (Anmerkung 2), Nr.31 S. 36.

61 Balensiefen/Fischer (Anmerkung 2), Nr. 32 S. 36.

62 HVZ Nr. 148, 1.7.1930.

63 Balensiefen/Fischer (Anmerkung 2), Nr.33 S. 36.

64 Paul, Johann: Politische Kundgebungen im Siebengebirge während der Besetzung der Kölner Rheinlandzone (1918-1926). In: Heimatblätter des Rhein-Sieg-Kreises 64/65 (1996/1997), S. 220.- Stremmel, Ralf: Das Bergische Land im Ersten Weltkrieg und in der Weimarer Republik (1914-1933). In: Gorißen, Stefan/Sassin, Horst/ Wesoly, Kurt (Hrsg.): Geschichte des Bergischen Landes. 2. (Bergische Forschungen, 32), Bielefeld 2016, S. 579.

Abbildungsverzeichnis

Helmut Fischer:
Seite 268

Stadtarchiv Hennef, Vorlass J. Ströt-gen:
Seite 285

Stadtarchiv Hennef:
alle anderen Bilder

Bisher erschienene Bände dieser Buchreihe:

Band 1 - 2007

- Die Geschichte des Verkehrs- und Verschönerungsvereins Hennef e.V. 1881-2006
- Bergbau in Seligenthal und Weingartsgasse: Die Grube Ziethen
- Lanzenbach. Eine Dorfgeschichte
- „Et woren keen Jüdde, et woren Rödder“ Das Schicksal der jüdischen Familie Kaufmann aus Rott bei Hennef

---

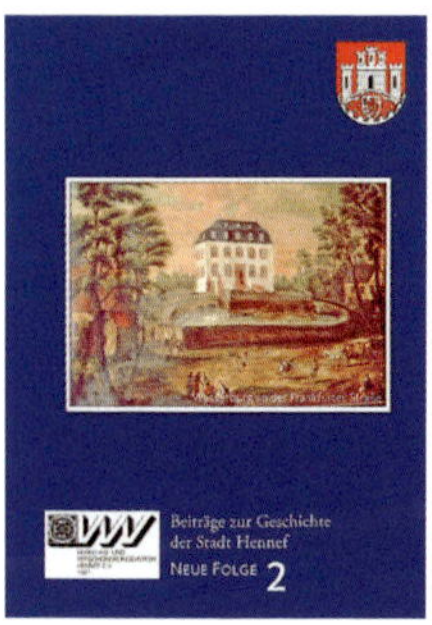

Band 2 - 2008

- Familienbuch der Hennefer Juden. Die jüdischen Familien in den Bürgermeistereien Hennef, Lauthausen, Uckerath und in der Synagogengemeinde Geistingen
- Hennef – die Geschichte bis zum Beginn des 19. Jahrhunderts
- Heinrich Josef Komp: Als Bürgermeister in Uckerath 1887 bis 1897
- Umbruch in Hennef – Die sechziger bis neunziger Jahre des 20. Jahrhunderts

---

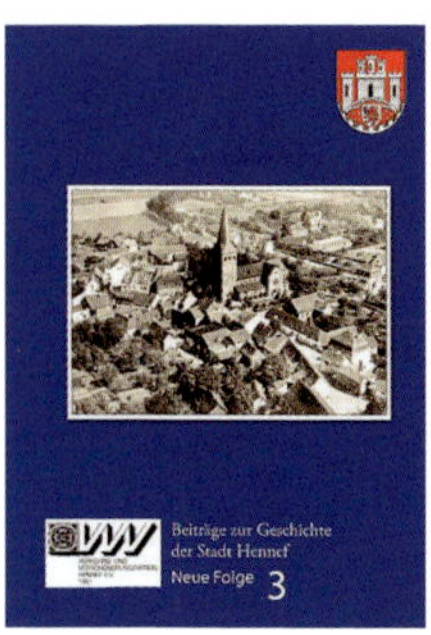

Band 3 - 2009

- Geistingen: Die Geschichte bis zum Beginn des 19. Jahrhunderts
- Die Flurbereinigung Hennef
- Das Stadtgebiet Hennef aus geographischer Sicht
- Bülgenauel. Eine Dorfgeschichte
- Die Geschichte des Hennefer Kurparks
- „Die Brölschule hat geschichtlichen Wert“. Vor 100 Jahren hatte Richhard Schirrmann hier die Idee für eine weltweite Bewegung
- Wegekreuz am Haus Steinstraße 4 in Hennef

Näheres zu den Bezugsquellen der Bände unter: www.vvv-hennef.de

ISBN: 978-3-00-031990-7

Band 4 - 2010

- Happerschoß, eine Dorfgeschichte
- Warth, jetzt ein Teil von Hennef
- Die Schule des Carl Reuther
- Pflanzen und Tiere der Siegaue
- 150 Jahre Alte große Uckerather Karnevalsgesellschaft „Remm-Flemm“ von 1860 e.V.
- Chronik des Werks Bröl der Firma ECKES-GRANINI in Hennef

ISBN: 978-3-00-036019-0

Band 5 - 2011

- Aus der Chronik der Gebr. Steimel GmbH & Co. Maschinenfabrik
- Stoßdorf, eine Dorfgeschichte
- Carl Reuther (1834-1902), ein Lebensbild
- Das Redemptoristenkloster in Geistingen, 1903-2006
- Ein Hennefer Arzt im Konklave: Dr. Alfred Möhlenbruch

ISBN: 978-3-00-039618-2

Band 6 - 2012

- GILGEN‘S Bäckerei & Konditorei
- 100 Jahre Historisches Rathaus Hennef
- Rott, eine Dorfgeschichte
- Joseph Meys (1853-1922), der Gründer der „Joseph Meys & Comp. GmbH Fabrik landwirtschaftlicher Maschinen“
- Die thronende Madonna in der Uckerather Pfarrkirche
- Die alten Dorfkreuze, der „Höllenhund“, der heilige Hubertus und die Französische Revolution - Gestalten und Überlieferungen der Weldergovener Dorfgeschichte

Bisher erschienene Bände dieser Buchreihe:

ISBN: 978-3-00-043520-1

Band 7 - 2013

- Der Katharinenturm in Stadt Blankenberg
- Das Messkreuz und seine Umgebung
  Die Geschichte eines Ortsteils von Uckerath
- Das Kirchspiel Eigen
  Die Geschichte eines kirchlichen Sprengels und einer weltlichen Verwaltungseinheit
- Das Dorf Happerschoß
  Ende des 2. Weltkrieges und im Jahr 2012
- Als frischer Kaffeeduft durch Hennefs Straßen zog
  Die Geschichte der Hennefer Kaffeeröstereien

ISBN 978-3-00-047565-8

Band 8 - 2014

- Evangelischer Glaube und die Evangelische Christuskirche
- Bödingen. Die geschichtlichen und geistigen Grundlagen der Wallfahrt „Zur schmerzhaften Mutter“
- Kriegsalltag 1914 - 1918 in Hennef
- Hennefer Kaffeehausgeschichte(n)
  Teil 1: Cafés in Hennef, Geistingen und Warth
- Vom Milchgeschäft im kleinen Fachwerkhaus zum Kunstgewerbeladen an der Frankfurter Straße
- Bröl und seine christlichen Denkmäler
- Die geschenkten Weinberge

ISBN 978-3-00-051093-9

Band 9 - 2015

- Die Ehrenbürgerschaften des Reichspräsidenten Paul von Hindenburg und des Führers Adolf Hitler in Hennef. Eine kritische Aufarbeitung
- Das Kriegerdenkmal in Hennef. Ein Zeugnis politischer Gefallenenehrung
- Der erste Streetworker in Hennef: Werner Wilden (1908 – 2006): Sein Wirken für Jugend und Landwirtschaft
- Hennefer Kaffeehausgeschichte(n)
  Teil 2: Cafés in Stadt Blankenberg, Bödingen, Happerschoß, Heisterschoß, Uckerath und Eiscafés

Näheres zu den Bezugsquellen der Bände unter: www.vvv-hennef.de

ISBN: 978-3-00-054567-2

Band 10 - 2016

- Editorial: 10 Jahre Heimatschriften und der VVV
- Christian von Lauthausen und Peter von Meisenbach
- Die Eigentumsbildung im Bauernwald
- Die Gusseisenkreuze der Johann Friedrich Jacobi Eisengießerei in Hennef
- 80 Jahre Turmmuseum Satdt Blankenberg
- 33 Jahre „1. Hennefer Stadtsoldaten vun 1983 e.V.“

ISBN 978-3-00-058001-7

Band 11 - 2017

- Professor Dr. Johann Wilhelm Windscheid (1742-1801) Sein Einsatz für seine Geburtsstadt Blankenberg
- Professor Dr. Johann Wilhelm Windscheids Einsatz für die „Freie Schifffahrt auf dem Rhein“
- Dr. Rudolf Massion - Bürgermeister des Amtes Hennef 1929-1933
- Geschichte der Uckerather Friedhöfe und der alten Grabkreuze
- Die Beamtenfamilie Strunck in Hennef - 17. bis 20. Jahrhundert

---

ISBN 978-3-00-61175-9

Band 12 - 2018

- Der ehemalige Bergbau im Hennefer Raum
- Vom Quacksalber zum Beruf des Apothekers - Die Geschichte der Adler Apotheke in Hennef
- Geschichte und Entwicklung der Hennefer Schreibwarenfabrik „DIPLOMAT“
- Heinz Naas, Bürgermeister und Ortsgruppenleiter der NSDAP in Hennef 1933-1940
- Heinrich Böll als Soldat an der Sieg im März und April 1945
- Die Erste Hennefer Karnevals-Gesellschaft 1902 e.V.

Bisher erschienene Bände dieser Buchreihe:

ISBN: 978-3-00-064112-1

Band 13 - 2019

- Demokratische Regungen in Uckerath im Jahre 1849
- Josef Dietzgen (1828-1888) - Handwerker, Philosoph und Sozialdemokrat aus Uckerath. Ein Lebensbild
- Die kommunale Neuordnung im Hennefer Raum 1969
- Das Schicksal der jüdischen Familie Menkel aus Eitorf
- Das Brölbähnchen als Retter in der Not
Gegen den Hunger wurde die Brölbahn für Hamsterfahrten genutzt

---

ISBN 978-3-00-067012-1

Band 14 - 2020

- 1908 bis 2018: 110 Jahre Filmgeschichte in Hennef
- Heinrich Peters - Gemeindevorsteher in Blankenberg (1926-1934)
- „Ein Landdechant vor dem Volksgericht“ Bericht über die Verfolgung des Pfarrers und Dechanten Heinrich Falkenstein, 1928-1951 in Stadt Blankenberg, im Dritten Reich
- Die Beamtenfamilie Stein und das Steinsche Gut in Geistingen: Beamtensitz, Hotel, Krankenhaus, Altenheim
- Der Katholische Gesellenverein Hennef in den dreißiger Jahren des 20. Jahrhunderts
- Zwangsarbeit in der Gemeinde Hennef (1939 – 1945)

ISBN 978-3-00-070148-1

Band 15 - 2021

- Burgen, Rittergüter, Sattelgüter, adlige, geistliche und freie Höfe im Bereich der Stadt Hennef
- Die Siechenhäuser bei Lückert im Kirchspiel Uckerath
- Grete Schlegel: Ein Leben für die Kunst
- Grete Schlegel: Das Räubermädchen. Ein Märchen für die Kinder aus Striefen
- Die Geschichte des Amtsgerichts in Hennef
- Der Beginn der Industrialisierung in Hennef

Näheres zu den Bezugsquellen der Bände unter: www.vvv-hennef.de

ISBN: 978-3-00-073523-3

Band 16 - 2022

- Die ehemaligen Mühlen in der Stadt Hennef
- Die Geschichte der Hennefer Zeitung und der Hennefer Volks-Zeitung
- Luur'ens - die alternative Zeitung für Hennef 1980 - 1985
- Der Anfang der Industrialisierung in Hennef
- Die „Brüsseler Madonna" des Quentin Massys (1466-1530)
- Ellingen/Mohrhauer – Die Geschichte einer Uckerather Familie
- Vor 30 Jahren: 20. Juni 1992, Hanfbachhochwasser – Einsturz der Traditionsgaststätte Kaiserhof

---

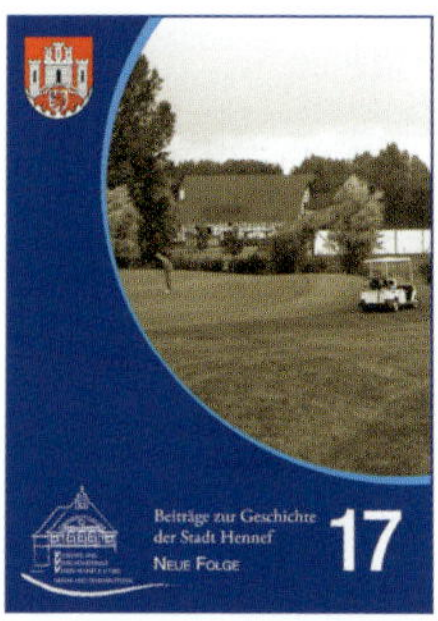

ISBN: 978-3-00-076931-3

Band 17 - 2023

- 50 Jahre Golf-Club Rhein-Sieg e.V., Teil 1: 1971 bis 1986
- Literatur von „kleinen Leuten". Der Beitrag bäuerlich-handwerklicher Schreiber zur literarischen Kultur
- Die Hausplätze in Stadt Blankenberg 1826 und 1905
- Der Anfang der Industrialisierung in Hennef
- Ellingen / Mohrhauer – Teil 2: Die Geschichte einer Uckerather Familie
- Johann Adam Stumm, 1835 – 1929, Lehrer in Geistingen und Hennef, Mitbegründer des Hennefer Turnvereins 1895

Landjuden an der Sieg

Der Auftakt der Veranstaltungsreihe des VVV Hennef in 2024 war der Besuch der Gedenkstätte „Landjuden an der Sieg“ in Windeck-Rosbach, der vom Vorstandsmitglied des Hennefer VVV`s Veronika Herchenbach-Herweg organisiert wurde.

Noch vor der offiziellen Wieder-Eröffnung konnte die Besuchergruppe des VVV´s die Gedenkstätte besichtigen. Zu Beginn informierte Frau Dr. Claudia Arndt, Archivarin des Rhein-Sieg Kreises, über die Entstehung, Entwicklung und Neukonzeption der Dauerausstellung.

Anschließend führte Frau Dr. Arndt die Besuchergruppe durch die Ausstellung und erläuterte die vielen ausgestellten Exponate und die Geschichte der Gedenkstätte, die im ehe-

maligen Wohnhaus der Familie Seligmann untergebracht ist.

Anlässlich des 50. Jahrestages der Novemberprogrome beschloss der Rhein-Sieg Kreis 1988 das jüdische Leben an der Sieg zu dokumentieren. Hierfür stellte Hilde Seligmann das Wohnhaus ihrer Familie zur Verfügung.

Am 28. August 1994 wurde die Gedenkstätte „Landjuden an der Sieg“, deren Träger der Rhein-Sieg Kreis ist, eingeweiht. Sie bietet Einblicke in die Geschichte der Familie Seligmann, beispielhaft für die Schicksale jüdischer Familien in der Zeit des Nationalsozialismus auf dem Land und speziell an der Oberen Sieg.

Nach mehrjähriger Sanierung des Hauses und Neukonzeption der Dauerausstellung wurde die Gedenkstätte genau 30 Jahre nach ihrer Einweihung am 28. August 2024 wieder eröffnet.

Die Besucherinnen und Besucher waren von dieser Veranstaltung sehr angetan, deren Abschluss ein Rundgang durch Rosbach war. Hierbei erläuterte Frau Dr. Arndt die „Stolpersteine“ und zeigte den Standort des ehemaligen Kaufhauses der Familie Seligmann.

Veronika Herchenbach-Herweg, November 2024

VVV-Aktion 2024: Rettung des Wegekreuzes am Ende der Bergstraße/Lorenzhöhe in Geistingen

Der Verkehrs- und Verschönerungsverein Hennef e.V. 1881 hat eine weitere neue Aufgabe angenommen und mit eigenen Mitteln das Wegekreuz am Ende der Bergstraße/Lorenzhöhe in Geistingen sehr liebevoll und kostspielig vor dem Zerfall gerettet.

Auch die Dachkonstruktion (Abdeckung) wurde auf unsere Kosten von einem Dachdecker überarbeitet.

Wegekreuz und Bank vor der Rettung.

Vandalismus an der Bank.

Das Kruzifix hat in den letzten Jahren sehr unter den Witterungsbedingungen und vermutlich auch durch Vandalismus gelitten. Bei diesen Wetterbedingungen braucht Holz einen guten Schutz.

Die Fa. M. & G. Wagener aus Stadt Blankenberg hat uns auf das Bestreben von unserem Mitglied Albert Jacobs ein Angebot zukommen lassen für die Restaurierung bzw. den Erhalt des Kruzifixes.

Das beschädigte Kupferdach wurde mit der Unterstützung der Fa. Albert Schulte aus Ruppichteroth wieder gerichtet und repariert.

Nach der erfolgten Restaurierung fielen natürlich die ramponierte Bank und der ebenso verunstaltete Abfalleimer mehr als vorher auf. Das konnte ja so nicht bleiben. So hat unser Mit-

Das stark verwitterte Holz des Wegekreuzes.

Beschädigungen am Kupferdach.

glied und stellv. Vorsitzender Peter Ehrenberg Kontakt mit dem Baubetriebshof der Stadt Hennef über den Bürgermeister Mario Dahm aufgenommen und das Problem geschildert.

Albert Jacobs hat zum Schutz und für die Sauberkeit der Sitzfläche der Bank noch einen „Anti-Aufsitzwinkel“ – ein Stahlprofil - für die Rückenlehne empfohlen, wie der VVV es für die Bänke im Kurpark bereits durchgeführt hat. So wird das Sitzen auf der Rückenlehne – gerne durch Jugendliche - unbequem gestaltet und die Füße kommen dorthin, wo sie hingehören: Auf den Boden und nicht auf die Sitzfläche der Bank. Auch ein neuer (oder neu lackierter) Mülleimer, der seitlich in Achse des Kruzifixes

Das gerettete Wegekreuz.

angeordnet wird, soll das gesamte Erscheinungsbild der Anlage abrunden.

Der Baubetriebshof der Stadt Hennef hat unser Anliegen unterstützt und eine neue Bank mit dem Stahlprofil installiert und den Mülleimer neu lackiert. Wie zu sehen ist, wird dieser auch gut genutzt und auch der Müll kommt dahin, wo er hingehört.

Am 16. Juli 2024 hat auch die Stadt Hennef die Arbeiten an Bank und Mülleimer fertiggemeldet und so verweilt man wieder gerne unterhalb des Kruzifixes am Ende der Bergstraße.

Allen Beteiligten vom Verkehrs- und Verschönerungsverein Hennef e.V. 1881 und der Stadt Hennef sei an dieser Stelle für das Engagement und die reibungslose Zusammenarbeit herzlich gedankt!

Text: Johannes Dipping
Fotos: Albert Jacobs und Johannes Dipping

Das gerettete Ensemble.

VVV-Aktion 2021: Sanierung der Grundmauern der Synagoge Geistigen

Nachdem wir uns in den Jahren 2020/21 um die Rettung des einsturzgefährdeten Hochkreuzes am Geistinger Platz gekümmert haben, werden wir uns nun fest, dass die noch bestehenden Grundmauern durch starke Verwurzelung der Begrünung, vor allem in der Apsis, einsturzgefährdet sind. Anhaltende Regenereignisse begünstigen den auf das Mauerwerk wirkenden Erddruck. Die permanent hohe Arbeitsbelastung des städtischen Baubetriebshofs führte dazu,

um die dringend erforderliche Sanierung der Grundmauern der Synagoge Geistigen und den dazugehörigen Gedenkstein kümmern. Das Vorstandsmitglied und Ur-Geistinger Albert Jacobs hat dazu die Anregung gegeben. Zunächst war der Verein von der Stadt angesprochen worden, ob man sich um die Restauration des Gedenksteins an der Gedenkstätte Söverner Straße kümmern könne. Bei einem Ortstermin stellte Albert Jacobs dass die Überwachung des Denkmals und der zerstörenden Begrünung nur selten erfolgen konnte. Armdicke Wurzelbildungen konnten so über eine lange Zeit das Mauerwerk zerstören. Schnelles Handeln war hier angesagt.

Der Hennefer Steinmetzmeister Edmund Heller und sein Sohn Max haben zugesagt, den Gedenkstein als Spende an den VVV aufzuarbeiten.

Um die Restauration der Grundmauern kümmert sich nun unter fachkundiger Betreuung von Architekt Albert Jacobs die Stadt Hennef. Jacobs hat sich bereits vor vielen Jahren bei Restaurationen in der Stadt Blankenberg einen Namen gemacht. „Es ist mir auch ein sehr persönliches Anliegen, das Denkmal Synagoge Geistingen zu erhalten. Viele der ermordeten Geistinger Juden waren mir persönlich bekannt“, so Albert Jacobs.

Der Verkehrs- und Verschönerungsverein Hennef ist sehr glücklich, dass man den Zerfall in einer Gemeinschaftsaktion mit der Stadt stoppen wird. „Es ist heute wichtiger denn je, die Schandtaten der Nationalsozialisten und deren Schergen, sowie die Zerstörung der Synagoge im November 1938, in Erinnerung zu bringen. Auch ist es unsere Pflicht, die nachkommenden Generationen über dieses schreckliche Geschehen zu informieren“, so der Geschäftsführer des Vereins Peter Ehrenberg.

Die Wanderkarte

Wegweiser zu den historischen Gebäuden von Hennef

Beginnend am „Historischen Rathaus“ der Stadt Hennef führt die Wanderkarte zu insgesamt 36 historischen Gebäuden von Hennef bis zum „Haus Telegraph“ in Hennef-Söven.

Zu jedem Haltepunkt auf dieser Route wird kurz die Historie des Gebäudes erläutert.

Der VVV ist in Kooperation mit der Stadt Hennef der Herausgeber dieser Karte.

Die aktuelle Ausgabe ist im November 2011 erschienen.

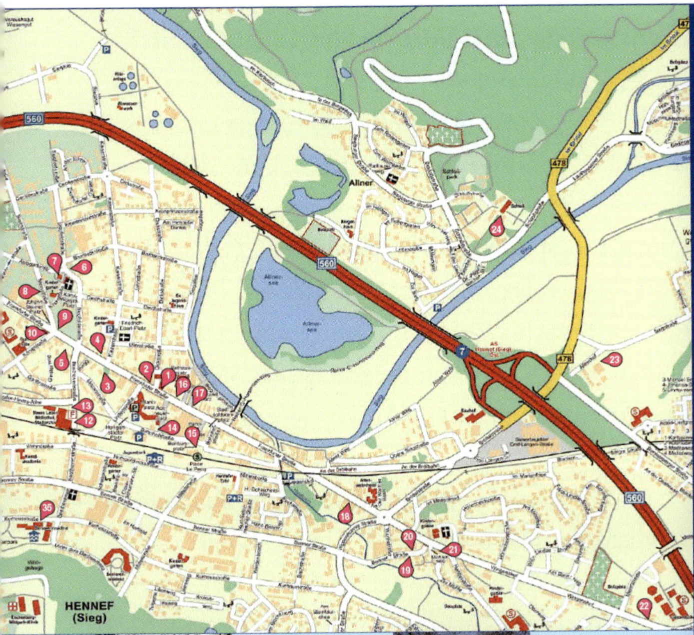

tgebäude
r Straße 99

nrich Kiefer als
1999 als Post-
rk mit bis zu 42

3 Wasserburg

Frankfurter Straße 124

Seit dem 16. Jahrhundert im Besitz der Sturm, von Polheim, der Sturm und Motzfeld, Beamte des Amtes Blankenberg. 1766 Abbruch der Anlage und Neubau durch den Amtsverwalter Heinrich Josef Paeffgen. Um 1800 Besitz des Staatsrats von Fuchsius. Heute im Privatbesitz.

4 Lindenhof

Frankfurter Straße 123

Errichtet 1711. 1740 Besitz des Gerichtsschreibers des Amtes Blankenberg Peter Strunk. 1811 Peter Jos. Strunk, Bürgermeister in Hennef. 1838 Besitzer Karl Theegarten. 1878 A. und A. Theegarten und Fritz von Pelken. 1915 Berta Stump geb. v. Pelken.

sendorfer
f
aße 23

1818 Verkauf an
ter Reuther (kö-
es Carl Reuther.

7 Alter Kirchturm

Kirchstraße

Erbaut 1744. Rest der barocken Kirche St. Simon und Judas, Kirchhof mit Grabsteinen des 18. Jahrhunderts.

8 Alte Schule

Steinstraße 4

Volksschule (1819/20). Ehemalige Volksschule Hennef, zwei Klassenzimmer, zwei Lehrerwohnungen. Schulbetrieb bis 1960. Vorgesehen waren die Klassenräume für 57 bzw. 83 Kinder. Das Nebengebäude diente zur Haltung von Nutzvieh der Lehrer (Hühner, Schwein, Schaf, usw.) mit Heustall.

Amtsgericht
er Straße 144

Gerichtsgebäude
1970. Bis 1979
Siegburg. Heute
s. Eindrucksvol-
tungsarchitektur.

11 Kurtheater

Königstraße 19a

1938 von Michael Bellinghausen als Lichtspielhaus „Kurtheater" erbaut. Langgestreckte Halle, ca. 1950 für Theater- und Musikaufführungen umgebaut und erweitert.

12 Meys-Fabrik

Beethovenstraße

1881 gegründet von Wilhelm Joseph Meys (1853-1922). Fabrik für landwirtschaftliche Maschinen. Seit 1989 im Besitz der Stadt Hennef. Jetzt Feuer- und Rettungswache, Stadtarchiv, Stadtbibliothek und Veranstaltungssaal.

Der Wegweiser

Die historischen Gebäude im inneren Stadtbereich wurden vom Verkehrs- und Verschönerungsverein Hennef e.V. 1881 mit Denkmaltafeln versehen. Dieser Wegweiser soll interessierten Bürgern und Besuchern der Stadt die Möglichkeit bieten, die Geschichte von Hennef auf einer Rundtour zu Fuß oder mit dem Fahrrad kennen zu lernen.

Die historischen Gebäude sind auf dem Stadtplan fortlaufend nummeriert. So weist z.B. 1 auf das alte Rathaus, das auch Ausgangspunkt des Rundweges ist. Unter dem Stadtplan und auf der Rückseite befinden sich die Fotos und Kurzbeschreibungen der Gebäude in numerischer Reihenfolge.

Viel Vergnügen beim Rundgang durch unsere schöne Stadt!

Über den Verkehrs- und Verschönerungsverein Hennef e.V. 1881 (VVV)

Der Verein hat seine Aufgaben und Ziele im Verlauf seiner 130-jährigen Geschichte immer wieder den neuen Herausforderungen angepasst.

Aktuell gibt es vier Themenschwerpunkte:

- **Denkmalpflege:** Kennzeichnung von historischen Gebäuden im Stadtgebiet und Darstellung in einem Wegweiser
- **Heimatgeschichte:** Jährliche Herausgabe von heimatgeschichtlichen Schriften in Zusammenarbeit mit dem Stadtarchiv Hennef
- **Stadtgestaltung:** Mitwirkung bei städtebaulich relevanten Bebauungsplänen und Verkehrskonzepten
- **Umweltschutz:** Markierung von Wanderwegen, Aufstellen von Wandertafeln und Ruhebänken

Mitglied werden

Zahlreiche Veranstaltungen ergänzen die Aktivitäten des Vereins und stellen einen intensiven Kontakt zu unseren Mitgliedern und den Hennefer Bürgerinnen und Bürgern her.

Die Mitglieder des „Verkehrs- und Verschönerungsverein Hennef e.V. 1881" unterstützen mit ihrem Jahresbeitrag erheblich die Arbeit des Vereins.

Wenn Sie Mitglied des VVV werden möchten, bieten wir Ihnen dies zum Mindestbeitrag von € 24,00 im Jahr an.
Dafür erhalten Sie den jährlich erscheinenden Buchband „Beiträge zur Geschichte der Stadt Hennef" im Wert von € 12,00 gratis und Vergünstigungen bei der Teilnahme an unseren Veranstaltungen. Da unsere Mitglieder frühzeitig über unsere Veranstaltungen informiert werden, haben diese auch eine deutlich bessere Chance auf eine Teilnahme an einer Veranstaltung.

Bei Interesse melden Sie sich bei unserem Geschäftsführer: Peter Ehrenberg, Gartenstr. 44, 53773 Hennef, Telefon 0 22 42 / 8 00 87, E-Mail: peter.ehrenberg@arcor.de.
Unter **www.vvv-hennef.de** finden Sie das Antragsformular.

Verkehrs- und Verschönerungs-Verein Hennef e.V. 1881
Heimat- und Denkmalpflege

Was steckt hinter dem Verkehrs- und Verschönerungsverein?

Der VVV Hennef ist mit seinen 143 Jahren der älteste Heimatverein der Stadt Hennef. Am 31. März 1881 gründeten einige Bürger auf Anregung des damaligen Bürgermeisters Franz Strunck (1831-1881) den „Hennefer Verschönerungsverein", mit dem Ziel, sich für das Wohl der Stadt einzusetzen. Die Verschönerungen, die der Verein durchführen wollte, sollten nicht nur den Einwohnern Hennefs dienen, sondern auch bei Besuchern und Touristen Interesse an Hennef wecken. Eine der ersten Aktivitäten des VVV's war die Anlage der Siegpromenade sowie die Bepflanzung der Promenade mit Linden.

Der VVV hat seine Aufgaben und Ziele im Verlauf der 143-jährigen Geschichte immer wieder den neuen Herausforderungen angepasst. Heute arbeitet der Verein aktiv in der Heimat- und Denkmalpflege, sowie der Stadtgestaltung Hennefs mit. Die fünf Themenschwerpunkte sind:

- **Heimatgeschichte**: Jährliche Herausgabe von heimatgeschichtlichen Schriften in Zusammenarbeit mit dem Stadtarchiv Hennef.
- **Denkmalpflege**: Kennzeichnung von historischen Gebäuden im Stadtgebiet und Darstellung in einem Wegweiser.
- **Veranstaltungen** zum Thema "Heimat erleben". Hierzu erstellen wir jedes Jahr einen Veranstaltungskalender mit allen Terminen.
- **Naherholung**: Markierung von Wanderwegen, Aufstellung von Infotafeln und Ruhebänken.
- **Stadtgestaltung**: Mitwirkung bei städtebaulich relevanten Bebauungsplänen und Verkehrskonzepten.

Auch Sie können dabei mitwirken - als Mitglied im Verein. Wie, erfahren Sie telefonisch unter (0 22 42) 90 97 444 beim Geschäftsführer, Herrn Johannes Dipping, und auf unserer Internet-Seite unter **www.vvv-hennef.de** .

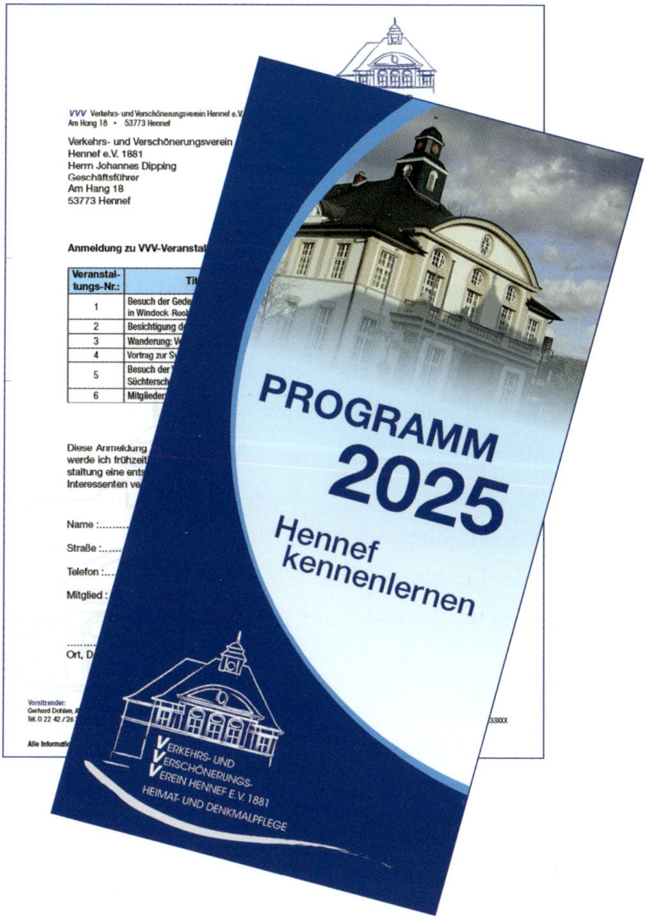

Sammelanmeldung und Flyer zu unseren Veranstaltungen

Zur Vereinfachung des Anmeldeverfahrens setzt der VVV ein Formular zur Sammelanmeldung ein.

Verwenden Sie dies um sich für alle Veranstaltungen, an denen Sie teilnehmen möchten, anzumelden. Tragen Sie die entsprechende Personenzahl bei dem jeweiligen Termin ein.

Eine eventuelle Abmeldung nehmen Sie bitte bei der Person vor, die im Programm-Flyer als zuständig für die Veranstaltung angegeben ist.

Das Formular kann im Internet unter www.vvv-hennef.de oder beim VVV-Geschäftsführer bezogen werden.

Ergänzung zum Beitrag Seite 308ff:

So sehr Albert Jacobs vom VVV Hennef sich auch bemüht hat, etwas mehr über den Schnitzer Willi Richarz zu erfahren als nur das Geburts- und Sterbedatum, musste er doch feststellen, dass zwar einige alte Geistinger ihn noch kannten, über sein Schaffen als Schnitzer aber nur marginal informiert oder garnicht daran interessiert waren.

Diejenigen, die seine Arbeiten wertschätzten, leben nicht mehr. Albert Jacobs hat vergeblich versucht, den Sohn zu finden, der soweit bekannt ist, in Süddeutschland lebt oder lebte.

Über Bürgermeister Mario Dahm und den Leiter des Stadtarchivs Herrn Baucke konnten der VVV die Geburts- und Sterbedaten erfahren. Allein diese sehr spärlichen Angaben geben einen Einblick in das sehr bewusst einfache, bürgerliche Leben von Willi Richarz.

Willi Richarz war als gelernter Schreiner ein rechtschaffener Handwerksmeister, führte viele Jahre seine kleine, intakte Werkstatt in der Ölgartenstrasse (heute „Zur Lorenzhöhe") in Geistingen. Seine Leidenschaft war die Holzschnitzkunst, der er sich mehr und mehr mit großen Erfolgen verschrieben hatte.

Unvergesslich sind Albert Jacobs persönlich noch die vielen, wohl für die damalige noch florierende Hennefer Kneippbewegung sehr sinnvoll und humorvoll geschnitzten, bunt gefassten Hinweise im Kurbereich. Willi Richarz hat sich, seiner religiösen Einstellung entsprechend, sehr viel mit christlicher Schnitzkunst befasst.

So hat er u.a. das Wegekreuz mit geschnitztem Christus Korpus am Ende der Bergstrasse/Zur Lorenzhöhe an einem der schönsten Aussichtsplätze im Stadtgebiet von Hennef gefertigt. Seine gediegene Einfachheit brachte er schließlich für jeden erkennbar mit dem selbst gefertigten holzgeschnitzten Kruzifixus auf seiner eigenen Grabstätte auf den Friedhof in Geistingen zum Ausdruck. Dort liest man: „EHELEUTE WILLI RICHARZ"

Text: Albert Jacobs

Fotos: Albert Jacobs

VERKEHRS- UND
VERSCHÖNERUNGS-
VEREIN HENNEF E.V. 1881
HEIMAT- UND DENKMALPFLEGE

Verkehrs- und Verschönerungsverein Hennef e.V. 1881